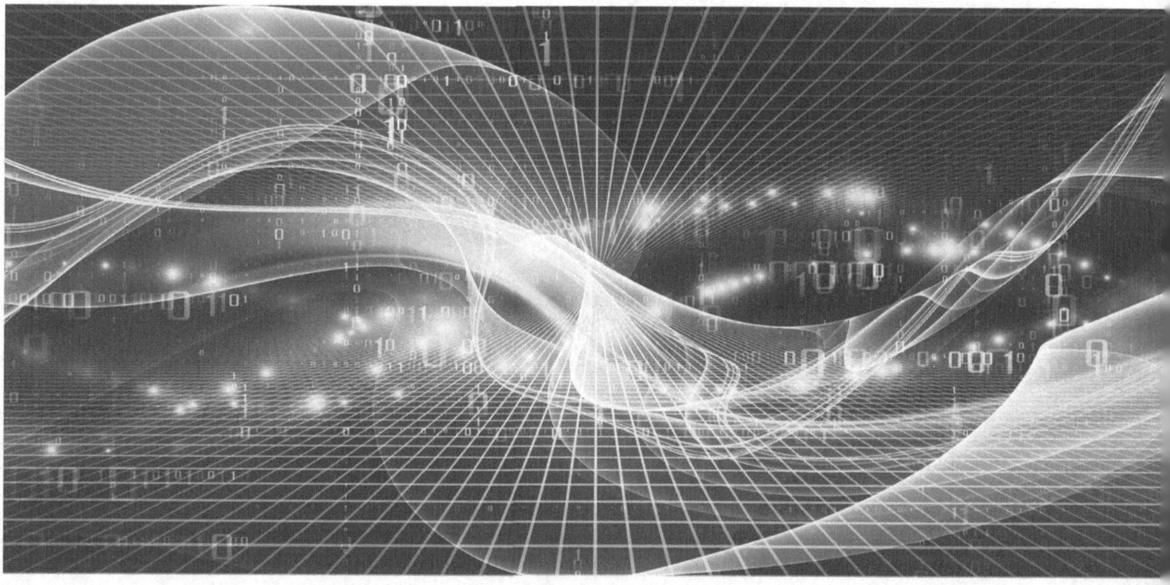

张子健　张珂珂　刘名武　潘华 / 著

网络空间供应链安全风险管理研究

WANGLUO KONGJIAN GONGYINGLIAN ANQUAN FENGXIAN GUANLI YANJIU

中国财经出版传媒集团
中国财政经济出版社
· 北京 ·

图书在版编目（CIP）数据

网络空间供应链安全风险管理研究／张子健等著．北京：中国财政经济出版社，2024. 12. -- ISBN 978 - 7 - 5223 - 3570 - 4

Ⅰ. F259. 22

中国国家版本馆 CIP 数据核字第 2024TG7738 号

责任编辑：彭　波　　　　责任校对：徐艳丽
封面设计：卜建辰　　　　责任印制：史大鹏

网络空间供应链安全风险管理研究
WANGLUO KONGJIAN GONGYINGLIAN ANQUAN FENGXIAN GUANLI YANJIU
中国财政经济出版社 出版
URL：http：//www. cfeph. cn
E - mail：cfeph@ cfeph. cn

社址：北京市海淀区阜成路甲 28 号　邮政编码：100142
营销中心电话：010 - 88191522
天猫网店：中国财政经济出版社旗舰店
网址：https：//zgczjjcbs. tmall. com
涿州汇美亿浓印刷有限公司印刷　各地新华书店经销
成品尺寸：170mm × 240mm　16 开　14. 75 印张　238 000 字
2024 年 12 月第 1 版　2024 年 12 月河北第 1 次印刷
定价：78. 00 元
ISBN 978 - 7 - 5223 - 3570 - 4
（图书出现印装问题，本社负责调换，电话：010 - 88190548）
本社图书质量投诉电话：010 - 88190744
打击盗版举报热线：010 - 88191661　QQ：2242791300

前言

本书以关键信息基础设施的网络空间供应链安全（CSCS）为研究对象，遵循“风险识别—风险评估—风险影响机理—风险管控机制”的风险管理研究范式与思路，基于供应链视角识别网络风险因素，在结构化解析基础上系统性提出供应链安全风险评估方法，分析风险威胁及脆弱性对网络空间供应链安全（CSCS）的影响机理，并建立风险应对测量与建立风险应对能力。

首先，研究网络空间供应链风险管理中的风险识别（RI）与评估（RA）。识别网络空间供应链风险要素，建立风险指标体系，建立风险评估模型与方法，并选择案例对象进行评估。具体研究包括：①在国内外文献、相关标准文件、网络安全政策等综合分析与整理基础上，在供应链各流程环节分析厘清各项安全风险因素的威胁源，将其以内部风险因素，组织间关系风险因素及外部环境风险因素三个维度进行结构化，并建立安全风险因素表。②结合文献与资料对安全风险的评价模型，以供应链视角进行扩展，应用模糊综合评价与 AHP 层次分析法，构建多维度、多层级供应链安全风险评价模型。模型主要从内部安全能力、组织间关系、外部环境支持多维度系统性地建立多级递阶风险等级评价表，对安全风险因素进行系统性评价。

其次，研究网络空间供应链风险影响机理。通过分析风险对供应链安全的影响机理，以此为基础研究网络风险、网络脆弱性等因素对供应链安全的影响。具体研究包括：①网络空间供应链安全风险内在影响机理。从组织内部网络风险源、供应链系统内网络风险源、供应链外部环境风险源多维度、多层级结构化解析关键信息基础设施的网络空间供应链安全风险因素，探究风险内在影响机理。②脆弱性对网络空间供应链的影响。建立网络脆弱性程度指标，分析供应链成员在不同博弈情形下的网络空间安全弹性投资策略选择，并基于此进一步分析网络空间供应链安全的网络脆弱性影响。

再次，研究网络空间供应链风险控制机制。从供应链内部成员准入、组织间关系构建以及外部政策建议多维度系统性建立网络空间供应链安全风险控制策略。具体研究包括：①建立对信息供应商的安全能力信号传递与信息甄别机制，通过安全能力信号甄别对不同供应商进行分离，建立采购控制标准与成员严格准入标准来实现供应链安全能力风险控制。②从利益共享与声誉机制角度，建立供应链主体间结构化的动机与关系驱动，实现供应链主体间关系风险控制与供应链安全风险共治模式，形成供应链整体安全防御体系。

最后，研究网络空间供应链风险控制能力建设。主要是建立供应链弹性能力以及供应链追溯能力，提升供应链风险控制能力。具体研究包括：①研究如何通过供应链安全建设，加强供应链安全风险弹性能力。研究过程中，综合考虑供应链的网络脆弱性、供应链整合程度等因素对各组织在网络空间安全弹性投资动机的影响，并提出供应链中提升风险弹性能力的对策与协调机制。②在关键基础设施运营组织和供应商共同构建网络空间供应链的过程中，考虑采购和维护两个阶段中信息非对称情况下，为避免供应商逆向选择问题的发生，关键基础设施运营组织为 IT 供应商提供可选择契约菜单，IT 供应商根据其自身能力水平选择相应契约并修改收益分配率，实现安全风险可追溯。

目　录

第 1 章

绪　论

1.1　研究背景

全球供应链是现代组织的一种运作方式。为了应对新的挑战，组织间正在寻找新方法来加强供应链之间的沟通和协调。供应链的本质要求组织与其合作伙伴之间交换敏感信息，而就网络信息风险而言，不断增加的网络链接导致在一个网络中的组织不断增加（Dederick et al.，2008），这些链接增加了网络脆弱性，为网络攻击提供了温床，攻击者常常还会借此对网络其他组织展开攻击（张子健、李傲，2018）。正如 Colicchia 等（2019）指出，尽管信息共享和数据可用性是供应链的积极因素，但其也掩盖了不可忽视的风险，因为各种组织和部门的能力有很大的差异，为了在整个供应链中保护网络信息，网络窃贼经常使用最弱的链接，也就是说，使用供应链漏洞发起攻击。

2016 年 12 月 27 日，经中央网络安全和信息化领导小组批准，国家互联网信息办公室发布了《国家网络空间安全战略》。这是一个具体的战略任务，罗列出了关键信息基础架构的保护，战略还明确表示，关键信息基础设施是能源、金融、运输、教育、科学研究以及与国家安全、国民经济和人民生活相关的其他领域的重要信息系统。有必要“加强供应链安全管理，对党政机关、关键行业购买和使用的重要 IT 产品和服务进行安全审查，增强产品和服务的安全性和可控制性。”其后，针对我国关键信息基础设施的供应链安全，中央网信办又发布《关键信息基础设施安全保护条例（征求意见稿）》，明确了关键信息基础设施的具体范围，并提出供应链安全保护要求。2020 年 4 月 27 日，包括国家互联网信息办公室在内的12个部门联合发布《网络安全审查办法》，再次强调在网络安全审查中需要确保关键信息基础设施供应链安全。

无论是伊朗“震网病毒”事件中攻击者通过感染设备供应商从而间接破坏核工厂，抑或是“棱镜门”事件中美国安全局通过在供应商设备中植入后门渗透别国重要信息系统，这些事件都暴露出关键信息基础设施的供应链环节已经成为网络攻击的重要途径与渠道。美国、日本、欧盟等纷纷从各自现实情况出发制定了强化关键信息基础设施保护的供应链安全管理政策与措施，并且将此类由关键信息组件和服务所构成的供应链定义为“网络空间供应链（Cyber Supply Chain）”，对其安全管理的专门研究领域“网络空间供应链安全（Cyber Supply Chain Security，CSCS）”正在快速形成（Boyson et al.，2009；Linton et al.，2014；Bartol，2014；张子健、李傲，2018），致力于通过信息基础设施运营者、信息供应商、系统整合商以及政策制定者共同治理和维护网络安全，实现信息基础设施供应链各环节的安全性和可控性（Boyson et al.，2009）。

目前，网络空间供应链安全风险是指因网络攻击、数据泄露或其他数字化威胁而对供应链中实体的机密性、完整性和可用性造成威胁的可能性（Herburger，2024；Stojanovic，2024）。网络空间供应链风险不仅涉及单一企业的内部系统安全，还涉及整个供应链生态系统的外部连接安全（Wong et al.，2024）。例如，SolarWinds 事件表明，供应链中的单个节点遭受攻击可能对整个系统产生连锁反应。

伴随当前数字经济及数字化建设进程，网络空间供应链安全风险已成为数字化供应链管理领域的一个核心问题（Sadeghi et al.，2023）。随着全球供应链的数字化转型，网络安全威胁对供应链的影响变得愈发复杂和多样化及（Jazairy et al.，2024）。与ICT供应链风险管理存在不同，网络空间供应链安全是一个包括“集中于评估和缓解供应链端到端运营中的网络和信息风险的战略和举措”的结构。与通常的ICT供应链风险管理方法相比，网络空间供应链风险管理意味着采用更全面的方法来结合流程、人员和技术，考虑“供应链关系维度”，旨在实现供应链合作伙伴之间更高水平的集成（Boyson，2014）。关键信息基础设施的网络空间供应链安全已经成为一个重大的全球问题，《国家网络空间安全战略》也将其提升至国家战略层面。然而，我国尚未对关键信息基础设施网络空间供应链的安全问题进行系统研究，开展网络空间供应链安全问题研究，分析安全风险并提出应对策略，具有重要现实意义、理论意义及政策支持。

1.2 研究目标

本书针对我国关键基础设施运营组织（如港口、机场、银行等）的网络空间供应链风险管理进行深入研究，目标是通过系统分析网络空间供应链的安全风险因素及风险形成机理，以此为基础对网络空间供应链的安全风险进行风险识别、评估诊断，构建网络空间供应链安全风险的应对策略，为我国基础设施供应链的安全管理提供理论基础和决策依据。

1.3 研究内容

本书以关键基础设施运营组织的网络空间供应链安全为研究对象，基于供应链视角对风险因素进行结构化解析的基础上，系统性提出关键信息基础设施实施供应链安全风险评估的方法，并建立安全风险应对策略。具体研究内容如下：

（1）第一部分内容为研究基础工作。主要包括绪论、理论基础及国内外研究现状以及网络空间供应链相关理论分析。具体为：

①第 1 章为绪论。主要说明本书的研究背景，并从理论和实践两个方面阐述研究意义，详细介绍研究思路和方法，同时分章节对专著主要研究内容、框架结构进行介绍，最后阐述了本书主要创新及贡献。

②第 2 章为文献综述。主要介绍网络空间供应链安全（CSCS）的风险管理，包括介绍网络空间供应链安全风险理论，风险标准、风险识别、风险评估、风险影响机理以及风险应对。其中，安全风险应对从供应链信息安全保护实践、协调契约、假冒治理、追溯体系及安全弹性展开，分析总结国内外相关研究现状。

③第 3 章为网络空间供应链安全风险相关理论。主要介绍与本书研究较为相关的一些重要概念及定义，包括实体供应链、关键信息基础设施、网络空间供应链、网络空间风险、网络空间供应链风险；风险管理重要的方法与理论，包括网络空间供应链风险识别、风险评估、供应链脆弱性影响、供应链安全弹

性、网络空间供应链可追溯性、网络空间供应链仿冒伪造治理等理论。

（2）第二部分内容为网络空间供应链安全（CSCS）风险识别与评估。针对关键基础设施运营组织，识别其供应链风险，建立供应链风险指标体系并建立定量风险评估方法。具体为：

①第 4 章第一部分为网络空间供应链安全（CSCS）风险识别，在国内外文献、国内外相关标准文件、网络安全政策等综合分析与整理基础上，在供应链各流程环节分析厘清各项安全风险因素的威胁源，将其以组织内部网络风险源、供应链系统内网络风险源、供应链外部网络风险源三个维度进行结构化，并建立安全风险因素表。

②第 4 章第二部分为网络空间供应链安全（CSCS）风险评估，结合文献与资料对传统安全风险评价模型与方法，以供应链视角进行扩展，构建多维度、多层级供应链安全风险评价模型。模型主要从组织内部网络安全能力、供应链组织间关系、供应链外部环境多维度系统性建立多级递阶风险等级评价表，对风险因素进行系统性评价。

（3）第三部分内容主要分析网络空间供应链安全（CSCS）风险影响机理。具体包括：

①第 5 章为网络空间供应链安全（CSCS）风险源内在影响机理。从关键基础设施运营组织内部网络风险源、供应链系统内网络风险源、供应链外部网络风险源多维度、多层次结构化分析网络空间供应链的安全风险因素，探索风险的内在影响机理。同时，通过分析供应链组织内部产生的组织内部风险源和供应链组织之间产生的系统网络风险源，以及外部环境网络风险源对供应链安全影响机理进行分析。

②第 6 章为网络空间供应链安全（CSCS）脆弱性内在影响机理。

基于第 5 章的研究，以供应链中的网络空间安全弹性投资问题为目标，分析了非合作博弈和合作博弈中供应链成员的网络空间安全弹性投资战略选择，比较不同条件下的均衡结果，分析并发现出现差异的原因。基于此进一步分析网络空间供应链安全（CSCS）的网络脆弱性影响。

（4）第四部分内容为风险控制机制建立。从供应链内部成员准入控制、组织间关系构建以及外部政策建议多维度系统性建立网络空间供应链安全风险控制策略。具体包括：

①第 7 章为建立关键基础设施运营组织网络空间供应链组织准入机制建立。选取关键基础设施运营组织，即 IT 采购商和 IT 供应商作为博弈的主体，构建演化博弈有限理性基本假设博弈模型；讨论信息不对称性下，两个影响系统演化结果的参数变量为关键基础设施运营组织使用有安全隐患产品时遭受的损失以及 IT 供应商由于提供有安全隐患产品的名誉损失，分析出关键基础设施运营组织与 IT 供应商群体在四种不同环境下博弈演化状态和策略选择。

②第 8 章分析了网络空间供应链组织建立风险防御的投资策略。通过比较分析不同决策机制，设计只针对 IT 供应商负责的安全体系机制，构建出奖励协调机制，最终协调入侵防范系统以及入侵检测系统投入，以使供应链的整体收入达到最佳社会福利。

（5）第五部分内容为网络空间供应链风险控制能力建设。主要是建立供应链弹性能力以及供应链追溯能力，提升供应链风险控制能力。

①第 9 章为安全风险弹性能力建设。本章研究如何通过供应链安全建设，加强供应链安全风险弹性能力。研究过程中，综合考虑供应链网络脆弱性、供应链共享资源的价值、供应链整合程度等因素对组织网络空间安全的弹性投资动机的影响，并提出供应链中提升风险弹性能力的对策与协调机制。

②第 10 章为安全风险追溯能力建设。在关键基础设施运营组织和供应商共同构建网络空间供应链的过程中，为了避免供应商逆向选择问题的发生，考虑到采购和维护两个阶段的信息不对称情况，关键基础设施运营组织向 IT 供应商提供了可选的契约菜单，IT 供应商根据其自身能力水平选择对应契约并修改收益分配率，实现安全风险可追溯。

③第 11 章为网络空间供应链仿冒治理能力建设。以网络空间供应链防伪体系构建为研究对象，通过防伪可靠性衡量建立防伪体系的努力程度的大小，建立供应链成员之间的 Stackelberg 博弈模型，讨论了在供应链中不同决策情况下，防伪技术的选择对供应链及其成员收入的影响。

④第 12 章为网络空间供应链仿冒治理模式选择。本章研究网络空间供应链仿冒治理中的模式策略问题，包含网络销售的平台商以及产品品牌商，在品牌商建立防伪体系的背景下，建立网络空间供应链中品牌商和平台商的 Stackelberg 博弈模型，以渠道模式为切入点进行比较分析，最终得出用于解决网络空间供应链仿冒治理时的渠道模式策略。

⑤第 13 章为网络空间供应链的信任传递建立。本章在前人对网络消费者信任建立实证研究的基础上，建立网络空间供应链渠道间信任传递的数学模型。考虑到制造商通过独立零售商线下销售产品，而制造商将线下产品延伸到线上直销渠道，通过制造商线下和线上渠道之间的信任传递，实现渠道定价的渠道协同，运用渠道全价理论以便讨论上述问题。

（6）第六部分内容为本书结论。第 14 章为结论、建议与展望。总结了本书的研究成果，并且在研究成果基础上指明了本书的不足之处和未来可能进行的研究方向。

1.4 研究思路

专著研究遵循“风险识别—风险评估—风险影响机理—风险控制机制”的风险管理研究范式与思路开展。通过了解网络空间供应链安全（CSCS）风险相关理论，结合国内外标准文件进行整理、分析、归纳，并从供应链组织内部、组织间关系与外部环境多维度结构化解析风险根源与形成机理，建立多级递阶供应链安全风险评估模型，从风险源及脆弱性两个角度分析风险对供应链安全的影响机理，并从安全风险发生事前、事中及事后的逻辑多维度系统性构建安全风险应对措施。

本书具体研究思路如下：

（1）研究风险识别与评估。整理查阅相关文献资料，识别网络空间供应链风险要素，并建立风险指标体系。之后在识别风险要素基础之上，建立风险评估模型与方法，选择案例对象评估。

（2）研究风险影响机理。通过分析关键基础设施运营组织内部产生的组织内部网络风险源、供应链系统内网络风险源、供应链外部网络风险源对安全影响机理进行分析；分析供应链脆弱性对其安全影响机理。

（3）研究风险控制机制。网络空间供应链安全（CSCS）风险控制策略是从内部供应链成员的准入控制、组织间互动关系的构建、外部政策建议等几个维度系统性地构建而成。为实现供应链安全能力风险控制，建立信息供应商的安全能力信号传递和信息甄别机制，通过安全能力信号甄别将不同供应商分开，建立采购控制标准，严格成员准入标准。从利益共享和声誉机制角度出发，建立供应链主体间结构化的动机与关系驱动，实现供应链主体间关系风险控制与供应链安全风险共治模式。

（4）研究供应链能力建设。建设网络空间供应链能力，主要是从构建安全弹性能力、安全事故追溯能力、供应链防伪能力着手，增强供应链应对风险的能力。

技术路线如图 1.1 所示：

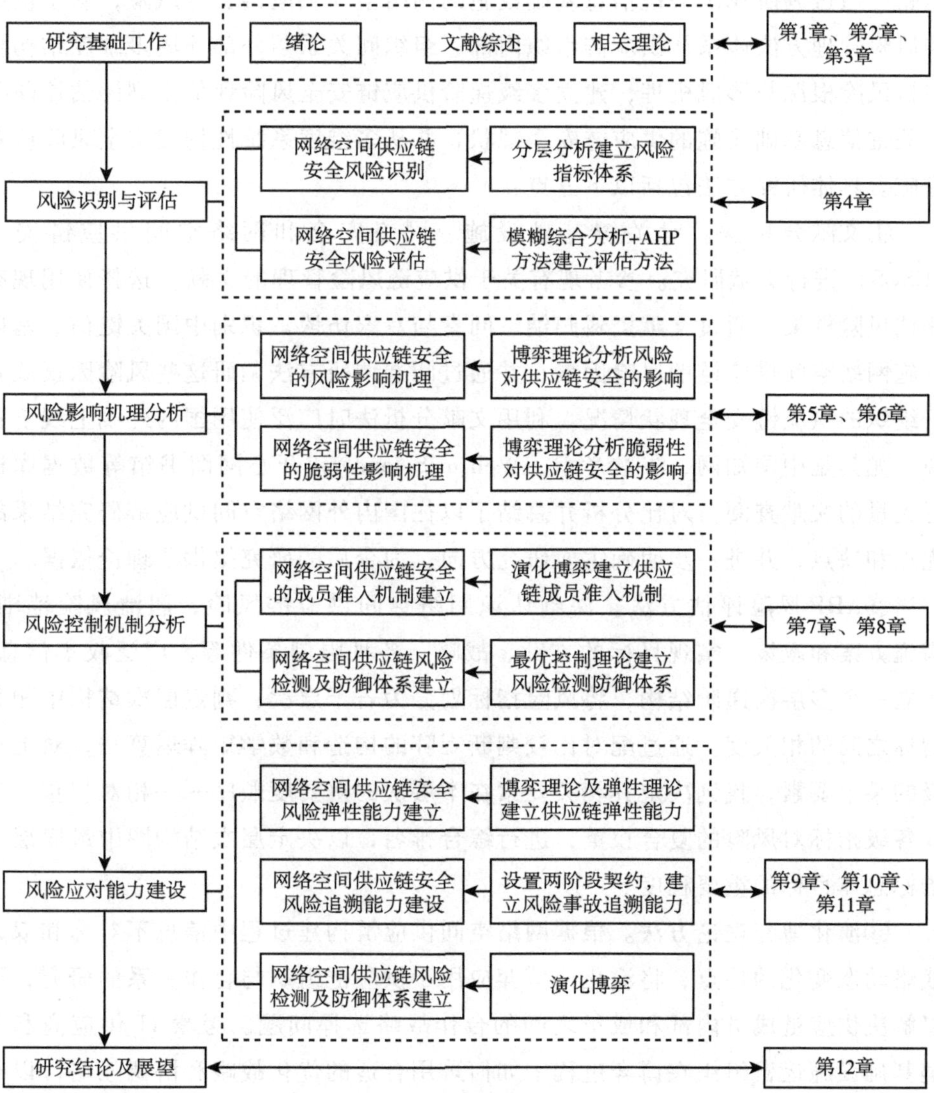

图 1.1 研究技术路线

1.5 研究方法

本书遵循“风险识别—机理分析—评估—应对”的风险管理研究范式与思路。通过调研我国关键信息基础设施的网络空间供应链安全风险，基于供应链风险管理方法体系从供应链组织内部、组织间关系与外部环境多维度结构化解析风险根源与形成机理，建立多级递阶供应链安全风险评估模型评估诊断我国关键信息基础设施的供应链安全现状，并从多维度系统性构建安全风险应对措施。具体研究方法包括以下五点：

①文献分析法。对关键基础设施、网络安全和网络空间供应链安全（CSCS）进行文献研究。参考现有关于供应链风险管理的文献，选择使用现有评估风险框架。通过文献资料归纳、问卷与专家访谈，识别中国关键信息基础设施网络空间供应链的风险因素，并通过问卷调研方法调研这些风险因素威胁下组织的供应链安全现状情况。利用文献分析法时广泛使用国内外线上线下资源，尤其是中国知网、谷歌学术、Web of Science 和开心网图书馆等数据库进行大量的文献查阅。对比分析并总结了以往国内外网络空间供应链研究结果的优点和缺点，并进一步明确主要研究方向，为今后的研究提供了理论依据。

②AHP 风险评估方法。深刻认识网络空间供应链风险，厘清风险范围，措施方案和政策，实现目标的方针、战略、各种限制条件等，广泛收集信息。建立一个多层次递阶结构，将风险指标划分为若干层次；判定层次结构中相邻指标之间的相关度。通过配对比较判断矩阵的构造和数学矩阵运算法，对上一级的某个要素，找到决定其相关要素在本层次的重要度顺序——相对权重。计算各级指标对风险的复合权重，进行综合排名，以决定层次结构图中最底层各指标总体目标的重要程度。

③演化博弈理论方法。根据网络空间供应链构建过程中信息不对称和双方战略动态变化的特点，将演化论博弈应用于供应链组织与合作关系的研究，可以解决供应链成员内部和成员之间的合作战略选择问题。考察 IT 供应商和关键基础设施运营组织在博弈过程中如何采用合适的优化战略和协调战略，以有效减少 IT 采购流程中的安全问题。利用进化论博弈论中有界合理性的基本假

设，建立博弈模型并分析要点，分析部门在 IT 采购环节和 IT 供应商方面的动态变化、战略选择、演化稳定状态等。

④委托代理理论。在制定激励机制时，一般都是以委托代理理论为基础进行研究。当网络空间供应链的关键基础设施运营组织无法观察到为其提供 IT 产品供应商的真实开发水平时，运用委托代理理论的研究方法可以使彼此尽可能提高其为成功构建网络空间供应链的努力程度。其主要思想是通过结合固定收益和线性收益两部分来引导 IT 供应商做出符合关键基础设施运营组织预期的行为，一是降低由于逆向选择给双方或是市场带来的损失，二是在此基础上研究制定最适合双方的收益分配情况，以达到供需双方的总收益最大化的目的。

⑤数值仿真分析。对 IT 产品供应商和买方的战略选择进行了演化博弈和承担者代理理论的建模分析，运用数学推导证明了相关命题后，对模型中的参数设计了合理的值，并通过实例研究验证了模型的合理性和可行性。分析各种因素对博弈中双方战略选择和演化结果的影响，并使用 MATLAB 软件可视化的图形直观地展示演化结果。

1.6 研究意义

1.6.1 学术意义

拓展了关键信息基础设施保护的研究视角与方法。研究将网络空间供应链管理和风险管理理论应用到关键信息基础设施保护研究，供应链视角下系统分析了我国关键信息基础设施的网络安全风险，提出风险评估工具及应对措施，实现研究视角和方法的拓展。

促进了多学科研究领域融合的新范式。本书是供应链管理、风险管理以及网络安全的学科领域交叉，这些领域已有较为成熟的理论和研究方法，但其融合需要有新的思路和方法，本书促进不同学科领域融合，并对多个领域理论方法形成有益补充。

1.6.2 实践意义

有助于明确我国关键信息基础设施网络空间供应链安全风险现状，发现安全脆弱点。通过系统分析供应链风险因素，评估安全现状并寻找安全脆弱点，诊断我国关键信息基础设施供应链安全问题。

有助于建立我国关键信息基础设施的网络空间供应链安全风险应对机制。通过建立供应链全局视角下风险控制的协同协调机制，实现关键信息基础设施运营组织、信息供应商、政策制定者等的风险共治。

可提供一套契约办法用于网络空间供应链组织协调合作。提升网络供应链安全需要信息基础设施运营者、信息供应商、系统整合商以及政策制定者共同努力，基于委托代理理论和帕累托改进研究可为网络空间供应链成员在供应链构建与供应链运营中的契约制定提供依据。

对网络空间供应链中仿冒伪造治理能力及追溯能力建设的研究，既能够为提升供应链安全建设提供理论依据与建设方向，也能强化网络空间供应链透明程度、安全性和可追溯性，从而促进市场双方主体相互信任和彼此诚信的良好环境氛围。

1.7 创新之处

本书的研究工作内容和主要的研究贡献包括以下四个方面：

（1）基于我国现实情况及我国关键信息基础设施的供应链安全现状，系统性开展网络空间供应链安全风险评估与风险应对的研究，是全新的研究问题与研究领域。

（2）基于层级递阶的研究视角，从供应链组织内部到组织间进而扩展到外部环境，系统性、结构性研究关键信息基础设施的网络空间供应链安全风险治理，为网络空间供应链安全管理研究提供新的研究思路。

（3）网络空间供应链风险管理应对研究在供应链组织准入博弈基础上，提出了最优目标值，并讨论了不同博弈情况下组织各自的最优博弈选择。

（4）为了优化网络空间供应链的安全，最大化网络空间供应链整体利益，提升整体安全水平，据此设计相应的激励机制，为解决网络空间供应链的安全风险管理提供新的管理模式。

第 2 章

文献综述

单纯依赖加密技术与访问控制等组织内部实施安全技术保护的不足，无法从根源解决信息系统构建的软硬件固有缺陷，政府与产业界开始意识到应当从信息采购乃至整个供应链环节加强安全控制以提高信息产品和服务的安全性与可控性，美国国家安全局在 20 世纪 80 年代针对其信息采购推行可信赖产品评估计划，并首次提出网络空间供应链安全概念。其后在 2000 年左右，美国国防部将保护范围扩展到供应链各环节实施。2009 年，美国科学应用国际公司（SAIC）及马里兰史密斯商学院供应链研究中心对其正式定义并得以普遍接受：网络空间供应链安全是指包括整个信息设施的运营者、政策制定者、系统集成商、网络提供商和软硬件厂商，共同定义、规划、建设、管理和维护网络安全（Boyson et al.，2009）。网络空间供应链安全风险是数字化供应链管理领域的一个核心问题。随着全球供应链的数字化转型，网络安全威胁对供应链的影响变得愈发复杂和多样化。Sadeghi 等（2023）及 Jazairy 等（2024）研究指出，这些风险可能导致信息泄露、业务中断、财务损失以及供应链完整性被破坏。

网络空间供应链安全与信息通信技术（ICT）供应链安全有交叉，但关注内涵不同。伴随着网络安全形势日益严峻，国家政治、经济、文化、社会、国防安全及公民在网络空间的合法权益面临严峻风险与挑战，这一议题的重要性日益凸显，当前研究主要从网络空间供应链安全标准、网络空间供应链安全风险评估以及供应链风险应对等角度展开。本章主要对关于网络空间供应链风险管理的相关文献进行梳理和总结，主要内容包括对网络空间供应链安全标准、风险定义、风险识别、风险评估及风险应对处理等方面的研究，以及对供应链风险研究发展趋势的探讨。

2.1 网络空间供应链安全风险定义

为更好地支持管理者对网络和信息风险进行认知分析，有必要对供应链管理，供应链风险管理，网络空间供应链，网络空间供应链风险管理概念进行文献综述，以揭示和理解网络空间供应链风险管理的主要要素。

首先，需要理解供应链管理内涵，才能认识到网络空间供应链。供应链几种定义中，Mentzer 等（2001）将供应链定义为产品从源头到报废的上下游错综复杂的集合。Carter 等（2015）将供应链定义为以节点和链接为特征的组织网络。Lyles 等（2008）描述了关于深度供应链的扩展网络。Lambert 和 Cooper（2000）定义供应链管理为一系列关键实践，通过为制造商和用户增加价值来连接贸易数据、产品和服务。Stevens（1989）指出在具备供应链特征的公共事业中，存在完整系统可视性确保供应链效率而非有效性能力。Li 等（2011）发现产品和客户优先级对满足面向客户的供应链质量绩效有重大影响（Reeves and Bednar，1994）。Mena 等（2013）定义供应链管理是一套综合商业战略，涉及在处理产品、服务和数据时采取正确措施，为客户和所有其他利益相关者带来价值，以获得市场份额。典型的供应链涉及将产品或服务从设计、生产到分配给消费者（Cooper and Lambert，1997），消费者对产品的期望（Nam and Ekinci，2011）。Reeves 和 Bednar（1994）描述了质量概念及其体现符合工程规范的方式，质量代表了产品符合设计规范，供应链管理者使用保证模型来减少缺陷产品的任何优势。

与传统供应链不同，网络空间供应链处于安全领域的十字路口，包括密码、保险、信息系统、风险分析、供应链管理、电信、计算机科学和运营管理（Linton et al.，2014）。与网络空间供应链的定义相关研究中，Barlow 和 Li（2007）定义信息技术供应链涉及组织使用网络信息更高效地执行而不仅仅是支持供应链增值活动。Boyson 等（2009）明确提出网络空间供应链的概念，定义网络空间供应链是一整套关键参与者及其组织和流程层面的互动，用于规划、构建、管理、维护和保护关键基础设施。Simpson（2010）定义网络空间供应链是人员、流程和技术的全球分布和动态集合。Kim 和 Im（2014）定义网络空间供应链是一条通过基于网络的技术增强供应链，网络供应链可以建立有效的价值链。网络空间供应链在系统生命周期内的活动强调一系列 IT 产品和服务的完整性、安全性、质量和弹性（Boyens et al.，2014）。网络空间供应链安全与信息通信技术（ICT）供应链安全有交叉，但关注内涵不同。Bartol 指出，网络空间供应链领域主要包含一系列术语，包括：信息和通信技术（ICT）供应链的安全，供应链风险管理，网络空间供应链风险管理，ICT 供应链风险管理，网络空间供应链安全（CSCS）。Boyson 等（2009）将网络空间供应链定义为参与关键基础设施利益相关者的混合体，包括但不限于用户、网络提供商、系统集成商和决策者，以获取专业人员。Boyson（2014）将该领域描述为网络空间供应链风险管理，强调信息通信技术（ICT）产品从源头到报废的可见性和可控性。与网络安全和组织风险管理不同，网络空间供应链风险管理应分别强调技术控制手段和供应链自上而下的管理，包括管理和人为因素，以避免可能的网络漏洞。网络空间供应链安全风险的定义涉及不同的安全要素，包括信息泄露、数据篡改、恶意攻击、系统中断等。而这些风险源自供应链中的每一个环节，特别是在依赖于 IT 和网络技术的系统中。近期，多篇文献探讨了影响网络空间供应链安全的关键因素。Pérez 等（2023）在其研究中提出，供应链的数字化转型与自动化程度提升使得其暴露于更多的网络安全威胁中，这要求对供应链中每一环节的安全进行全方位的评估和定义。Zhao 等（2023）的研究进一步指出，在定义网络空间供应链安全风险时，不仅要考虑技术性威胁，还应包括人为错误、供应商的可靠性和安全性等非技术因素。

特别是在关于网络空间供应链风险管理的相关研究中，Faisal（2007）定义供应链风险是由于不正确、不完整或非法访问信息而造成供应链损失的概率。Smith（2007）定义 ICT 供应链风险是由于组织内、供应链网络内或外部环境中的威胁成功利用 IT 漏洞，导致供应链基础设施或结构资源退化或中断。Urciuoli 等（2013）定义网络犯罪风险可以是利用计算机、网络或硬件设备促成或实施的任何犯罪；具体而言，计算机或设备可能是在虚拟或非虚拟场所发生的犯罪的代理人、促进者或目标。Boyson（2014）认为，网络空间供应链风险管理是一个包括“集中于评估和缓解供应链端到端运营中的网络和信息风险的战略和举措”的结构。与通常的ICT供应链风险管理方法相比，网络空间供应链风险管理意味着采用更全面方法结合流程、人员和技术，以考虑“关系维度”，旨在实现供应链合作伙伴之间更高水平的集成。网络空间供应链风险管理的目的是在整个供应链中扩展对网络风险的控制，根据网络空间供应链风险管理理论，整体方法有望带来更好的供应链网络安全弹性。直到最近，网络安全工作通常只关注基于软件的漏洞和攻击，因为许多人始终认为网络安全问题是技术的固有问题。正如Williams（2014）所指出的，最近的网络攻击体现了供应链效应，供应链依赖的IT产品和代码可能来自不寻常来源。网络安全已不仅限于软硬件安全（Bartol，2014），亦如Collier等（2013）所认识到的，有必要从多维度看待网络安全风险。Boyes（2015）定义网络风险是指对这个相互依存的网络产生的任何干扰及入侵，从而导致功能、连接、性能或容量的损失，关于网络安全的一个常见错误是将这种现象局限于技术。网络安全领域已经发展到包括供应链等其他领域，以防止假冒和受攻击的ICT产品渗透到供应链中，并帮助加强网络安全工作。

针对网络空间供应链风险管理（CSCRM）学科定义，Linton等（2014）指出网络空间供应链风险管理是一门连接传统网络空间安全和供应链管理领域的复合学科。Linton等指出，网络供应链风险管理是一门新的学科，用于帮助信息管理者应对当前硬件与软件系统迅速全球化以及外包分散带来的威胁。同时，网络供应链风险管理同样也是一门综合性的学科，包含网络安全性，供应链管理以及组织风险管理，形成核心组织及其伙伴所构成的供应链端到端过程来实施执行战略控制。Shoemaker和Wilson（2013）认为，网络空间供应链风险管理是一门旨在缓解供应链风险和相关服务的学科，这些风险和服务通常是抽象的。由于信息和通信技术IT产品在供应链中的累积，减轻此类风险正成为从业者面临的一个日益严峻的挑战。Williams（2014）指出当前组织越来越缺乏对制造和分销ICT产品程序的可见性、理解和控制，如果不能加强ICT供应链管理，会让对手有机会在ICT产品设计中不断引入和隐藏恶意代码。张子健和李傲（2018）基于对网络空间供应链研发的回顾，分析了当前网络空间供应链安全（CSCS）管理中的几个热门课题，即供应链安全标准的研究进展与趋势、供应链安全风险评估和应对措施进行了分析。

在风险评估领域，许多学者提出了不同的方法框架来量化网络空间供应链的安全风险。Zhang 及 Liu（2024）提出了一种基于博弈论的风险评估模型，该模型能够分析供应链中的各个利益相关者在面临网络安全威胁时的行为选择及其对安全风险的影响。此外，Li 等（2023）则采用了层次分析法（AHP）结合模糊集理论，对供应链安全风险进行多层次、多维度的定量分析，为进一步的风险控制策略提供理论支持。

文献分析可见，在网络空间供应链（CS）及网络空间供应链安全（CSCS）风险管理定义演变过程中，可见随时间推移，定义范围不断扩大。从最早定义开始，将组织或供应链网络在线活动联系起来（Barlow and Li，2007；Sindhuja and Kunnathur，2015）。就供应链风险而言，随着时间的推移，范围也在不断扩大，但早期的工作主要集中在技术和外部威胁上。后来的定义则意识到一些内源性威胁“比如盗窃、丢失、损坏、拦截或未经授权的访问、使用、披露、中断或破坏、修改或制造”（Kim and Im，2014）。未来，网络空间供应链安全风险定义的研究将越来越重视跨学科的融合。例如，人工智能、大数据分析等技术的应用，能够帮助识别和预防潜在的供应链安全风险。Wang 等（2024）提出了基于人工智能的动态风险预测模型，该模型通过机器学习算法实时监控供应链中的安全态势，能够提前预警潜在的安全事件。因此，本书从这些定义出发，认为网络空间供应链安全（CSCS）系统是涉及基础设施网络、IT 系统和组织过程的综合协调。

2.2 网络空间供应链安全风险标准

当前关键信息基础设施运营主体与信息供应商之间缺乏信任主要源于缺少一致性条款与标准，就此政府、产业与学界尝试在供应链管理流程中建立统一标准与方法。目前被较广泛接受的是美国标准技术研究所（NIST）发布的《关键基础设施网络空间安全框架》，强调建立一套可适用于不同组织规模、安全风险程度及安全复杂性的安全标准（NIST，2013）。学术研究主要包括定义网络空间供应链各主体行为标准与责任规范（Boyson et al.，2009）；建立能够被用于支撑网络空间供应链安全的实用流程与技术（Bartol，2014）；从组织与技术观点出发分析关键信息基础设施网络空间供应链安全应用标准的选择与执行（Guarino，2015）；在可信赖、完整性、安全性与可靠性外引入生命安全等较被忽略的目标，系统性提出网络空间供应链安全管理目标（Windelberg，2016）。制定解决供应链网络安全保障问题的方法、标准和流程是工业界和学术界相对较新的研究领域（Bartol，2014），该领域主要处理与供应链网络安全有关的风险参数和最佳做法（Boyson，2014）。Deane（2009）提出当针对供应链组织资产的威胁在三个领域（机密性、完整性或可用性）中的一个（或多个）造成危害时，就会发生 IT 安全风险事件。Cebula 和 Young（2010）认为信息和技术资产的运营风险后果将影响信息系统的机密性、可用性或完整性。近年来，关于网络空间供应链安全风险标准的研究逐渐增多。研究内容主要包括风险评估框架、安全控制标准的制定、网络攻击的防护措施等。一些学者提出了基于风险评估的网络空间供应链安全标准框架，强调风险评估在标准化过程中的核心地位。框架通常包括对供应链各环节安全性的评估、对数据传输的加密标准、以及对供应商的安全认证等。Maleh 等（2021）和 Gani 等（2022）的研究指出，网络供应链治理（CSC Governance）的成熟框架对组织的网络安全绩效有直接的提升作用。研究强调治理在供应链管理中的协调作用，尤其是在制定供应链管理政策和标准时的关键性。Kalaiarasan 等（2022）定义了供应链可见性的框架，将其描述为一种系统化的实时获取准确可靠信息的能力，有助于提高企业的运营效率和决策质量。研究进一步表明，拥有良好的供应链可见性能够增强企业对潜在风险的灵活性和响应能力。Zhou 等（2023）提出了一个基于多层安全防护的供应链安全标准框架，旨在通过标准化的方式提升供应链应对网络攻击和数据泄露的能力。Friday 等（2024）提出了一种整合网络风险管理的供应链韧性框架，强调跨职能协作在应对网络威胁中的重要性。研究表明，企业在网络风险治理中需要采取系统化的方法，不仅包括 IT 技术的保障，还要涉及组织内部的协调和沟通。文章还建议，企业应根据自身特定的行业需求，定制适合的网络安全策略和流程，以实现最大限度地网络韧性。

国内目前研究主要是根据国外信息基础设施供应链安全管理标准进行探讨并形成经验借鉴，包括从供应链风险来源、管理及安全控制方面探讨 NIST 框架的主要内容（范科峰等，2014）；从供应链风险管理目标、应用范围、制定背景、实践和标准形成五个方面探讨 NIST 框架主要内容（董坤祥、谢宗晓，

2015)；基于 ISO/IEC 27036 信息安全标准体系分析 ICT 供应链信息安全管理流程的风险、要求和标准内容，提出我国实施供应链信息安全相关建议（谢宗晓、董坤祥，2015)；基于 ICT 供应链安全关系国家安全稳定、关键基础设施建设、数字经济发展等多个层面，通过梳理 ISO 国际标准、美国等国家标准，分析研究美国、日本、英国的 ICT 供应链安全实践，为我国 ICT 供应链安全建设提供参考（汪丽，2020)。提出当前信息供应链规范存在“技术安全观”与“环境安全观”之间的倾向差异，因此在兼顾各方立场的基础上，构建供应链生态系统总体安全观，并厘定新规范表述以统领整个体系架构（黄志雄、陈徽，2021)。

2.3　网络空间供应链安全风险识别

风险被定义为不确定性对目标的影响，而风险评估是识别、评估和优先排序风险的过程（Bojanc，2013)。信息安全风险导致偏离实施安全控制的预期结果，并影响信息资产的目标，包括其财务、安全或生产力目标。风险的概念在解释和对组织的意义上各不相同。因此，每个组织的风险管理和风险评估方法将根据其倾向、内部专长和风险偏好而有所不同。充分了解风险对于支持管理者做出正确决策和采取适当的安全措施至关重要（Volpentesta et al.，2011)。

在识别影响网络供应链风险时，在文献中可以找到各种方法。例如，Smith 等（2007)，Urciuoli 等（2013）和 Boyes（2015）通过厘清 IT 系统中威胁和漏洞间相互作用以识别供应链中的网络风险。当涉及识别威胁时，Smith 等（2007）列出了对 IT 资源的潜在威胁，分为恶意代码和程序、恶意黑客和入侵企图、欺骗欺诈、滥用和破坏、错误和遗漏以及物理环境危害。Urciuoli 等（2013）试图将现有的网络安全威胁（聚集为机密信息访问、控制计算机系统和通信）与典型的供应链安全威胁（货物犯罪、走私、假冒和破坏）相结合，同时回答“网络犯罪是如何支持线下供应链犯罪”。Boyes（2015）则从网络弹性的角度描述了影响供应链的六种威胁：黑客主义、组织间谍主义、政府驱动、恐怖主义、犯罪和自然主义。Xu 和 Nassar 等（2016）认为现代供应链管理包括：认识新的安全威胁，建立有效的防范系统故障和攻击的自我防范机制，全面理解信息资产、生态系统威胁和嵌入其扩展供应链中的漏洞。Rangel 和 Oliveira（2015）对供应链 16 种风险中的 56 种风险类型进行了分类，并与供应链运营参考模式提出的 5 种独特的管理流程相关联。Fan 等（2016）提出为了降低供应链风险并加以应对，组织应该具备供应链风险信息的处理能力，如供应链风险信息的共享和供应链风险信息的分析能力。Chan 和 Larsen（2010）提出了一个框架，用于发现、定义、学习和构建 ICT 供应商和供应链风险的管理能力。Faisal 等（2007）发表了一篇开创性的论文，确定了可能对供应链产生影响的不同信息风险。Gordon 和 Ford（2006）提出两类风险：第一类网络风险包括网络钓鱼和盗窃或操纵数据或服务事件；第二类包括网络跟踪和骚扰、操纵股市、勒索和公司间谍活动。Ghadge 等（2020）提出风险事件整体分类，考虑了来自外部环境、内部活动和物理故障的风险，而 Colicchia 等（2019）强调供应链不同层面的保密性、隐私性和信息完整性。在先前关于特定网络和信息风险项目的文献的基础上，将采用各种分类法的组合。

另外，脆弱性可能被威胁所利用，对组织和社区造成损害（Urciuoli et al.，2013）。Hutchins 等（2015）提出一个框架，通过考虑到制造组织内部和整个供应链中的数据流，来识别通用的和特定于制造的漏洞。同样 Estay 和 Khan（2016）提出了一种表示供应链上信息流的方法，也可用于识别漏洞。它包括在供应系统中交互的代理、通信路径和反馈回路。Filippini 和 Silva（2015）报告使用建模语言（I－ML）的情况，该语言可用于识别结构和动态漏洞和关键性。这是通过建模基础设施要素之间的业务相互依赖关系来实现的，同时考虑到组织中的技术和社会技术要素。Boyes（2015）还指出，需要采取一种全面的安全方法，其结论是，纯粹的技术解决方案不太可能涵盖潜在威胁和漏洞的广度。因此 Boyes 认为，影响网络弹性的漏洞可能与人员、过程、物理和技术这四个方面中的任何一个相关。Safa 等（2017）遵循类似的观点，强调人员、技术和流程作为信息安全领域的主要实体。例如，在信息安全方面，Safa 等（2017）辩称，违规行为可能是由员工流动、员工不满、使用临时专家以及对组织缺乏意识等人为因素造成的。Reddy（2014）使用一个框架来映射 IT 组件漏洞，并以有意义的方式沿着供应链传递这些漏洞的重要性，这样还可以帮助供应链合作伙伴的漏洞进行评估。

华为白皮书（2016）结合 NIST 框架，基于从来料到客户交付的端到端流程中，设计如何对供应链风险进行识别和控制。张子健、李傲（2018）分析了网络空间供应链安全（CSCS）研究进展及趋势，对网络空间供应链中的网络风险进行了识别与分类。Gaudenzi 和 Baldi（2023）探讨了网络韧性在组织和供应链中的实施路径，强调管理者对网络威胁的感知对制定网络韧性策略的重要性。通过实证分析，文章提出了基于感知风险和动态能力的理论框架，并探讨了四种主要的网络韧性策略：网络风险治理、网络安全培训、网络控制和网络保险。研究显示，网络韧性战略的实施不仅依赖于技术工具的使用，还需要管理者对风险的深刻理解和应对策略的动态调整。依据主要文献来源，网络空间供应链中可考虑以下网络风险：定义网络空间供应链的风险性质并评估预期风险的结果（Demchak，2012）；从制造、生产、分销、组装、运营与维护各阶段内破坏、故意引入其不需要的功能分析评估恶意对手，颠覆系统设计、完整性、监控的风险（Charney and Werner，2011）；设置软件和硬件后门，使第三方能够恶意窃取供应链成员的敏感信息的风险（Lambert et al.，2013；Xue et al.，2013）；没有授权的第三方意外访问供应链关键信息的风险（Cai et al.，2010；Kim，2013）以及有扰乱供应链重要信息流的风险（Deane et al.，2009；Jones and Horowitz，2012）；信息系统故障（Colicchia et al.，2019）、网站崩溃（Tran et al.，2016），恶意软件植入（Deane et al.，2009）、数据泄露（Boyson，2014）、记录损坏（Zo and Hu，2009）和凭证盗窃（Zo and Hu，2009）。

2.4 网络空间供应链安全风险评估

政府和产业界对如何识别和评估网络空间供应链的安全风险越来越感兴趣，于是该研究也对各种安全风险进行了调查并建立了不同的评估方法。在风险评估领域，许多学者提出了不同的方法框架来量化网络空间供应链的安全风险，但到目前为止，尽管有大量学者努力解决供应链的网络风险问题，但目前还没有业界就评估网络风险达成共识（Islam et al.，2017），也没有网络风险的评估标准（Ruan，2017）。根据 ISACA（Vohradsky，2012）的观点，这一困难在于缺乏网络风险识别和评估的结构化框架。在缺乏网络标准化风险评估框架的情况下，行业使用现有 IT 风险框架来应对网络风险（Drissi et al.，2016）。然而，虽然网络空间供应链面临着适用于任何信息系统的一些威胁，但它也面临着独特的威胁和漏洞，涉及多方，包括网络服务提供商（员工、设施、系统）、技术（接口、API）、外部攻击者和其他网络共同租户。Alpcan（2009、2010）讨论了学习网络安全风险评估的重要性，对比分析多种风险评估方法以确定不同脆弱性的风险水平，以及比较不同安全控制对降低这些风险的影响。此外，研究组织中安全风险依赖关系，分析复杂程度不同的安全风险交互对风险程度排序的影响；然而，人类根据过去发生的事情进行判断，对未来可能发生的风险和事件做出客观估计的能力是有限的（Bernstein，1996）。如果考虑到构成风险概念的两个维度，即事件的概率和影响，这一点就变得特别重要（March and Shapira，1987）。Hallikas 等（2004）提出了一个影响评估量表，范围从风险事件的后果“对整个公司而言微不足道”时的“无影响”到风险事件的后果能够“中断业务”时的“灾难性影响”。类似还提出了一个概率评估量表，范围从“非常罕见事件”出现时的“非常不可能”到“非常可能”出现时的“频繁重现事件”。

国外的研究主要以建立供应链整体安全风险的评价模型和提供支持服务为目的，从网络空间供应链组织的安全能力和供应链管理机制的一致性两个维度来分析供应链安全能力和成熟度模型，进行安全评价和行动指南的确立（Boyson et al.，2009）；通过问卷调查分析评价了美国网络空间供应链的安全风险，发现了美国重要信息基础设施的安全漏洞（Jon et al.，2010）；Jon 等从 4 个维度构建了网络空间模型，对网络安全性进行评估，这四个维度包括 IT 供应商的安全审查标准、IT 购买者的审查结果对采购决策的影响、外部组织 IT 关系设置的网络安全管理以及软件服务保证计划，这四个维度反映了网络空间供应链安全（CSCS）的复杂性，在关键信息基础设施中，出于对数据隐私安全和法规遵从性的关注，IT 产品采购流程中的安全变得更加重要。Demchak（2012）定义了网络空间供应链中的风险性质，并评估了可能的风险结果。Charney 等（2011）在制造、生产、流通、组装、运用、维护的各个阶段，分析、评估了对方恶意破坏、有意导入不必要的功能、破坏系统设计、整合性、监测的风险。Lambert 等（2013）研究了软件和硬件后门导致第三方恶意从供应链成员那里窃取重要信息和敏感信息的风险。Deane 等（2010）研究了未经授权的第三方意外访问供应链中重要信息的风险，以及扰乱供应链中重要信息流动的风险。Thaw（2011）运用制度论从更宏观的角度进行了研究，对美国的信息安全法律和法规进行了分类，从宏观的角度考察了法律制度对供应链组织信息安全事件的影响。Hsu等（2012）从制度论的角度研究了信息安全，探索了制度压力对信息安全管理内部化和创新采用的规制效果，沿用履行和内在化两个概念，用事例研究的方法详述了法制化的过程，细化为出现、验证、扩散和一致性四个步骤。Akinrolabu等（2019）分析了云计算环境已经存在的三种网络供应链风险评估方法，并且提出了新的供应链风险评估模型（CSCCRA），相较过去评估方法，这一模型能够动态评估供应链网络风险。Zhang和Liu（2024）提出了一种基于博弈论的风险评估模型，该模型能够分析供应链中的各个利益相关者在面临网络安全威胁时的行为选择及其对安全风险的影响。此外，Li等（2023）则采用了层次分析法（AHP）结合模糊集理论，对供应链安全风险进行多层次、多维度的定量分析，为进一步的风险控制策略提供理论支持。

国内的研究主要在组织内部进行，涉及整个供应链的安全风险评价的研究很少。在网络信息安全评估工作中，吴亚非等（2007）讨论了以实际工作为主建立风险评估的方法和框架；范红等（2009）从信息安全管理流程和框架、政策和法规、实践和探索经验等方面确立信息安全风险评估的管理方法；以信息安全管理体系（ISO/IEC 27000标准族）为背景，验证用户参与对信息安全意识、业务流程结合与信息安全管理有效性的影响（谢宗晓等，2013）；冯耕中等（2014）根据IT供应链的相关特征，对我国IT供应链在生态、产业和技术上面临的挑战进行了分析，并参照国外对于IT供应链安全问题的解决方法提出了加强我国IT供应链安全的管理建议。探讨制度压力、信息安全合法化过程与组织绩效之间的关系（林润辉等，2016）；根据国外建立的网络空间供应链安全（CSCS）风险评估体系进行借鉴，罗军舟等（2016）提出了“四纵一横”的网络空间研究系统，从物理层、数据层、网络层、系统层四个层面阐明了关键布局和关键技术的研究，而且做出了网络空间安全发展趋势的总结。倪光南等（2016）分析了美国ICT供应链安全管理的方针和方法，表示我国应加强ICT供应链安全评价管理，制定了与网络安全审查更加契合的ICT供应链安全评价法规。常诗雨等（2017）考虑在投资网络安全时加入第三方的动态惩罚要素，结果显示第三方的惩罚可以提高网络整体的安全水平。何昊坤和李璐（2019）为了确保ICT供应链整个生命周期的机密性、完整性、可用性、可控性，研究了可能存在的安全风险类型，并结合我国当前ICT供应链安全管理的实际情况提出了具体建议，为持续加强ICT供应链安全管理提供了一定的标准和参考。中华人民共和国国家标准《信息安全技术信息安全风险评估指南》提出了风险评估的基本概念、要素关系、分析原则、评估方法、实施步骤以及信息系统生命周期各阶段的风险评估要点和工作形式。王博和吴舟婷等（2020）从指标体系、指标解释、指标框架和实施流程出发，构建了一套关键信息基础设施ICT供应链安全的评价指标体系，使关键信息基础设施ICT供应链所有的相关方面都可以用来衡量其安全性，同时输出其可能的风险点，作为评估关键信息基础设施ICT供应链安全度的基础。

关于网络空间供应链的安全风险识别与评价，国外的很多研究都在讨论网络空间供应链的整体风险识别与管理，以及可能导致供应链产生风险的风险源。其中大部分是定性研究，主要定义了网络空间供应链及其安全风险，建立了相关标准，包括网络空间供应链各个主体的行为规范和使用过程与服务技术。国内学者关于这一点的研究，主要基于国外现有的研究，并结合我国当前网络空间供应链的发展趋势，对其可能的风险、当前的主要问题、未来的发展趋势进行了评述，提出了网络空间供应链安全（CSCS）管理问题的建议，上述研究主要是定性研究，几乎没有或者很少基于定量研究的文献。

2.5 网络空间供应链安全风险决策

在网络空间供应链安全（CSCS）风险应对决策的研究中，大部分学者以经济学和博弈论为主要理论依据，考虑了道德风险、网络脆弱性、风险依赖性、黑客攻击、资本分配等风险因素，建立了供应链博弈模型，从而对该问题进行定量研究。Bommannavar等（2011）定量分析了决策者对安全资源分配的风险管理，建立动态零和博弈模型，模拟攻击和防御者的相互作用，并分析了风险发生的概率和风险转移的马尔可夫模型。Gao等（2015）在集中决策和分散决策下研究了供应链中相互依赖的两个组织的信息安全投资和信息共享战略，明确了第三方监管机构的监督将有效促进投资和信息共享的实现和社会福利的提高。Schellhorn（2015）研究了运用行为激励风险回报优化框架，揭示了全球供应链管理与投资者风险投资回报的重要关联性。Nagurney 等（2015）构建了由 IT 系统集成商和关键基础设施运营商组成的供应链博弈论框架，通过决定最佳的产品交易和网络安全投资，实现期望利润最大化，并且提出具有可实现性的算法。然后将该算法应用于两组数值实例，揭示了竞争加剧等问题对均衡产品交易、安全级别、产品价格、预期利润、IT 系统集成商脆弱性以及供应链网络脆弱性的影响。Tang 和 Tomlin 等（2016）指出，虽然许多企业制订了风险评估计划，以系统地发现和评估供应链的风险，但同时进行投资以降低风险的企业很少。对构成网络供应链成员的许多组织来说，安全漏洞防范越来越重要，也是一个不可忽视的挑战。Gu 等（2016）建立了基于博弈论的信息安全风险模型，研究了组织投资信息安全时信息安全风险的相互依赖特性，比较分析了最优战略的影响以及传染性风险和信息风险的单调变化对投资效率的影响。Nagurney 等（2017）开发了由 IT 系统集成商和供应商组成的供应链网络的博弈论模型，建立了供应链网络和单一 IT 系统集成商的网络，并证明了支配纳什均衡的条件可以表现为变分不等式问题，给出了新的替代形式和相应的理论。Sadeghi 等（2023）研究了供应链网络韧性的建设路径，提出供应链可视性在网络攻击中的关键作用，并通过两项实证研究验证了可视性对韧性建设的作用。此外，该研究首次引入吸收能力（absorptive capacity）和权力（power）作为提升可视性的前置因素。Mubarik 等（2021）提出供应链可视性通过供应链映射能够显著提高供应链弹性。Acero 等（2021）强调供应链可视性在物流管理中灵活使用不同运输模式（同步多样性）中的重要作用。Yang 等（2021）研究显示供应链可视性有助于提升供应链风险管理能力，从而增强供应链弹性。Ye 等（2021）通过实证研究指出，数字技术资产是提升供应链可视性的关键前置因素，从而改善供应链绩效。Gaudenzi 和 Baldi（2023）基于意大利企业的实证调查，分析了管理者对网络威胁的感知与网络韧性策略的关系。通过感知风险理论（TPR）和动态能力理论（DCT），研究揭示了企业如何通过治理策略、员工培训、风险控制和网络保险构建网络韧性。研究还探讨了这些策略的实施效果，并提出了动态配置路径以增强企业的适应能力。

国内有关安全风险应对决策的研究中，吕俊杰等（2016）以组织间病毒感染为例，根据相互依赖性的多样性和威胁的入侵类型，建立组织间信息安全的投资博弈模型。巩国权等（2007）建立了双寡头垄断竞争两阶段博弈的信息安全投资收入模型。刘文臣和朱建明（2013）运用博弈论建立双组织和多组织的博弈模型进行均衡分析，结果表明组织投资阈值与外部风险呈正相关，与未来投资的组织数量呈正相关，最终组织投资信息安全的比例趋于均衡。孙薇等（2008）利用博弈理论提供了一种安全投资分配新方法，分析了信息安全投资的均衡。熊强等（2011、2012）从信息安全的角度，研究了供应链不同地位的组织投资决策博弈，比较了不同博弈下的投资收益率，探讨了信息安全、网络脆弱性、信息资产价值对决策结果的影响机理。熊强（2014）建立安全资源决策缺失情况下的安全防御决策模型，研究组织如何在信息安全防御中优化预期的国防资源分配，得到组织在不同信息节点的国防优先级和国防资源的投资量。甄学平（2015）认为，考虑到资本约束、银行的风险偏好、制造商的生产恢复特性等，制造商为了转移业务中断风险而购买业务中断保险和交易信用保险，研究了供应链中的 IT 系统集成商如何使用融资支持和成本共享激励共享中断风险，分析了制造商在不同战略组合中的应对中断风险以及 IT 系统集成商的战略选择。顾建强等（2015）研究了基于信息系统安全相互依赖性的信息系统连续时间安全投资水平优化问题，通过相关的博弈论模型得出最优投资均衡结果，讨论了传染风险对信息系统安全的投资率和脆弱性影响。杨月明（2016）构建了以制造商为领导者，而 IT 系统集成商为跟随者的 Stackelberg 模型并进行求解得出均衡结果。主要运用了比较静态分析和数值仿真两种分析方法，研究了自有资金对 IT 系统集成商和制造商的最优均衡策略。潘崇霞等（2018）通过激励措施协调管理安全服务供应商努力水平从而控制信息安全风险。赵柳榕（2018）等针对组织与入侵者的风险偏好，建立防火墙、入侵检测系统的信息安全博弈模型，分析比较不同组合的纳什均衡策略，提出组织实施信息安全技术最优策略的相关建议。潘崇霞等（2017）通过构建模型分析了网络暴露程度、黑客攻击率、安全投资效率等因素对组织网络安全投资的影响，并提出了一定预算约束下的组织网络安全最优投资策略。张子健及陶小木等（2019）考虑入侵防御子系统和入侵检测子系统的投资存在成本互补效应，分析了供应链福利最大化情况下的入侵防御子系统和入侵检测子系统的最优安全努力水准。

过去研究较少在网络空间的背景从供应链投资协调机制的角度展开研究，而关于网络空间供应链信息安全体系构建的投资机制并不是很多。Cavusoglu 和 Hui 等在供应链信息安全外包的情况下，将整个供应链网络系统分为入侵预防系统和入侵检测系统两大模块，进行量化分析得出信息外包最优激励机制和奖惩契约。但是他们研究的重点是供应链企业和信息安全服务商之间的网络安全收益最大化问题，没有考虑供应链企业自己处理网络安全体系构建的问题。

2.6　网络空间供应链安全风险控制

为了应对网络空间供应链的安全风险，政府和组织非常关注如何有效应对网络空间供应链的安全问题。国外的研究主要聚焦于整个网络空间供应链，进行问卷调查、风险应对措施模板的制定、风险评估控制标准模型的建立等方式，参考了行业标杆企业的相关经验，提出了降低网络空间供应链安全（CSCS）风险的方法。国内学者的研究主要是定性研究，在参考提出的一系列安全保护模型基础上，提出了我国应对网络空间供应链安全（CSCS）风险的对策。其中大部分是政策研究，却很少研究供应链组织之间能降低风险的可实现性决策。

2.6.1　网络空间供应链安全保护实践

对于 CSCS 的研究，国外学者做出了一系列的安全保护参考模型的实践应用为研究做进一步的参考。为了控制网络空间供应链的风险，Simpson（2010）为了使网络空间供应链的风险得到控制，建立了信息安全、完整性、可靠性三个方面的安全保证模型。Bandyopadhyay（2010）指出，以网络供应链为背景建立动态微分博弈，点明存在组织信息系统安全投资过度的问题。同时，他的研究认为，这种过度投资可以通过供应链组织之间的合作来解决，资产价值高的组织应该率先引导其他组织进行合作。Ellison 等（2010）建立了网络供应链安全保证参考模型的安全保护策略，是根据识别与监控攻击和建立威胁模型的基础之上完成的。Borg（2010）基于网络空间供应链管理，实施了包括设计、制造、组装、分销、维护五个阶段的策略以此来应对风险的发生。Storch（2011）为了确保网络空间的安全性，提出了基于软件完整性的风险管理方法。RongPing 等（2014）介绍了面临全球化挑战的中国网络空间安全问题，介绍了供应链的安全风险、网络空间供应链安全（CSCS）管理的现状和实践经验。俄罗斯国家安全视角下网络空间供应链管理（Sokolov et al.，2014）；韩国三星、现代公司等大型企业管理网络空间供应链的实践经验（Kim and Im，2014）。随着网络空间的供应链安全正式成为世界关注的热点问题，Khan 等（2014）基于传统的供应链风险模型，引入了用于网络风险控制的“网络弹性”。另外，不同国家的学者也从各国安全保护的实践和现状角度出发，进行了探索性的研究和经验介绍。Kim 和 Im（2014）研究了以韩国三星和现代公司为主的大公司，在管理网络空间供应链方面的实践经验。正如 Bartol（2014）所指出的，标准数量的激增意味着标准之间冲突的激增，这对网络供应链专家来说可能是一个挑战，因为每一套标准都强调了不同的流程，而不是通过供应链流程实施的。现有知识模型中最显著的差距之一是模型本身未能解决将证据与其他类型的知识相融合以改进实践（Gauthier and Ellis et al.，2005）。通过在整个网络供应链利益相关者中鼓励良好的商业实践，最佳实践不仅将在其整个开发过程中减少妥协或颠覆 ICT 产品的机会（Charney et al.，2011），而且由此产生的综合实践社区将有助于加强 ICT 产品完整性。这些文献评估了网络空间供应链安全（CSCS）领域中用作最佳实践标准的一些框架，以帮助管理 ICT 产品安全。另外，Kuypers 等（2014）提议安装防火墙，作为保护网络产品供应链的方法之一。他们运用概率论风险分析模型，将防火墙的各个部分与生产的各个阶段联系起来，明确了检查漏洞不是解决系统安全的最佳方法。此外，有必要监测用于更换和增补的警告信号。Boyens 等（2013）为评估网络空间供应链的风险和制定应对措施，设计了一系列的模板作为联邦政府有效管理网络空间供应链的指导。Estay 等（2015）分析了系统风险分析方法在理解供应链网络风险中的应用，分析了常见的供应链，判断了网络攻击、信息流、动态结构对其的影响，并提出了更有效的检测网络供应链的系统方法。Akinrolabu 等（2019）研究透明性在网络空间供应链风险评估中的作用，并提出了通过决策支持分析和供应链映射提供支持的云供应链网络风险评估（CSCCRA）模型。Yeboah 等（2019）提出使用智能网格案例运行实例和攻击模型算法分析了网络空间供应链的威胁，并使用 CSC 相关控件来提高供应链的整体安全。供应链成员对风险的不同认知可能导致供应链失调，从而导致供应链整体绩效下降（Gattorna and Jones，1998）；这一概念也适用于网络供应链风险管理，当不同参与者在不同阶段为管理供应链风险采取不同决策时，会影响供应链安全弹性水平（Colicchia et al.，2019）。换言之，供应链认知的一致性可能导致 CSCRM 行动转向实现更高的恢复力和网络供应链平衡的恢复力。

国内的研究主要针对安全风险定性地提出了建议和策略。吴世忠等（2014）分析了我国信息通信技术（ICT）供应链安全风险，并提出了对策和建议。左晓栋（2010）分析了美国政府对 IT 供应链安全问题的政策和实施方法，将其主要特征与我国 IT 供应链的特点进行了比较，并提出了关于我国 IT 供应链安全管理问题的建议。马民虎和马宁（2014）考察了我国供应链的安全风险现状，从组织风险管理体系、社会法规和其他安全审查对策的角度出发，提出供应链安全风险管理的新方向。张子健和曾雯（2018）基于网络空间供应链的线上线下渠道，建立了渠道间的风险感知及信任传递机制。李璐和汪坤（2020）从完整性、保密性、可用性、可控性等角度研究 ICT 供应链安全存在的风险，设计了 ICT 供应链安全风险评估实践模型，并从主管监管和组织执行两个层面提出加强 ICT 供应链安全监管体系建设的建议。Melnyk 等（2022）分析了数字转型背景下，供应链面临的网络风险及其对供应链韧性的影响。研究指出，随着供应链的数字化，企业面临更高的网络攻击风险，如何通过提高供应链的可见性和敏捷性来应对这些挑战成为提升供应链韧性的关键。文章提出了基于技术创新和信息共享的风险管理模型，并呼吁学术界进一步关注网络风险对供应链管理的长期影响。Sharma 和 Patel（2023）也强调了供应链合作伙伴之间的协同管理对于应对网络空间安全风险的重要性。Lee 等（2024）的研究表明，传统的风险管理策略已难以适应现代数字化供应链的复杂性，特别是在面对快速变化的网络攻击手段时。研究者们提出了增强供应链透明度、提高供应商的安全标准以及构建多层次的安全防护体系等解决方案。

2.6.2　网络空间供应链安全协调契约

在网络空间供应链安全管理的研究中，学者们不仅对供应链信息安全的投资构建策略和契约协调机制进行了研究，还从资金利用和技术分配两个视角建立了供应链网络安全投资契约。Nitin 和 Paul（2009）使用 Harsanyi - Selten - Nash 讨价还价模型，研究供应链参与者对降低风险投资的选择，以解决供应链中断带来的损失问题，并提出道德风险契约和激励相融合的解决方案。Lee（2013）研究了组织和信息安全服务提供商之间的道德风险，并据此提出了信息安全外包合同。Hu 等（2013）从资金利用的角度出发，研究了组织（买方）利用激励机制鼓励供应商为恢复能力进行投资的方法，并将该方法与传统分散部分订单方法进行了比较。Kiekintveld（2015）建立了蜜罐选择和配置的博弈模型，以及黑客等攻击者检测行为的扩展模型。Giovanni（2017）有两个带有利润分享协议的激励措施，该协议从一个基准（非激励）场景开始，其中制造商（M）是领导者，IT 系统集成商（R）是跟随者，并且组织被协调到闭环，在两个激励博弈中，激励都是以 M 转让给 R 的利润份额的形式存在的。Gao 等（2018）在独立决策和集中决策下研究了网络信息系统安全风险相互依赖的两个组织的信息安全投资和信息共享均衡水平。Zeng 等（2018）研究了建设供应链中可持续开发的激励机制。Ogbanufe 等（2021）研究了网络保险在缓解企业网络风险中的作用，尤其是在供应链管理中，网络保险被认为是应对网络攻击后的关键工具。文章详细分析了不同类型的网络保险产品如何根据企业的风险暴露度量身定制，帮助企业恢复业务运营并保障资产安全。研究指出，网络保险不仅提供财务保护，还激励企业在预防和减轻网络风险方面进行更多投资。

国内研究中，赵柳榕等（2018）从网络技术应用配置激励的角度出发，提出了构成两种技术的预算配置范围和最优配置策略。刘艳秋和蔡超（2018）研究由单一物流集成商和单一功能物流供应商组成的二级物流服务供应链，明确了采用考虑双边可靠性的收益共享契约调整物流服务供应链的策略并且说明了效果和不足之处。蔡传晰等（2018）考虑到组织与黑客之间攻防博弈的经济动机，利用了入侵检测系统和蜜罐两种技术方法，对如何优化配置蜜罐欺骗机制进行了博弈分析，提出了配置策略的两个条件。张子健和许茂增（2019）根据市场细分比例以及附加品价值增值的程度，研究了不同条件下制造商和销售商的最优定价策略和供应链的定价均衡，分析了产品定价的均衡与市场的细分比例、附加品的价值增值程度之间的相互作用。贾梦娜（2020）建立了信息供应商的安全能力信号传递与信息甄别机制，通过安全能力信号甄别对不同供应商进行分离，建立采购控制标准与成员严格准入标准来实现供应链安全能力风险控制。根据不同的目标市场选择，张子健和张泠泠（2020）讨论了全市场覆盖和聚焦细分市场的两种销售战略下供应链定价问题，运用相关模型得出均衡解并讨论了两个均衡解存在的条件，根据产品互补性的程度和互补产品的相对效用比的变化情况，决定了销售商在不同情况下的定价决策。

除了应对原有攻击，网络管理员还希望入侵检测系统（IDS）和入侵防御系统（IPS）检测网页应用攻击，包括感知异常情况，Cavusoglu 和 Raghunathan 等（2009）在供应链信息安全外包的情况下，将整个供应链网络系统分为入侵预防系统和入侵检测系统两大模块，并将两者结合进行量化分析得出信息外包最优激励机制和奖惩契约，他们研究的是供应链企业和信息安全服务商之间的网络安全收益最大化问题，没有考虑到供应链企业自己处理网络安全的问题。刘慧等（2017）从入侵预防系统和入侵检测系统出发构建了网络系统，定量研究了两个网络子系统之间三大类风险传播与识别，但并没有考虑两个网络子系统之间协调投资的问题。

学者们对供应链信息安全投资的研究取得了一些重要研究成果，但他们没有考虑供应链企业合作组建的公共网络信息安全投资与机制的结合，而这恰恰就让网络安全负责方在没有机制的约束和监督下有减少投资的动机，正因为投资没有与机制结合，将会极大地影响供应链中各合作企业最初的网络安全资金投入决策，进而有可能导致信息安全维护资金利用不充分。张子健和陶小木（2019）在前人的研究基础上，探讨供应链企业合作下公共网络信息安全投资机制协调问题。第一步计算出社会福利最优状态下对入侵防御系统和入侵检测系统的投入，之后设计并对比成本互补和无成本互补机制，最后对成本互补机制改进得到最优投资协调机制。

2.6.3 网络空间供应链伪冒治理能力

网络空间供应链中的假冒伪造主要是故意将假冒的 ICT 基础设施侵袭和渗透真实的供应链中。它包括但不限于来自国家赞助或国家行为者的恶意代码的整合，这些恶意代码具有针对某个国家或另一个国家的对抗性议程，同样引发了供应链对政府网络基础设施安全的挑战（Metzger，2014）。ICT 产品的假冒趋势是通过伪造公认且可靠的产品，将网络脆弱性暗示到网络供应链和网络安全中（Williams，2014）。假冒的 ICT 产品有可能携带恶意功能，并代表不同的威胁级别（Boyens et al.，2014）。Metzger（2014）同样指出，受侵袭部件所造成的威胁比常规假冒造成的威胁更为严重，因为后者往往是因为贪婪而发展起来的，而受侵袭部件的来源往往是恶意国家和非国家行为者试图破坏对手系统的行为。

Grossman 和 Shapiro（1988）根据仿冒者及消费者购买仿冒产品时的意图与是否知情，将仿冒产品划分为非欺骗性仿冒品和欺骗性仿冒品。非欺骗性假货是指消费者在购买时明确清楚其所购买的是仿冒品，常常通过未经授权的销售渠道以大幅度折扣出售。欺骗性假货是消费者在购买时上当受骗，误以为所购买的是正品。为欺骗消费者，这种假货必须在合法的供应链中销售（Cho et al.，2015）。欺骗性假冒品会对品牌产品的销售产生负面影响，因为它们会损害品牌形象和合法生产商的商誉。当个人无法辨别产品真伪时，假冒品具有欺骗性，消费者在不知情的情况下购买假冒品且错误认为这些产品是合法制造商生产的正品。本书的研究主题是显性防伪技术的构建，显然适用于欺骗性假冒产品。

过去对产品造假的研究主要采取概念性和描述性研究，这些研究主要是基于案例研究方式（Staake and Fleisch，2008）来建立如何控制仿冒品的框架。营销方面的研究主要是采取实证研究，主要关注仿冒品的消费需求端，并且尝试解决诸如为何消费者会选择购买仿冒品，以及如何教育消费者不要去购买仿冒产品等问题。Staake 等（2009）定义假冒伪造是未经授权引用品牌或组织的产品，可能会与原始产品或品牌混淆。随着市场经济的发展，国际市场营销活动的增加以及技术的进步，假冒伪造产品的生产和流通日益猖獗。伪造产品的蔓延不仅给组织和国家带来巨大的经济损失，还将使成千上万的人失去合法工作，并使消费者接触到伪劣产品。

对非欺骗性造假与欺骗性造假的防治应采取不同的策略，非欺骗性造假主要依靠对消费者的教育以及政府对非欺骗性造假者的政策。对于欺骗性造假，主要是透过先进技术手段，利用各种防伪技术来实现防伪。防伪技术包含显性和隐性两种方式，诸如全息图、特殊包装、安全图形等都是一些制药行业常常使用的显性防伪技术（Overt Anti - Counterfeiting Technologies，OACT）。使用显性防伪技术的目的是使假冒伪劣者难以仿冒，并使消费者更容易区分真伪产品。显性防伪技术本身并不会给消费者带来效用，但其是消费者识别 IT 产品真伪的手段（Gao，2018）。显性防伪技术本质上是为了向消费者保障、证明其所购产品是正品，但很多贴有防伪标签的产品都是假冒产品也是事实，主要原因是没有完全可靠的防伪技术或方法。以全息图为例，一些造假者生产的全息图与真实全息图非常相似，因此足以愚弄患者。伪造者甚至可能通过全球电子商务获得复制全息图所需的各种生产设备。于是，就防伪体系而言，可信度是实现有效防伪的关键依据。事实上尽管不断采用先进技术来对抗假仿冒造假，但是假冒品的购买问题并没有减少，反而在最近几年有所扩大。Qian（2008）通过实证发现仿冒产品同时影响品牌产品的质量等级并且会降低品牌产品的价格，而 IT 供应商在假冒产品进入市场后具有动机提升其产品质量；同样，Schmidle（2010）注意到仿冒产品市场同时在供应链的供给与需求两个方面发生改变，论证了仿冒者将会根据其假货的目标市场而改变其仿冒产品质量水平；Zhang 等（2012）通过案例研究也发现仿冒产品的存在将同时降低品牌产品的价格与厂商利润，并且 IT 供应商具有更加强烈的动机提升其自身产品质量，相对于降低仿冒产品利润有关防伪体系建立的相关文献集中于单组织投资决策分析，学者们较少从供应链协调角度进行研究。将供应链管理作为打击假冒工具的研究仍处于起步阶段（Stevenson and Busby，2015）。Stevenson 和 Busby（2015）将假冒产品与防灾能力挂钩，确定了假冒者用于引入非法产品的四组策略，并根据信号论和基于资源的观点提出了提高弹性的对策。在这种情况下，需要进行更多的研究，因为供应链管理可能在打击假冒产品中发挥重要作用。Qian（2014）的研究表明，对一种产品有效的防伪措施可能并不适用于另一种产品。鉴于此，Cho 等（2015）提出需要针对特定产品量身定制防伪措施，Cho 研究的重点是假冒药品，因为其供应链受到的威胁最大，现有假冒药品的数量、对消费者健康的直接影响以及识别假冒产品的难度是其研究重点。加强供应链的透明程度、可追溯性和安全性能够有利于发展市场双方相互信任和彼此诚信的环境氛围，从而有助于构建更安全、更可靠的经济体系。然而，由于防伪技术及防伪方式单一的制约因素，当前的产品防伪效果并不明显。Wilcock 和 Boys（2014）研究供应链中防伪措施的实际应用和限制，以及如何将防伪措施整合到产品质量管理策略中以降低供应链风险。

Pun 和 DeYong (2017) 使用两阶段博弈理论模型研究一个品牌制造厂商与生产仿冒产品的公司在竞争战略性客户时的决策过程。Eser 等 (2015) 讨论了 3 种形式的假冒供应链，调查发现造假利润空间比合法业务更高，并建议执法部门重点打击威胁公共健康和安全的假药；Cho 等 (2013) 探讨了产品特性对战略仿冒者在包括非欺骗性或欺骗性类型的类型、质量和价格方面的决策的相互影响，讨论了几种作战策略是否有效。他们建议品牌公司通过识别潜在造假者的特点制定与之相对应的打击造假对策。Li 等 (2016) 研究了供应链整合性组织与提供山寨产品的分散化供应链之间的竞争情况，证实在供应链整合组织与山寨供应链之间的结构差异将会减少其产品之间的竞争强度以及质量差异。何清 (2019) 基于供应链质量管理和博弈论的相关理论基础研究，考察了供应链防伪追溯系统的可靠性，提出了供应链上游企业和下游企业防伪追溯系统的最优投资决策和调整机制。张子健和何清 (2021) 分析了产品 IT 供应商与 IT 系统集成商的防伪技术投资决策非合作、决策合作及供应链整合三种决策机制，比较分析了三种情形下的均衡防伪可信度、均衡防伪投资阈值以及均衡利润，确定了产品显性防伪技术在供应链防伪投资 HSN 中的契约协调的机制。

2.6.4 网络空间供应链可追溯能力

由于越来越依赖不可信公司生产的硬件和软件，网络空间供应链带来了网络安全风险及对国家安全造成的特殊后果 (Farwell, 2012)。网络空间供应链主要是为了获得 ICT 产品的可见性。它专注于获得对重点组织及其扩展合作伙伴的可追溯性和可控性 (Boyson, 2014)。网络空间供应链涉及非实体产品，如软件或无限复杂的产品，传统做法既无法控制也无法监督 (Shoemaker and Wilson, 2013)。正如 Linton (2014) 等所指出，许多组织对用于制造和交付 ICT 产品的过程中，可追溯性、理解和控制能力不强。政府经常要求组织应对网络供应威胁，而这些威胁没有任何特征。Lambert 等 (2013) 指出，硬件供应链的定性和定量研究存在重大差距，网络供应链行业需要一个能够描述、捕获和分析构成供应链模型的不可或缺的指标的框架。拥有在整个供应链中跟踪

ICT产品的能力，可以提供确定给定产品完整性所需的可见性。尽管如此，缺乏这种可见性的挑战不仅常常是大多数制造商在处理ICT产品时确认文件，因为他们缺乏可见性（Reddy，2014），而且还向供应链中的其他利益相关者提供材料保证。供应链可追溯性不仅有助于公司改善其供应链管理，而且有助于提高其安全和质量控制（Golan et al.，2004）。此外，Cheng等（2013）发现，当制造商失去供应商质量控制的可见度时，无论现有质量标准如何，低质量零件都可能出现。可追溯性是证明供应商遵守程序以及组织如何在整个过程中应用标准的认证（Lyles and Flynn，2008）。

许多人将供应商的适当管理视为质量和可靠性的代表，而质量符合规范的概念可以追溯到其起源于生产符合规范的产品的概念，并演变为包括对公司底线和利润至关重要的其他实用主义竞争力。许多人认为，对供应商的适当管理能够代表生产过程中可能产生的质量和可靠性。其他人则将可靠性和质量保证视为供应链管理的一个组成部分，因为它们使管理者能够集中精力协调和配置被视为生产可接受产出所必需的过程和实践（Talib et al.，2011）。如果没有对供应商进行有效管理，Woody等（2014）认为软件供应链将扩大网络供应链中假冒产品渗透和软件安全攻击的可能性。

供应链的可追溯性已经成为企业越来越重要的能力，需要更严格的检查和产品可追溯性来减少质量隐患（张子健、胡琨，2019）。产品质量可追溯性可能有助于保持并维护公司的品牌形象，同时也为其提供社会和经济优势。同时，当出现质量问题时，对整个供应链实施可追溯性管理系统，可以快速识别相关批次和质量问题的主要原因，并召回相关批次的产品。打造市场规范化的方法是建立产品可追溯体系，也是产品及品牌竞争力的体现。产品全程可追溯性涉及整条供应链从采购、生产、销售及消费各环节的可视化，随着企业与消费者对产品质量安全问题的增加，相关学术研究也随之增多。

根据供应链产品安全可追溯性的相关研究，Golan（2004）等研究发现如果组织消费者愿意为产品可追溯性支付更高的价格，制造业组织将更积极构建可追溯性系统。Bailey等（2004）的调查发现，当消费者对牛肉安全性的关注发生变化时，牛肉加工商对引进可追溯系统的积极性也发生了变化。Hobbs（2004）以食品溯源系统为研究对象，将产品溯源体系分为事前追溯与事后追溯的两个研究方面。Dickson等（2005）在调查中表明，美国消费者对可追溯的肉食产品有更高的支付意愿。Dupuy 等（2005）的研究中，提出并确立了产品的批量扩散模型，他们以食品供应链为研究对象，采用线性规划法计算了供应链最小化批量模型，提高了供应链的可追溯性水平。Souza（2007）通过对葡萄牙农场的调查，使可追溯系统能够普及安全性高的产品以实现销售上的差异化，提高产品质量和安全性水平以满足消费者市场的质量和安全性要求，从而使生产组织获得更大的收益。消费者对可追溯系统的认识，进一步体现在为可追溯产品付费的意愿上。Charlier 等（2008）在研究中提出，与质量安全管理能力较弱的组织相比，质量安全管理能力越强，实施严格完整的食品可追溯体系的意愿越强。Gandino 等（2009）进行了农产品供应链可追溯性研究，研究结果表明，组织内部可追溯性的准确性、完整性和可靠性是组织自动化的关键，是组织生存和发展不可缺少的。Nishantha 等（2010）以中小规模组织为研究对象，指出组织的规模是限制组织引进可追溯系统的关键，怎样选择合适追溯能力的追溯系统是组织在现实中面临的一个难点。Rong 和 Grunow（2011）提出了一种利用启发式算法优化供应链可追溯性的食品供应链生产分销计划模型。

许民利（2012）以制造商间产品质量为输入构建演化博弈模型来解决供应链质量投入的外部正效应问题。Dai 等（2015）构建了供应链可追溯系统，通过数值仿真分析验证了该方法不仅优化了整个供应链可追溯系统，还激励让供应链的节点组织参与可追溯系统，进一步促进可追溯体系的建设。Rahman（2016）以获得清真认证的中小组织为对象进行了调查，对调查结果进行了验证性因子分析，结果表明产品安全性的可追溯性直接关系到组织的利益和市场竞争。Aiello（2015）在研究中，为了测量供应链的可追溯性能力，使用了可追溯性单元大小的方式。通过供应链盈利模式的建立，分析了可追溯性对供应链期望盈利和真实盈利的影响，传递了模式的价值，运用数值仿真实验分析探究供应链中可追溯性的最优水平。浦徐进（2013）建立了数理模型，对引入可追溯系统的供应链成员的行为决策和互动机理进行了分析，指出提高下游成员的可追溯系统的精度可以推动上游成员为安全提供产品的发展。Schaarschmidt（2016）研究了香料在欧盟的出口和跟踪，指出产品的反向跟踪和跟踪极为重要。张子健和胡琨（2019）认为，在复杂的生产流程和巨大的供应链趋势下，供应链中产品质量和安全性的可追溯性越来越难。为了具体系统地分析可追溯性模型，以制造商和IT系统集成商的二级供应链为研究对象，按照事前预防和事后管理两个阶段的产品质量管理机制，构建出供应链产品质量控制的两阶段契约模型。

2.6.5 网络空间供应链安全弹性能力

企业必须对供应链能力进行投资以抵抗来自互联网的攻击，也即增加网络安全弹性（cyber－resilience）以应对潜在的威胁。这一并不常常被讨论的风险方向是一种“新常态”，引起信息安全、供应链管理、风险管理等领域学者们的高度关注。

供应链安全弹性研究目前是一种新兴的研究领域，还没有形成成熟的研究体系。英国“口足”疾病以及美国“9·11”恐怖攻击之后，Christopher和Towill（2001）提出应将供应链敏捷性作为对抗需求不确定性的手段。其后Christopher和Pech（2004）提出了供应链弹性的说法，为了刻画供应链弹性提出了相应的参考模型，并且其对供应链弹性的主要贡献在于为供应链进行再设计，使组织文化、敏捷性与供应链协同。Sheffi和Rice（2005）基于生产系统中断理论提出一个供应链中断模型识别了八个连续阶段用来描述断裂事件：准备，断裂事件，最早反应，初始影响，完全影响时间，恢复准备，恢复，以及长期影响。

Ho等（2015）从供应链的定义、运营和风险降低三个方面，对过去十年SCRM的相关文献进行了全面的回顾和分析。Choi等（2016）根据服务供应链管理在现代经济中的重要定位，提出了如何协调服务供应链与考虑风险是一个重要课题，而且简要列举了服务供应链系统中的协调和风险管理存在的问题。其他供应链弹性模型中，Linkov等（2013）提出一个四步骤弹性矩阵代表断裂的事件管理循环：计划/准备、吸收、恢复以及适应。每一个步骤都描述为组织的不同方面（比如物理、信息、认知及社会）。基于Christopher和Pech（2004）所提出的框架，并通过实证研究识别组织脆弱性与能力，Pettit等（2010）提出了供应链弹性评估与管理（SCRAM）框架，其框架辨别了组织能力与脆弱性之间的相互关系，以及其导致的弹性。产业界和学术界更加关注的焦点问题是如何塑造供应链的安全弹性。他们研究得出组织具有的弹性水平要靠一个平衡来实现，因为发展过多脆弱性会导致断裂产生经济后果和过度投资能力，从而侵蚀了利润。基于系统理论以及 Sheffi 和 Rice（2005）所提出的框架架构，Blackhurst（2011）等提出一个全球供应链弹性框架，他们描述组织能力为“弹性提升”与“弹性降低”，指增加或者降低组织从一个断裂事件快速、有效恢复的能力。Sheffi（2005）指出，通过增加冗余、提高灵活性和改变组织文化，可以改变供应链的安全弹性。Falasca 等（2008）建立了供应链安全弹性测量的决策模型，具体确定了弹性测量的定性指标。Zhao 等（2011）根据网络连通性（Connectivity）、网络可达性（Accessibility）和可获取性（Availability）三个指标分析供应链安全弹性。Wang 等（2012）从供应链运营的角度出发，基于生物细胞弹性理论建立了供应链弹性模型，分析了制造商和供应商在各个层面上的关系管理以应对风险冲击。Estay 和 Khan（2016）提出实施供应链网络弹性控制四步骤，包括：（1）确定可能对供应链造成破坏的潜在事故；（2）识别当前网络供应链中可能导致中断的危险要素；（3）识别供应链系统边界、控制范围和系统中出现的问题；（4）确定潜在的改进控制。Mayounga（2017）在网络安全管理中建立网络供应链概念来缓解信息通信的网络脆弱性，从而确定网络供应链如何支持网络安全，研究揭示了网络供应链可见性的实质性理论，描述了如何通过供应链管理实现和实施合规阶段的网络安全维护。Dubey 等（2023）探讨了动态数字能力在供应链韧性中的作用，并揭示了政府效能如何通过推动数字基础设施的投资和跨组织合作来增强供应链的韧性。研究强调，供应链中的各个环节需要实时数据支持和技术协作，以应对日益复杂的网络威胁。文章提出，政府政策和监管框架对促进数字化转型和提升网络韧性至关重要。

刘浩华（2007）提出建立多级弹性防御系统是提高供应链安全弹性的关键。刘希龙（2007）分析了不同领域弹性的定义和测量方法，定义为供应链网络受故障影响而脱离平衡状态，在不中断供给网络的情况下迅速恢复正常状态的能力。朱新球等（2011）从定义、背景和设计三个方面分析国内外学者对弹性供应链的研究。刘家国等（2014）研究了供应链弹性、供应链弹性影响力、供应链脆弱性之间的相互影响。蔡政英等（2014）建立了灵活可变的结构弹性制造模型，并就供应链弹性问题的定量决策和优化提出了建议，涉及企业的灵活性、灵活管理信息系统的建立和组织文化。以武汉地区组织为例，刘蹯（2015）对供应链安全弹性与组织创新程度、中断严重性的关系建立了理论模型。结果表明，供应链安全的恢复能力对组织的创新程度有正面的影响，另外，创新的程度随着中断的严重性增加而增加。段利均（2017）运用博弈论相关方法，构建模型研究了供应链中的能力风险，以及重点分析风险对供应链的网络弹性建设投资水平的影响。

网络供应链安全弹性研究主要集中于供应链 IT 安全和网络弹性方面的对策（Eling and Wirfs，2019）。学界与业界似乎都在努力理解“可以做些什么”来应对供应链中的网络和信息风险，特别是在单个组织边界内的网络安全级别，却没有关注构成供应链安全的要素。制定一个完全集成的网络风险战略方法是供应链的基础（Pandey et al.，2020）。这些要素构成了在供应链中建立一致性方法，即应采取何种政策和举措来确保整个供应链的安全，而不是只保护单个组织，因为单个组织本身可能成为网络空间中的故障点。事实上，通过最终与所有合作伙伴协同构建安全，协调对于供应链相同目标发展至关重要（Gattorna and Jones，1998）。这对于通过网络供应链风险管理（CSCRM）流程实现更高水平的弹性至关重要（Colicchia et al.，2019）。为了实现 CSCRM 流程的一致性，应在供应链中运营的参与者之间就目标达成共识，以整合共享安全策略设计（Radanliev et al.，2020）。

Gordon 和 Loeb（2002）率先利用经济模型将信息系统的防御手段和脆弱性作为整体进行处理。Kunreuther 和 Heal（2003）运用博弈方法研究组织安全投资均衡，以及外部机制对安全投资的相关影响。Bakshi 等（2009）运用讨价还价理论研究了在不对称信息下供应链安全投资中供应商与 IT 系统集成商的竞争与合作，但网络脆弱性影响了组织的网络安全投资。Zhuang（2010）的研究指出，在许多相互联系的组织中，由于没有全局战略视角的组织的存在，供应链中的其他组织对安全投资变得消极。但是，迄今为止几乎很少有国内外学者研究关于组织网络系统安全带来的负外部性以及如何协调的问题。Amin 等（2013）的研究表明，自我防御方法在一定程度上是有效的，然而网络安全绝不是简单的技术性问题，它是多个主体之间相互影响的复杂研究问题。各组织没有考虑自己的战略的真实社会成本会导致投资的不充分，产生所谓的负外部性。关于 IT 系统集成商的网络安全投资，Nagurney 等（2015）考虑供应链平均安全水平建立博弈框架，将纳什均衡条件变为不等式问题，揭示产品价格、期望利润、安全级别、产品交易、IT 系统集成商脆弱性和网络脆弱性的影响。Gaudenzi 和 Siciliano（2017）研究认为感知影响供应链中运营参与者对风险的评估，从而影响网络空间供应链措施的投资水平。Ezhei 和 Ladani（2018）研究公司在不对称环境中工作，参与供应链的组织如何进行决策，并得出结论并非所有参与者都做出相同决策。Colicchia（2019）研究供应链中认知和行为如何实现网络供应链弹性，从而最大限度地降低投资效率，提高整个供应链弹性。Li 和 Xu（2020）提出外部性会影响网络安全投资水平，并导致投资不足或过度投资，造成供应链投资效率低下，这与外部性与供应链中不同组织如何处理网络安全的潜在偏差有关。Dubey 和 Dwivedi（2023）探讨了动态数字能力（如实时数据分析、区块链技术）在增强供应链网络韧性中的作用。文章发现，政府效能和政策支持能够通过促进企业间合作和数据共享显著提高供应链的网络风险管理水平。

孙薇等（2008）运用演化博弈论研究有限理性单独存在的投资主体，分析组织信息安全投资问题。以组织间的病毒传染为例，吕俊杰等（2006）表明相互依赖性为网络安全风险的一个重要特征，将会对组织间的网络安全投资决策产生重要影响，同时他们构建出组织间安全的投资博弈模型，确定了多组织参与投资的纳什均衡。常诗雨（2017）通过演化博弈理论，构建了关于网络安全攻防的模型，并考虑加入第三方动态惩罚这一因素后的影响，最终得出加入第三方动态惩罚因素对整个网络的安全具有有利影响的结论。顾建强等（2015）考虑在负外部性存在的基础上，设计一种网络安全保险投资激励机制，通过该机制来改善组织的安全水平，进而提高社会福利。潘崇霞（2018）研究了两个及多个相关联组织在投资正外部性效应和负外部性效应条件下的网络安全投资博弈，基于两种情况的差异，提出组织的网络安全投资策略建议。然而，至今仍只有很少的研究者关注组织网络系统安全存在的负外部性以及如何进行协调等问题。李傲（2018）在信息安全经济学理论和供应链安全弹性的相关理论基础上，对企业网络空间安全弹性建设的投资策略和协调机制进行了研究。周诚等（2017）根据分析网络脆弱性分析理论与脆弱性评分技术，设计了一种脆弱性评分方法，此方法更能反映实际情况，以此确保脆弱点的多样性，从而使对网络脆弱性的最优评分得以实现。张子健和李傲（2020）讨论了网络脆弱性影响背景之下的供应商和 IT 系统集成商在分散决策时应如何选择其网络安全弹性投资策略，并借此对网络脆弱性、关联组织在网络安全方面的投入、对组织安全投资水平的影响等进行了分析。最终设计出一种协调补偿机制，以形成网络投资不足问题，从而最优化供应链整体的安全弹性投资水平。

最薄弱环节决定着网络空间供应链的整体安全水平。整体网络安全水平需要在整个网络空间供应链中协同合作，形成共同治理，提升整体安全水平。在以往针对供应链中影响网络安全弹性的分析研究中，缺少系统的贯穿于整个网络空间供应链安全（CSCS）弹性建设的内在关联与生成机理的内容；此外对网络空间供应链整体安全保护的研究也需进一步改善，研究整个供应链安全风险控制的协调机制和共同治理策略也具有研究意义。

2.7 文献评述

网络空间供应链安全是一门新兴学科领域，目前研究尚处于探索阶段，文献较为零散，且定性分析居多；对于供应链中影响信息基础设施的安全风险因素分析还比较孤立，缺少贯穿整个网络空间供应链的风险因素内在关联与生成机理的系统分析；以提升信息基础设施供应链整体安全保护的研究也较为缺乏，整个供应链安全风险控制的协调机制和共同治理策略需进一步深入研究。关键信息基础设施的网络空间供应链安全管理已经在国际上成为一个重要的研究领域，但我国此方面研究还处于定义与借鉴国外经验的阶段；研究还多以单视角展开，缺乏对供应链安全风险评估与应对机制的系统性研究，研究领域在融合方面尚有欠缺；同时我国关键信息基础设施运营主体性质、网络空间安全基础、政策措施与法律配套等与国外具有较大差别，但目前我国仍未系统开展结合我国现实情况对网络空间供应链安全风险评估和风险控制的研究。

第 3 章

网络空间供应链安全风险相关理论

本书包含供应链管理、风险管理以及网络安全等跨学科领域，研究中将综合运用供应链管理、风险管理、网络信息、博弈论、运筹学、经济学、控制决策等相关知识，涉及关键信息基础设施、实体供应链、网络空间供应链、网络空间供应链安全、网络空间供应链风险识别、评估及应对等相关理论。

3.1 关键信息基础设施

所谓关键基础设施，主要是指某一些物理基础设施或者网络基础设施，其破坏时将会对一个国家的经济、社会秩序、科技、国防及财产产生较为严重的影响。关键基础设施一词最初是在克林顿总统 1996 年发布的第 13010 号行政命令中使用的，确定了关键基础设施面临的两种威胁，分别为物理威胁和网络威胁。关键信息基础设施在广泛使用互联网和网络技术之前就已经存在，但在基础设施资产中的网络系统激增之后，关键基础设施保护已成为政府的高度优先事项。网络系统将底层基础设施暴露在本质上不对称的网络威胁之下。与传统攻击相比，网络攻击具有匿名性、可否认性、可负担性和易用性等明显优势。事实上，网络威胁可以毫不费力地为对关键基础设施资产的有害攻击铺平道路。网络系统的扩散也增加了关键基础设施之间的相互依存关系。这些相互依存关系是可能影响多个基础设施的级联故障的主要原因。

3.2　实体供应链

供应链管理的思想形成于 20 世纪 50 ~ 80 年代。Forrester（1958）就提出了集成库存管理的思想；Drucker（1962）在其著作 *The economy's dark continent* 中提出了“经济链”概念和思想；Porter（1985）在其著作 *Competitive Advantage* 中提出“价值链”概念。这都是供应链管理思想提出的基础。Oliver（1982）定义实体供应链为一系列高度集成的活动，这些活动促进货物从原产地（原材料、零部件）通过生产及装配流向各个仓库或配送中心，最终流向个人客户，通常通过零售店或通过直接交付到个人住所或营业场所。实体供应链还涉及任何返工及保修索赔的产品退货。除了货物的物理流动外，供应链还涉及复杂的数据流和金融交易，以促进货物流动。越来越多的公司已经认识到供应链对其运营整体成功的重要性。同时，定义供应链管理为“供应链管理是以尽可能有效地满足客户要求为目的，计划、实施和控制供应链运作的过程”。其范围包括所有原材料的移动和储存，在制品库存以及最终产品从产地到消费者的移动。

当前对供应链管理提出多种结构模型，其中较为典型的包括以美国供应链协会于 1996 年提出的 SCOR 模型供应链功能结构，如图 3.1 所示。

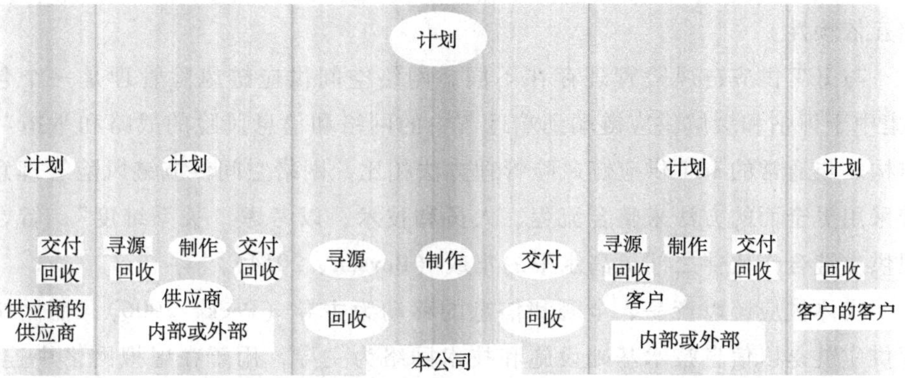

图 3.1　供应链功能结构图 SCOR 模型（美国供应链协会，1996）

作为保证国民经济正常运营的重要环节，当供应链依赖网络进行信息交流和资源共享情况时，就构成网络空间供应链，供应链中任何一个环节所使用的技术产品或科技服务均可能影响整个网络空间供应链，网络空间供应链安全（CSCS）问题已成为我国乃至世界共同关注的问题。

3.3 网络空间供应链

网络空间是一个真实存在的计算机环境，由各种信息系统和技术系统组成，信息交流依赖于网络进行。同时，它是由网络空间的基础设施和数字信息服务组成。不仅是一个真正的计算机物流系统，也是各种 IT 软件的集合，以及服务的虚拟化环境。网络空间是以计算机信息技术为基础的，同时也是如今处于大数据时代的人所必须认识的一个完整空间。

根据由科学应用国际公司和供应链中心（Supply Chain Center，SCMC）发布的报告，网络空间供应链被罗伯特·史密斯商学院定义为："涉及或利用网络基础设施的一整套重要行动节点：系统最终用户、决策者、采购专家、系统集成商、网络供应商和软件硬件供应商。这些用户或供应商的组织和过程级相互进行作用，来计划、建立、管理、维护和捍卫网络基础设施。"（Boyson，2009）。Boyson（2009）进一步建立网络供应链保障参考模型，该模型不仅定义了关键参与者、流程和脆弱性，还确定了国际生产及维持链每个节点的战略相互依赖性。

与 ICT 供应链风险管理存在不同，网络空间供应链风险管理是一个包括"集中于评估和缓解供应链端到端运营中的网络和信息风险的战略和举措"的结构。与通常的 ICT 供应链风险管理方法相比，网络空间供应链风险管理意味着采用更全面的方法来整合流程、人员和技术，以考虑"关系维度"，旨在实现供应链合作伙伴之间更高水平的集成（Boyson，2014）。

实体供应链以产品、金融和信息的移动为主导（Peck，2006）；而网络空间供应链是以信息技术基础设施和技术网络为主导，用于在虚拟网络中连接、构建和共享数据（Smith et al.，2007）。对于实体供应链而言，建立网络空间供应链在效率和效果方面为供应链提供了巨大的进步。通过低成本快速传输与供应链管理相关的信息流动，使交易更加高效，从而使经济受益。这种快速传播不仅降低了成本，而且还通过提高效率，为以前不可能完成的服务和决策提供了价值。这种信息流可以通过库存池、延迟、牛鞭效应的减少和其他好处来降低供应链风险。然而，这些好处可能会被抵消，因为获取信息可以用来削弱供应链并改善其功能。这些威胁从非常传统的问题逐步转为更未来的问题，反映了实物贸易以及信息通信技术（ICT）系统的生产、分配和部署日益增强的全球性和开放性。从积极方面来说，网络供应链可用于提高整体系统质量和完整性，防止硬件或软件产品的假冒。许多问题的解决方案正在被提出，许多挑战仍然存在。

3.4　网络空间供应链安全

网络空间安全由如图 3.2 所示的两个方面构成。其一表现为功能性安全，其二为信息安全。功能安全意指构成网络空间的硬件基础设施，在其运行和使用中具有的安全性以及可靠性。信息安全是指信息在网络空间中运行和流通过程中的保密性以及完整性。

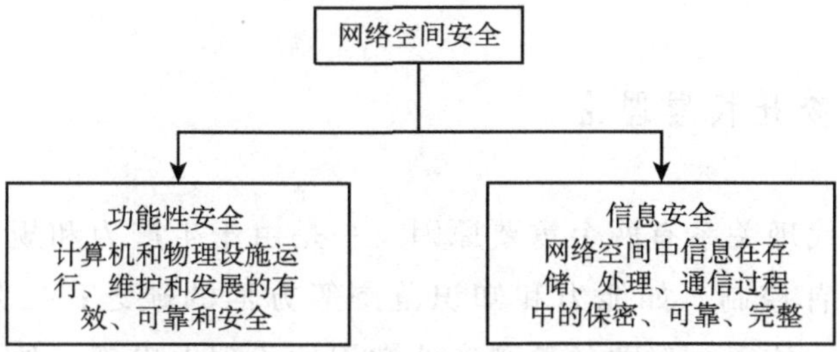

图 3.2　网络空间安全的内容

网络空间供应链安全（CSCS）的概念起源于 20 世纪 80 年代，美国国家安全局针对政府及社会各界所面临的信息系统建设的问题，以及相关计算机软件和硬件的采购，制订并实施了一系列可信赖产品的评估计划，首次提出了网络空间供应链的概念。网络空间供应链安全（CSCS）是由若干政策、过程和控制组合，将内部安全保护和外部组织信息共享业务或 IT 服务扩展到软件开发人员和 IT 供应商。简单地说，网络空间供应链安全（CSCS）是为了使风险管理和信息安全从内部向外部实现最优化，从而向机构或公司提供 IT 设备、服务或业务应用程序。

网络空间供应链成员一般包含网络供应商、软硬件供应商、网络系统用户、系统最终用户、购买者、决策者等，各方共同定义、规划、建设、管理和维护网络空间供应链的安全。网络空间供应链安全（CSCS）需要通过各方共同努力才能得到保障。网络空间供应链风险管理主题涉及的领域包括安全、密码学、保险、电信、计算机科学、电子商务、信息系统、风险分析、供应链管理和运营管理。网络空间供应链风险管理（Cyberspace Supply Chain Risk Management，CSCRM）是一门复杂的学科，介于传统的网络安全和供应链管理领域之间（Boyens，2014）。它关注如何降低信息和通信技术供应链以及通过供应链传递的信息和通信技术产品和服务的风险。由于通信技术产品和供应链日益复杂，降低这些风险已成为一项重大挑战。组织面临着对用于制造和交付 ICT 产品的过程缺乏可见性、理解和控制。然而，现有的供应链和网络安全实践为建立有效的 CSCRM 战略提供了基础。

3.5 网络空间供应链委托代理

3.5.1 委托代理理论

产生委托代理关系有两个重要原因，一是由于生产力和规模的发展，权力不能由所有者控制，如能力和知识范围等方面的缺乏；二是由于市场细分、分工明确，使得一群非常熟悉专业知识的代理人出现，他们可以被委托任务，利用知识或能力在自己的专业领域发挥作用。由于这一现象的发生，一些组织的组织结构也逐渐发生了变化。其中，股份公司的组织形式对其发展起着非常重要的作用。组织将大量股东委托给经营权代理人进行管理和决策。

委托代理问题的根源在于双方对利益最大化的追求，由于信息环境的不对称，委托方只能根据代理方提供的信息进行战略选择，代理方可能会为了实现自身利益的最大化，通过隐藏其真实水平来达到目的，这种行为不仅会给委托人的利益造成损失，而且会扰乱市场的稳定，影响整个供应链的良好运行。因此，有必要采取相关措施来减少或避免这种情况发生的可能性。

网络空间供应链中，成员企业之间的信息不对称，高不确定性和复杂性以及因此造成的合同不完全性，道德风险和逆向选择问题在合作中普遍存在，使得参与方无法确保合作伙伴其道德是否足够“正直”，是否会从共同利润最大出发来制定自身决策，是否会履行协议，由此而产生的伙伴未来在合作中采取行动之变数即为伙伴行为不确定性。伙伴行为不确定程度主要取决于各合作方对伙伴的信任程度、双方的关系、沟通的有效性等，并且其不确定程度过高往往成为合作研发失败的主要原因。它不仅涉及代理人隐藏其行为或信息的情况，而且代理人还可能观察到委托人的信息。例如，根据合同，代理人支付的越多，得到的报酬就越多，但是委托人可以对代理人撒谎，谎称代理人支付较低，并把这部分作为自己的收益，如果代理人预计委托人会采取行为，就会消极怠工，对市场的良性发展产生不利影响。

3.5.2 网络空间供应链委托代理特征

所谓委托——代理关系是指具有信息优势的参加者与处于信息劣势的参加者之间的相互关系。简言之，只要在建立或签订某种合同前后，市场参加者双方所掌握的信息不对称，这种经济关系都可以认为属于委托——代理关系，掌握信息多或具有相对的信息优势的参加者称为代理人，掌握信息少或处于信息劣势的市场参加者称为委托人。委托人与代理人掌握信息的不对称，由于委托人无法获得或无法充分获得代理人的某些私人信息，在市场主体追求自身利益最大化的市场经济条件下，代理方在实现自身利益最大化的过程中可能损害委托方的利益，导致道德风险的产生。

网络空间供应链具有复杂性、多维性、动态性等特点，在研究网络空间供应链的安全风险的相关问题时，需要综合各种可能会导致或诱发安全问题的影响因素，要分析内部风险因素、组织内关系风险因素和外部环境风险因素三个维度，基于风险的多层次结构关系探讨安全风险的成因。网络空间供应链的委托代理关系具有以下三个特征：

（1）网络空间供应链节点组织之间存在着信息不对称，各组织寻求合作共赢。虽然产品需求型企业会加入网络空间供应链的建设，但对于网络技术产品，企业往往选择从专业的信息产品开发商、供应商或零售商处购买，这使得组织可将更多精力放在核心业务的发展方面，信息产品开发商、供应商或零售商为有要求的公司提供产品和服务，以获得报酬。同时，由于供应链上下行组织之间的信息不对称，使得供应链上的信息在传递过程中发生扭曲或失真，导致供应链倾斜。虽然供需双方都参与了利益分配，但其目标不仅仅是竞争，网络空间供应链中节点组织的协调已成为主流关系。IT 供应商为关键基础设施运营机构提供优质的产品和售后服务，使整个供应链能够安全高效地运行，不仅能获得更高的回报，提高自身在市场上的信誉，也能寻求长期的合作和发展；关键基础设施运营机构和供应商的诚信交易可以在一定程度上避免逆向选择致使的“劣质供应商”驱逐“优质供应商”的发生。双方在此过程中形成了委托代理关系，委托代理理论可以用来管理网络供应链中供应商的合作，运用理论方法分析了供应商逆向选择的产生和发生机制，并且可以设置有效合理的利益分配和风险分担机制。

（2）网络空间供应链中是一个动态多阶段委托模型。关键基础设施运营机构和 IT 供应商之间的合作不是一次性的，如果双方都能从中获得预期的利益，那么这种合作关系就比较稳定，不容易破裂。供需双方合作时，委托人和代理人在首次合作时一般不会损害对方的利益，因为供应链中的合作必须是长期的。然而，经过一段时间的稳定合作，并不能保证双方不会在对方不知情的情况下采取短期行动来增加自己的收益。但一旦被发现，对方将立即终止合作。一个运作良好的供应链合作各方的利益往往大于损害另一方利益的短期利益，在这种情况下，采用分阶段的委托代理研究问题可以更好地为供需双方制定选择策略和激励机制。

（3）网络空间供应链中的委托代理存在诸多风险。对于 IT 采购方来说，他们在选择供应商时可能会遇到逆向选择的问题。IT 供应商为得到合作机会而提供不真实的信息，IT 采购方由于无从知晓真实情况而做出错误的判断，这种情况将会为未来供应链运作埋下安全隐患，在市场演化过程中，“劣质供应商”可能被“优质供应商”驱逐，对市场产生负面影响；二是尽管合作过程中选择了优质供应商，但在随后的合作中，供应商为达到最大的期望利益而不履行应有的义务，给网络空间供应链中的其他节点组织造成了损失。在供应链中，这两种风险往往是并存的，研究问题需要综合考虑。

3.6　网络空间供应链逆向选择

3.6.1　逆向选择理论

逆向选择理论最早由美国经济学家 Akerlof（1970）提出，其发现的“次品市场”（也称“柠檬市场”）说明了市场中由于信息不对称可能会给市场交易带来风险。典型案例是二手车交易市场，卖方更了解二手车车况的信息，享受了信息优势，而买方是处在信息劣势的一方，买方买到优质车当然是皆大欢喜，然而一旦买到车况较差的车后续还会出现各种维修问题，由于交易前信息不对称，买方为最大限度上规避风险，只愿意支付二手车的市场均价，这对于劣质车来说依然有利可图，可对于优质二手车卖方而言可能会亏本，这一部分卖方就会慢慢退出二手车市场，最后形成“劣质货驱逐优质货”的局面。

逆向选择源于事前信息的不对称，“事”可以理解为签订合同，在一般状态下委托人选择代理人时，委托人并不知道代理的类型，代理人为了达到一定的目的，如增加自己的收益，在有意识的状态下向委托人隐瞒自己的真实类型。在签订合同的过程中，委托人无法知道对方是否欺骗，从而导致逆向选择问题。

正常情况下，交易市场本身具有调整能力，能够在动态发展和变化中逐步淘汰高价低质产品，而这种情况是基于人类理性的假设，面对相同质量的产品时消费者会选择价格较低的，相同价格的产品消费者也不会选择质量更差的，这种“优胜劣汰”的情况有一个非常重要的前提，即委托人能够明确区分代理的类型。当市场处于信息不对称的情况下，委托人无法正确判断代理人的真实类型，因此会评估整个市场代理人的水平，并得到一个平均水平，同时给出保留价格（WTP），即给所有代理的价格是相同的，高级别代理人由于收益低于预期而选择退出市场，但高级别代理人的退出会导致委托人降低对平均水平的预估，因此保留价格也会降低。此时，下一级高水平代理人继续选择退出市场，形成恶性循环，市场崩溃。

3.6.2 网络空间供应链逆向选择特征

网络空间供应链中的信息不对称是导致逆向选择的主要原因。在采购过程中，经常会发生类似二手车交易的逆向选择问题，当IT供应商和买家共同构建网络空间供应链时，IT供应商向公司提供系统或应用软件，关键基础设施经营机构事先不知道供应商的真实的开发产品水平和所提供产品的质量，IT供应商可能为了获得额外的利益而隐藏真实水平，关键基础设施运营机构会对市场上的IT供应商的开发产品进行质量评估，得到平均产品质量的水平，以确保自身利益不受损失，然后以平均市场价格购买产品，此时，能够提供高质量IT软件的供应商由于收入无法满足其预期而选择退出市场，这将使基础设施运营机构降低其对市场平均水平的估计，从而再次降低收购价格，导致市场交易的恶性循环。

逆向选择风险的一种解决方式往往是基于委托方在不明确代理方真实完全信息的情况下，通过契约机制来约束或激励对方行为，从而使代理方根据委托人预期进行行动。逆向选择风险另一种方式是信息优势的代理方主动给委托方传递信息，这种信号传递可以降低市场交易的不确定性，同时对双方策略选择也造成一定影响，在降低逆向选择风险的同时规避网络空间供应链安全风险。实际应用中，这种信号传递模型多数应用于不完全信息条件下的动态博弈模型，当交易中一方参与者先进行行动，另一方参与者观测到期选择后，虽然还不知道先行动方的真实类型，但之后其任何行为都会传递信息，后行动方可以根据观察到的信息推测其真实类型同时修正自己的行动来降低风险。

3.7 网络空间供应链演化博弈关系

在传统的博弈论中，一般假设参与者是完全理性的，即参与者充分了解市场信息，战略选择也是最优的，然而，在真实的市场交易中这种情况比较难以实现，当供应链中的组织合作或竞争时，外部环境的不稳定和博弈系统的繁杂性会导致信息不完全和参与者有限理性。演化博弈论（Evolutionary Game Theory）源于对遗传学中冲突与合作问题的研究，它是一种将博弈论分析与动态演化过程相结合的理论，其强调动态平衡，选择和突变式模型建立的主要基础。选择是一种能够产生更好结果的策略，被更多的参与者选择。突变是指一组参与者中的某些个体可能会选择其他策略，但该策略可能优于也可能劣于原策略。突变也是一种选择，因为企业只有作出更好的战略选择才能继续发展下去，突变是学习或模仿的过程，也是不断改进策略选择的过程。在本书的研究中，研究对象选择 IT 供应商和采购商，在构建网络空间供应链的过程中也会有不同的战略选择，双方的战略选择是动态变化的，经过演化，最终可以达到双方收益最大的均衡状态。

在供应链演化博弈研究中，国外的研究大多集中在供应链成员之间的博弈或第三方组织影响下的战略选择。Barari 等（2012）建立了基于进化博弈理论的生产商和零售商绿色供应链管理与协调机制，并利用可持续性度量来证明通过调整双方的策略可以使供应链整体利润最大化。Wei 等（2015）基于博弈论，讨论了非信息对称条件下制造商和零售商在四种不同博弈环境下的战略选择，并且采用数值方法分析了与零售价格和批发价格相关的最佳回收率。Ji 等（2015）结合供应商选择概念模型，建立供应商与制造商之间的演化博弈模型，探讨了供应商与制造商之间的长期可持续采购关系，仿真结果表明，制造业可以形成一个可持续发展的模式，供应商的回收能力直接影响供应链的可持续性水平。Badu 等（2018）运用演化博弈论的概念来解释供应链成员所采取的行动对供应链的可持续性和平衡的影响，讨论了这些行为可能使系统远离均衡级联效应，并讨论了供应链的可持续性，做出了预测。Mahmoudi 等（2018）以温室气体排放问题为背景，利用两种群体演化博弈方法，讨论了政府提出的三种不同政策或激励机制下制造商和零售商的利益，结果表明，征收关税是政府减少环境影响的最有效途径。Sun 等（2019）研究了低碳供应链组织的战略选择和政府的低碳政策之间的策略问题，基于演化博弈理论，讨论了零售商和制造商的四种低碳策略组合，并对其进行分析，确定了进化稳定策略（Evolutionarily Stable Strategy，ESS）。

在国内，演化博弈论常用于解决供应链问题。熊强等（2012）认为供应链信息安全不仅取决于组织内的安全投资，同时也是一个信息安全与合作伙伴之间的博弈，讨论了网络脆弱性和信息安全互补对供应链网络的影响。刘伟等

(2017) 基于演化博弈理论，发现了网络融资平台与监管组织在动态惩罚机制下能够实现比较平衡的进化结果，网络融资平台的“自律”选择更有利于彼此的发展。李小莉等（2017）基于博弈论，讨论了传统信贷市场和供应链金融市场核心组织在演化博弈理论基础之上，对于上下行中小企业的选择准则。李倩等（2018）运用演化博弈理论，结合供应链泄露风险因素的影响，发现提高供应链信息共享程度可以提高竞合供应链组织的整体盈利能力。王鲁平等(2018) 运用演化博弈论分析上市公司管理层和外部审计在四种不同环境下的博弈演化情况。陈长彬等（2019）基于演化博弈模型，构建了供应链中供应商和制造商的支付矩阵，并且讨论了成本和收益对双方长期合作关系的影响以及合同建立机制。

网络供应链中的供需双方战略选择的共同作用决定了供应商的逆向选择，双方都是为了追求自身利益的最大化而参与其中，这将不可避免地导致冲突和矛盾，因此，供需双方需要通过博弈来选择在 IT 产品采购环节的战略。由于 IT 采购方不了解供应商的真实情况，存在信息不对称、市场环境不稳定、自身判断能力不一致等问题，博弈双方在博弈系统中都是有限理性的，在博弈的演化过程中不可能一蹴而就，达到纳什均衡。因此，IT 供应商和采购商在网络供应链建设中的战略选择实际上是供应商和需求方有限理性博弈的结果，双方的战略选择不仅受自身得失的影响，还取决于博弈过程中其他利益相关者的战略选择。同时，同一参与组中的某些个体会选择不同的战略，但这些个体会在博弈过程中反复调整自己的战略，学习并选择更有利可图的战略。综上所述，IT 供应商和采购商在进行市场交易时的战略选择符合演化博弈模型的条件，在这个过程中，整个博弈系统始终处于运动状态，经过一段时间后，会达到最终的演化稳定状态。

第 4 章

网络空间供应链风险识别与评估

4.1 问题描述

为了识别及评估供应链背景下的网络空间风险，组织不仅必须关注自身内部运营的直接风险，而且还必须集中关注供应链中其他成员造成的风险。组织需要识别、评估涵盖网络空间供应链整个运营的所有风险源，以确保其能够准确反映网络空间供应链面临的风险级别。属于同一级别的风险大小通常在性质上是相似的。需要确定网络空间供应链的所有重要风险源，并纳入用于评估网络空间供应链风险的工具中。目前的供应链风险相关文献很少关注解决上述问题。

尽管不同文献讨论了网络空间供应链中各种风险来源，但较少有研究能够以综合、全面的方式处理网络空间供应链风险识别与评估问题。因此，本章站在供应链管理视角下，将建立较全面、能够综合反映网络空间供应链风险的指标体系，同时希望建立一种能够较全面、较综合性评估网络空间供应链风险的定量工具。

4.2 风险识别评估依据及原则

风险识别及指标建立主要从网络空间供应链安全（CSCS）风险管理过程、

网络空间供应链安全（CSCS）风险控制措施两个方面进行具体阐述。同时，指标确定过程中参考了国内外相关文献及系列风险评估标准。这些标准包括：《网络安全等级保护基本要求》（GB/T 22239—2019）、《信息安全技术—网络安全等级保护测评要求》（GB/T 28448—2019）、《信息安全风险评估实施指南》（GB/T31509—2015）、《信息系统安全等级保护测评准则》（GB/T 28448—2012）、《信息系统安全等级保护基本要求》（GB/T 22239—2008）、《计算机机房场地安全要求》（GB9361—1988）、《计算机信息系统安全等级保护网络技术要求》（GA/T 387—2002）、《计算机信息系统安全等级保护操作系统技术要求》（GA/T 388—2002）、《计算机信息系统安全等级保护数据库管理系统技术要求》（GA/T 389—2002）、《计算机信息系统安全等级保护通用技术要求》（GA/T 390—2002）、《计算机信息系统安全等级保护管理要求》（GA/T 391—2002）、《计算机信息系统安全等级保护划分准则》（GB/T 17859—1999）、《信息安全技术 ICT 供应链安全风险管理指南》（GB/T 36637—2018）、《供应链风险管理指南》（GB/T 24420—2009）、《信息技术安全技术信息安全风险管理》（GB/T 31722—2015）、《信息安全技术信息安全风险管理指南》（GB/Z 24364）、《信息安全技术信息安全风险评估规范》（GB/T 20984）、《信息安全技术信息安全风险评估实施指南》（GB/T 31509）、《信息安全技术 ICT 供应链安全风险管理指南》（GB/T 36637—2018）、《信息安全技术—信息安全风险评估规范》（GB/T 20984—2007）、《供应链风险管理指南》（GB/T 24420—2009）、《信息安全风险管理指南》（GB/Z 24364—2009）。

4.3 风险识别评估方法及过程

首先，需要辨别网络空间供应链风险，确定网络空间供应链的主要风险要素（Risk Factors，RFs）。风险要素识别中，我们从内部安全能力、组织间关系、外部环境支持等方面，多维度性地创建网络空间供应链安全（CSCS）风险评价指标体系，对供应链安全进行评估和诊断。

其次，在识别风险要素之后，采用一定评估方法来衡量这些风险要素，包括风险后果和风险可能性权重。

再次，基于这些风险要素权重，建立一个具有连续尺度的修订风险矩阵来评估网络空间供应链风险类别。设计一个具有评分量表的 AHP 问卷，以分别测量受试者对每个风险因素的感知可能性和结果。

最后，基于风险因素层次结构，创建包含组织内部、供应链系统内部以及供应链外部网络环境 3 个标准和 15 个子标准的层次分析。

AHP 层次分析法中需要将网络空间供应链风险因素转换为评估属性，随后形成层次结构。

在本书研究中，应用模糊层次分析法（Fuzzy AHP）将作为多属性决策综合评判决策（Multi Attribute Decision Making，MADM）。采用 AHP 方法是由于在多属性决策综合评判决策（MADM）问题中，对评估标准的重要性的评估是与潜在候选者与每个标准的表现一起进行的，而层次分析法是多属性决策综合评判决策的一个有用工具，可用于解决涉及各种标准的复杂决策问题（Zhang et al.，2011）。采取模糊综合评价是由于风险要素影响难以用清晰的数字精确表述。专家意见的不确定性和模糊性导致了判断的不精准，需要通过模糊数学来处理（Zadeh，1994）。基于以上理由，风险评估中采取模糊层次分析法（F－AHP）来评估网络空间供应链风险要素。F－AHP 是一种利用模糊集理论和层次结构分析概念的系统方法（Bozdag et al.，2003），基于模糊集理论发展而来。

4.4　网络空间供应链风险识别

风险分析的第一步是风险识别，风险识别的第一步是分析风险产生的原因。在分析发生网络空间供应链风险的原因时，应该重点分析这些风险事件的原因和驱动因素，注意这些风险事件为什么、如何和在哪里发生。网络空间供应链风险分类的结果也因视角和标准的不同而不同。根据供应链管理的目标，根据风险的发生概率以及影响程度，根据风险参与者角度等都可做出不同的风险分类标准。本章节在原有理论分析的基础上，从风险来源的角度对网络安全威胁下的供应链风险来源进行了分类，并将网络空间供应链风险来源进行了分类，分为组织内部网络风险源、供应链系统内网络风险源和供应链外部网络风险源。如图 4. 1 所示。

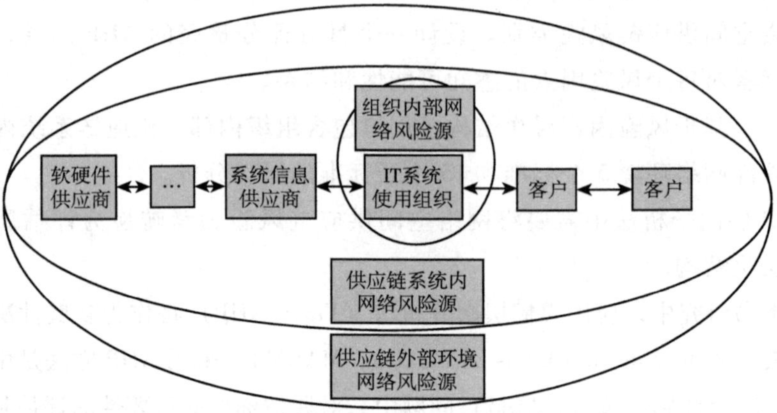

图 4.1 网络空间供应链风险源

(1) 组织内部网络风险源

在管理一个组织的内部信息系统时，如果该组织内部无法或没有建立健全的网络安全系统机制或该组织的网络信息系统存在安全漏洞以及组织内部成员存在违规行为等内部网络安全风险，均可视为组织内部网络风险源。当一个组织的内部网络信息系统被破坏时，组织内部不同部门和员工之间就会产生信息堵塞和不流动的情况。这类风险是由于组织对自身的网络信息系统保护不够，组织内部的网络安全不足以防范网络安全风险的发生。本书将此类型发生在组织内部的网络风险定义为组织内部网络风险源。

(2) 供应链系统内网络风险源

与传统供应链存在问题类似，在网络空间供应链中，组织之间的利益目标和决策往往存在冲突，供应链中每个成员决策往往都是从自身利益最大化出发。网络空间供应链中，组织间通过信息共享能提高供应链运营效率，然而，信息共享也会导致组织的客户数据、关键核心技术、财务数据等关键信息出现泄露的风险，威胁供应链网络安全。

组织共享的信息也会因为某个组织受到黑客或计算机病毒的攻击而遭到泄露，导致共享信息的组织因信息泄露而遭受损失。如果黑客或计算机病毒通过 Internet 破坏了一个组织的网络安全系统，由于通信网络固有的网络漏洞（称为网络脆弱性），受攻击组织的安全风险将通过物理连接传播到另一个组织，使得另一个组织遭到网络安全风险的概率增加。除了物理联系外，供应链组织之间的合作关系更为重要，这是因为供应链组织也建立了信息资产共享模型。这种类型的信息共享支持组织之间的业务集成，从而支持高效、低成本的协调和协作。然而，由于这种紧密的集成，组织遭受的黑客攻击和损失也是相互关联的。

例如，供应链中的组织 A 与组织 B 共享生产计划评审数据，并将数据存储在组织 B 的服务器上。当外部攻击者破坏了组织 B 的网络系统，然后直接通过互联网访问组织 B 的服务器获取审查的数据集，这些数据的泄露不仅会直接给组织 B 带来损失，也给组织 A 带来相应损失。同时，外部攻击者可能会利用组织 B 为跳板，进一步向组织 A 发起攻击。

由于供应链组织之间的互联和信息共享，供应链的风险常常由于网络的脆弱性和集成性而从一个组织扩散到另一个组织。我们将这种因为供应链组织间互联互通和信息共享产生的风险称为供应链系统内网络风险。

（3）供应链外部环境风险源

供应链外部所处的网络空间环境对组织安全有较大影响。目前我国无法有效规避和防御网络安全威胁，主要体现在立法、制度建设、网络安全技术等方面。在网络空间立法方面，由于组织所在的外部环境网络的安全没有得到足够多的保障，这将直接增加黑客或计算机病毒攻击供应链网络的风险。在网络安全技术方面，我国引进的技术和产品测试主要集中在功能测试方面，核心技术较少，检测和评估网络安全风险的大数据技术、云计算等新兴技术较少，较难发现产品漏洞、“后门”和潜在的安全威胁。

4.5　网络空间供应链风险指标体系

4.5.1　组织内部网络风险指标

在网络安全威胁日益突出的前提下，如果供应链组织没有强大的网络安全性能，组织内部网络攻击的不确定性会直接影响供应链网络安全，从而造成供应链网络安全风险。网络空间供应链安全（CSCS）和 ICT 供应链安全有联系，但也存在不同内涵。参考《信息技术安全技术信息安全风险管理》（GB/T 31722，即 ISO/IEC 27005）；《信息安全技术信息安全风险管理指南》（GB/Z 24364）；《信息安全技术信息安全风险评估规范》（GB/T 20984）；《信息安全技术信息安全风险评估实施指南》（GB/T 31509）以及 NIST 标准，建立网络空间供应链组织内部风险源指标，如表 4.1 所示。

表 4.1　　组织内部网络风险源

一级指标	二级指标	描述
组织内部风险源 C1	软硬件故障 C11	影响业务实现或系统运行的设备硬件故障和通信链路中断、系统本身或软件缺陷等问题
	无作为或操作失误 C12	应该执行却没有执行正确的操作，或无意地执行了错误的操作
	管理不到位 C13	安全管理无法落实或不到位，进而破坏信息系统正常有序运行
	越权或滥用 C14	通过采用一些方法，跨过自己的权限访问了原先无权访问的资源，或者滥用自己的职权，导致信息系统被破坏的行为
	内部泄密 C15	信息泄露给本不应了解的他人
	内部篡改 C16	非法篡改信息，破坏信息的完整性，降低系统的安全性，降低或导致信息不可用

4.5.2　供应链系统内网络风险指标

关键基础设施组织之间常常会涉及与其他组织的信息交流与共享。比如，建立物流信息共享平台，需要港口、铁路、海关、物流运营者等多个组织的信息互通。为了在该供应链中快速实现组织间的信息共享，一些组织直接将自己网络信息系统的物理配置与合作组织的网络物理配置设置接口连接起来。这种连接允许组织及其合作组织直接共享彼此网络信息系统的部分信息。

然而，供应链中的网络互联也带来了网络安全风险，这在不同组织之间是可以传递的，也就是在网络空间供应链中，组织无法独善其身，因为伙伴之间的网络信息系统和该组织是由物理连接到网络的，而且组织的网络信息系统容易受到网络安全漏洞、网络病毒（蠕虫、木马）和间谍软件等容易造成网络安全风险的因素攻击，则该组织可能会将这些风险传播给合作伙伴组织。另外，由于合作伙伴与该组织会共享一些信息，因此在该组织受到网络攻击后，合作伙伴共享的信息也会泄露出去，会给合作伙伴带来风险损失。因此，供应链合作伙伴遭受的网络安全事件最终会蔓延到其他组织。供应链内的组织原本只存在组织内部的网络安全风险，但组织间的互动会使得网络风险在合作伙伴组织之间传递，增加了整个供应链的网络安全风险。

在本书中，我们将此类由供应链伙伴带来的威胁和风险称为供应链系统内部网络风险，建立网络空间供应链中的供应链系统内网络风险指标如表 4.2 所示。

表 4.2　　供应链系统内网络风险源

一级指标	二级指标	描述
供应链系统网络风险 C2	恶意篡改 C21	在供应链的设计、研发、采购、生产、仓储、物流、分销、维护、退货等其中一个环节，对供应链产品或上游部件进行恶意篡改、植入、更换，以嵌入含有恶意逻辑的软硬件
	假冒伪劣 C22	供应链产品或上游组件存在侵犯知识产权、质量低劣等问题
	供应中断 C23	由于人为或自然因素，供应链中产品和服务的供给或质量下降，甚至供应链发生中断或终止
	信息泄露 C24	供应链上传递的敏感信息被非法泄露
	违规操作 C25	供应链供方的违规操作行为
	其他威胁 C26	供应链的全球分布性为供应链安全带来了新的威胁或挑战

4.5.3　供应链外部环境网络风险指标

网络供应链中安全事故层出不穷，主要原因在于不能很好地解决外部环境的网络安全问题，都局限于网络安全技术及法律政策法规方面。

在本书中，我们将此类由整个供应链体系之外的外部环境引起的风险称为外部环境网络风险。建立网络空间供应链外部环境网络指标如表 4.3 所示。

表 4.3　　　　　供应链外部环境网络风险源

	类型	描述
外部环境网络风险	外部环境影响 C31	对信息系统正常运行造成影响的外部网络和自然环境问题和自然灾害
	网络攻击 C32	利用工具和技术通过网络对信息系统进行攻击和入侵
	物理攻击 C33	通过物理的接触造成对软件、硬件、数据的破坏

4.5.4　整体风险指标体系

网络空间供应链面对的主要安全威胁可能来自组织内部，供应链内以及外部宏观环境。威胁的类型包括恶意篡改、假冒伪造、供应中断、信息泄露和非法操作等，这六种威胁会严重损害 ICT 供应链的完整性、可用性和隐蔽性。将这六类威胁，按照源头划分到组织内、供应链系统内、供应链外部环境三个层级中，结合表4.1，表4.2及表4.3，建立网络空间供应链风险评价完整的指标体系如表4.4所示。

表 4.4　　　　　网络空间供应链风险评价指标体系

一级指标	二级指标	示例
组织内部网络风险 C1	软硬件故障 C11	设备硬件故障、传输设备故障、存储介质故障、系统软件故障、应用软件故障、数据库软件故障、开发环境故障
	无作为或操作失误 C12	维护错误、操作错误等
	管理不到位 C13	管理制度和策略不完备、管理规程缺损、职责不清晰、监督控管机制不健全等
	越权或滥用 C14	未授权访问网络资源、未授权访问系统资源、滥用权限未正常更改系统配置或数据、滥用权限泄露秘密信息等
	内部泄密 C15	内部信息泄露、外部信息泄露等
	内部篡改 C16	篡改网络配置信息、篡改系统配置信息、篡改安全配置信息、篡改用户身份信息或业务数据信息等

续表

一级指标	二级指标	示例
供应链系统网络风险 C2	供应链恶意篡改 C21	恶意程序、硬件木马、外来部件被篡改、非授权的配置、供应信息篡改
	供应链假冒伪劣 C22	不合格产品、未经授权的生产、假冒产品
	供应中断 C23	人为或自然的突发事件中断、基础设施故障、国际环境影响、不正当竞争行为、不被支持的部件
	供应链信息泄露 C24	供应链的共享信息、商业机密泄露
	供应链违规操作 C25	供应商违规采集或利用用户数据、滥用大数据分析、违法远程操控用户产品、影响市场秩序
	供应链其他威胁 C26	安全风险操控能力下降、法律法规差异化挑战、全球化供应链管理挑战
供应链外部环境网络风险 C3	物理环境影响 C31	断电、静电、尘埃、潮湿、温度、鼠蚁虫害、电磁干扰、水灾、火灾、地震等
	外部网络攻击 C32	网络探测和信息采集、漏洞探测、嗅探（账户、口令、权限等）、用户身份伪造和欺骗、用户或业务数据的窃取和破坏、系统运行的控制和破坏等
	外部物理攻击 C33	网络检测与信息收集、漏洞检测、嗅探（账号、密码、权限等）、用户身份伪造与欺诈、用户或业务数据盗窃与破坏、系统运行控制与破坏等

4.6 风险评估方法

风险识别之后，可根据识别的风险要素对总体风险进行评估。通过风险评估，识别风险可能造成的潜在损失，确定风险发生可能造成的损失程度，并了解潜在损失可能性，确定潜在损失重要性，对所有风险进行评估。

本章采用模糊综合评价（FL）方法对网络空间供应链中的总体风险进行评价。模糊综合评价（FL）的概念最初由 Zadeh（1965）提出。本章研究中的模糊规则利用组织内部网络风险、供应链系统内网络风险和供应链外部环境网络风险这三个模糊（语言）变量，从三个不同方面对整体风险层级进行了估计。每一方面风险都采用两个模糊变量，即风险可能性（L）和后果严重性（X）。表 4.5 中建立了风险评估矩阵。

表 4.5　风险评估矩阵

	发生概率	后果严重程度
1	罕见的	非常低
2	不太可能	低
3	可能	中等的
4	很可能的	高
5	几乎必然的	非常高

进一步如图 4.2 所示，建立三角形隶属函数：

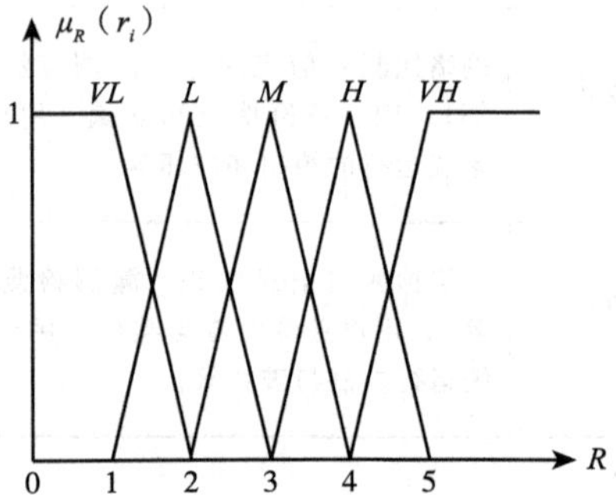

图 4.2　输入模糊集 $\mu_{RL}(rl_i)$

（1）组织内部网络风险（MR）

组织内部风险（MR）是一个模糊集合，mr_i 表示数据集中的元素，$\mu_{MR}(mr_i)$ 表示隶属函数。

$$MR = \sum_{i=1}^{n} \frac{\mu_{MR}(mr_i)}{mr_i} \tag{4.1}$$

$MR=\{VL,L,M,H,VH\}$，其中非常低（VL），低（L），中等（M），高（H）以及非常高（VH）。

（2）供应链系统内网络风险（OR）

供应链系统网络风险（OR）是一个模糊集，其中 or_i 表示数据集中的元素，μ_{OR}（or_i）表示隶属函数。

$$OR = \sum_{i=1}^{n} \frac{\mu_{OR}(or_i)}{or_i} \tag{4.2}$$

$OR=\{VL,L,M,H,VH\}$。OR 包括五个语言值，即非常低（VL），低（L），中等（M），高（H）以及非常高（VH）。

（3）供应链外部环境网络风险（IR）

外部环境网络风险（IR）是一个模糊集，其中 ir_i 表示数据集的元素，$\mu_{IR}(ir_i)$ 表示隶属函数。

$$IR = \sum_{i=1}^{n} \frac{\mu_{IR}(ir_i)}{ir_i} \tag{4.3}$$

$IR=\{VL,L,M,H,VH\}$。IR 包括五个语言值，即非常低（VL），低（L），中等（M），高（H）以及非常高（VH）。

（4）总体风险水平（RL）

总体风险水平（RL）的输出是一个模糊集，模糊元素为 rl_i，并且 $\mu_{RL}(rl_i)$ 为隶属函数。为简化，我们这里假定 $\mu_{RL}(rl_i)$ 是一个三角形隶属函数，并且如图 4.3 所示。模糊集为：

$$RL = \sum_{i=1}^{n} \frac{\mu_{RL}(rl_i)}{rl_i} \tag{4.4}$$

总体风险水平（RL）包括五个语言值，即非常低（VL），低（L），中等（M），高（H）以及非常高（VH），$RL=\{VL,\ L,\ M,\ H,\ VH\}$。

模糊推理过程采用了之前过程中通过管理者内部会议和历史数据挖掘获得的知识，并将其转化为模糊规则块，即 IF－THEN 语句集。模糊规则的质量直接影响产出和管理决策。表 4.6 显示了本书的三个维度规则，分别为组织内部风险源、供应链系统网络风险和外部环境网络风险。根据规则决定输出风险水平（RL）。

表 4.6　　模糊推理引擎规则表

	输入 OR				
输入 IR	*VL*	*L*	*M*	*H*	*VH*
	输入 *MR* = *VL*				
VL	*VL*	*VL*	*L*	*M*	*H*
L	*VL*	*L*	*L*	*M*	*H*
M	*L*	*L*	*M*	*M*	*H*
H	*M*	*M*	*M*	*H*	*H*
VH	*H*	*H*	*H*	*H*	*VH*
	输入 *MR* = *L*				
VL	*VL*	*L*	*L*	*M*	*M*
L	*L*	*L*	*L*	*M*	*M*
M	*L*	*L*	*M*	*M*	*H*
H	*M*	*M*	*M*	*H*	*H*
VH	*M*	*M*	*H*	*H*	*VH*
	输入 *MR* = *M*				
VL	*L*	*L*	*M*	*M*	*M*
L	*L*	*M*	*M*	*M*	*H*
M	*M*	*M*	*M*	*H*	*H*
H	*M*	*H*	*H*	*H*	*H*
VH	*H*	*H*	*H*	*H*	*VH*
	输入 *MR* = *H*				
VL	*L*	*M*	*M*	*M*	*H*
L	*M*	*M*	*M*	*H*	*H*
M	*M*	*M*	*H*	*H*	*H*
H	*M*	*H*	*H*	*H*	*VH*
VH	*H*	*H*	*H*	*VH*	*VH*
	输入 *MR* = *VH*				
VL	*M*	*M*	*M*	*H*	*VH*
L	*M*	*M*	*H*	*H*	*VH*
M	*M*	*H*	*H*	*H*	*VH*
H	*H*	*H*	*VH*	*VH*	*VH*
VH	*H*	*VH*	*VH*	*VH*	*VH*

4.7　案例应用

本书问卷发放对象主要来自某港口员工，通过问卷，调研公司网络风险与安全现状数据、资料，确保研究数据与资料的获取。疫情防控要求下，数据收集主要采用问卷星完成。问卷采取打分制，针对组织内部网络风险源、供应链系统内网络风险源、供应链外部环境网络风险三个维度进行打分。

根据三角形隶属函数，将清晰输入值进行模糊化可知，组织内部风险源（*MR*）在 *M* 截 0.7，在 *H* 处截得 0.3（见图 4.3）。相类似的方法，供应链系统网络风险（*OR*）在 *M* 与 *L* 处分别截得 0.22 和 0.78；外部环境网络风险（*IR*）在 *VL* 和 *L* 处分别截得 0.05 和 0.95。

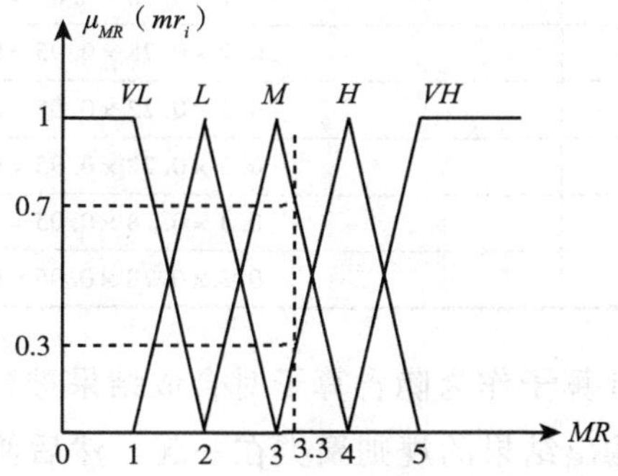

图 4.3　μ_{MR}(3，3) 的隶属函数值

根据每个输入变量的隶属度值，可以得到 8 组规则，即基于 *L* 和 *X* 的隶属函数规则生成（见表 4.7）。

表 4.7　基于 *L* 和 *X* 的隶属函数规则生成

规则	情景说明	总体风险水平
规则 1	MR 处于 M；OR 处于 M；IR 处于 VL	M
规则 2	MR 处于 M；OR 处于 M；IR 处于 L	M
规则 3	MR 处于 M；OR 处于 L；IR 处于 VL	L

续表

规则	情景说明	总体风险水平
规则 4	MR 处于 M；OR 处于 L；IR 处于 L	M
规则 5	MR 处于 H；OR 处于 M；IR 处于 VL	M
规则 6	MR 处于 H；OR 处于 M；IR 处于 L	M
规则 7	MR 处于 H；OR 处于 L；IR 处于 VL	M
规则 8	MR 处于 H；OR 处于 L；IR 处于 L	M

组合的结果如表 4.8 所示。

表 4.8　　组合结果

规则	构图结果
规则 1	0.7 ×0.22 ×0.05 =0.0077
规则 2	0.7 ×0.22 ×0.95 =0.1463
规则 3	0.7 ×0.78 ×0.05 =0.2720
规则 4	0.7 ×0.78 ×0.95 =0.5187
规则 5	0.3 ×0.22 ×0.05 =0.0033
规则 6	0.3 ×0.22 ×0.95 =0.0627
规则 7	0.3 ×0.78 ×0.05 =0.0117
规则 8	0.3 ×0.78 ×0.95 =0.2223

然后使用 Mamdani 算子作为隐含算子对合成结果进行牵连，以确定输出模糊集，并将生成相同输出结果的规则聚类在一起。然后使用联合算子作为聚合算子，对这些隐含结果进行聚合以生成最终模糊集。聚合结果如图 4.4 所示。

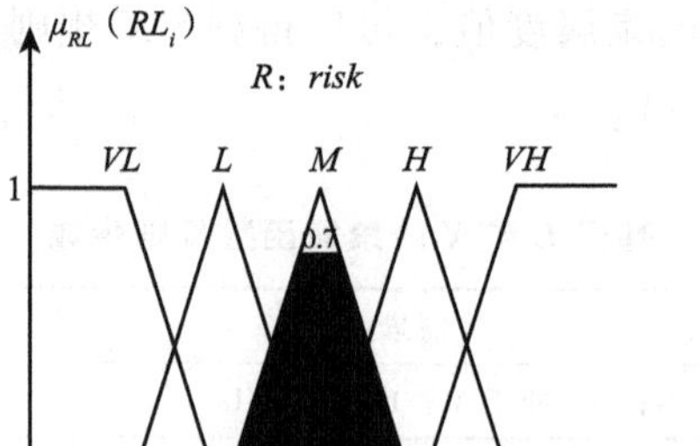

图 4.4　聚合结果

表 4.9　　去模糊化过程

Rule	A（面积）	C（风险水平）	W（权重）	A * C * W	A * W
Rule1	0.0975	3	1	0.2925	0.0975
Rule2	0.3916	3	1	1.1748	0.3916
Rule3	0.0975	2	1	0.195	0.0975
Rule4	0.91	3	1	2.73	0.91
Rule5	0.0975	3	1	0.2925	0.0975
Rule6	0.3916	3	1	1.1748	0.3916
Rule7	0.0975	3	1	0.2925	0.0975
Rule8	0.51	3	1	1.53	0.51

用 COA（区域中心法）进行去模糊化过程，将上步过程的模糊结果转化为清晰值，COA 法的方程式为 $RL = \frac{\sum_{j=1}^{N} w_j c_j A_j}{\sum_{j=1}^{N} w_j A_j}$，其中 w 为权重，本书中的所有风险权重视为等同，为 1；C 为风险等级；A 为各单项蕴含面积。

表 4.9 为总结的每个规则的参数，根据上述 *COA* 法方程，可以得出：

$$\sum_{Rule1}^{Rule8} w_j c_j A_j = 7.6821 \tag{4.5}$$

$$\sum_{Rule1}^{Rule8} w_j A_j = 2.5932 \tag{4.6}$$

$$RL_{FL} = \frac{\sum_{Rule1}^{Rule8} w_j c_j A_j}{\sum_{Rule1}^{Rule8} w_j A_j} = 2.96 \tag{4.7}$$

模糊综合评价评估三个维度的风险，分别得出结果：组织内部网络风险 3.30 分，供应链系统内网络风险 2.22 分，供应链外部环境网络风险 1.95 分。

式（4.7）可得出，网络空间供应链总体风险水平模糊综合评价（*FL*）结果为 2.96，该风险处于 *L* 与 *M* 之间，但更接近 *M*，说明网络空间供应链风险组织应该予以中等重视。在该方法中，*MR* 即组织内部风险源得分 3.3 是三种输入中最大的一个，所以建议组织针对组织内部风险源的六种情况进行深度研究，对每个情况规避方法进行总结。

该案例应用虽然是针对一家对象组织基于问卷打分进行的研究，但在我们的研究中建立的风险识别与评估方法可以为组织供应链风险评估进行参考，也可以通过这些方法来追踪风险水平的风险源细节。

4.8　本章小结

本章首先识别网络空间供应链中的安全风险，主要从组织内部、供应链系统内以及供应链外部环境三个风险源识别风险因素，其次用层次分析法衡量这些风险因素，为这些风险因素建立二级指标。最后，基于问卷调查对这些风险因素进行打分，用模糊综合评价方法评估这些风险，基于案例得出网络空间供应链风险水平。从问卷调查中得知，网络空间供应链中的最大风险来源，以及组织应该如何加以应对。这说明我们对风险评估不仅可以计算出整体风险，还可以追溯出影响整个供应链风险水平的风险源细节。

第 5 章

网络空间供应链的风险影响机理

5.1 问题描述

组织通过对网络安全水平进行投资，减少网络安全风险成功攻击的概率使因风险攻击而带来的损失最小化，进而间接最大化了组织的收益。然而，投资组织网络安全水平的决策问题是组织网络信息安全管理的重点和难点。许多组织的管理者使用静态方法，如 NPV、回收期等，或主观决策树分析、概率模糊分析等方法来做出安全的投资决策。由于供应链各组织之间的关联性，一个组织的网络安全不仅和该组织自身的投资有关，而且与其合作组织的投资水平密切相关，互联网安全威胁的快速变化，使得供应链网络安全风险来源不确定，因此，以往的方法和研究还存在一定程度的不足（张子健、段利均，2017）。博弈论是一个研究多人决策的模型，该模型是基于多个参与者之间的相关利益。因此，利用博弈论方法分析供应链组织在网络安全威胁下的安全投资策略是合理的。

网络空间供应链中各组织的安全性不仅取决于其内部网络安全性，同时还受到来自供应链伙伴以及来自外部网络环境的各类风险源，都会对组织安全性造成影响。本书对供应链组织内部产生的组织内部风险源和供应链组织之间产生的系统网络风险源，以及外部环境网络下存在的风险源，对供应链安全影响机理进行综合分析。

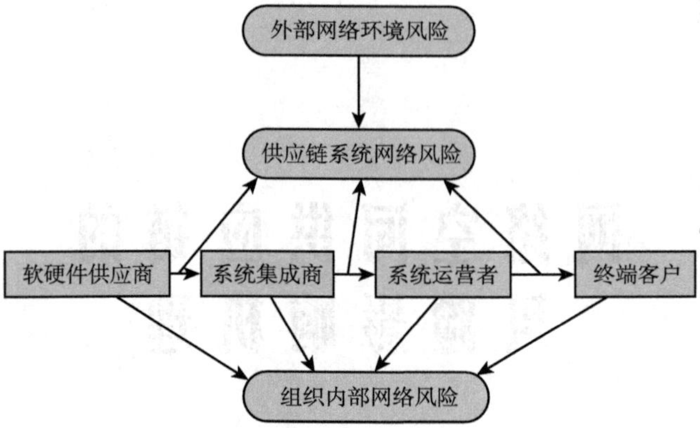

图 5.1　网络空间供应链安全（CSCS）风险源体系

5.2　模型及假设

在互联网安全的威胁下，为了减少网络安全风险造成的损失，供应链各组织往往会加大对信息安全技术的投入，以提高供应链网络安全水平。供应链网络安全水平的提高，可以减少外部攻击成功入侵供应链组织的概率。

研究中我们考虑一个包括两个组织（i，j）的网络空间供应链。研究同时考虑多种风险源，分析了组织和供应链系统的内部网络风险来源，以及影响供应链网络安全水平的投资策略，且供应链组织具有一定的合作关系和一定程度的整合性。

一个组织的网络信息系统遭到直接风险的概率取决于该组织本身的网络安全水平，网络安全水平的定义表示组织不被黑客或计算机病毒成功攻击的概率。标记组织 i 的网络安全水平为 $S_i(Z_i)$，其中 Z_i 为组织 i 对网络安全水平的投资额，$1-S_i(Z_i)$ 表示组织 i 遭受直接风险的概率。其中，$S_i(Z_i)$ 二阶可导，且为递增凹函数，即 $S_i'(Z_i)>0$，$S_i''(Z_i)<0$。这说明随着网络安全水平投入的增加，供应链中各组织的网络安全水平大小也跟着增加，但增大的效果逐渐减小，等于供应链组织在网络信息系统被黑客或计算机病毒成功入侵后的直接经济损失。

如果供应链中组织 i 被外部侵入而其合作组织 j 未被侵入，那么组织 j 可能会不信任组织 i，造成组织 i 信誉下降。为了保护自身，组织 j 会要求组织 i 提高网络安全水平，或是限制组织 i 在网络信息系统中某些权限，从而增加组织 i 的网络成本。假定这种情况下产生的成本为 $C=[(1-S_i(Z_i))S_j(Z_j)]H$，其中 H 表示信誉影响系数，其大小与组织 i 的产品或服务对于组织 j 的可替代性有关。

存在于供应链中的各组织均易遭受到直接和间接攻击。如果受外部侵入而带来的损失称为直接损失。那么外部侵入传递给供应链中具有合作关系的另一组织所产生的损失则被称为该组织的间接损失。假设供应链中组织安全性受到供应链伙伴影响的程度是一个参数 $q(0<q<1)$，q 称为供应链网络脆弱度。这个参数是由供应链网络系统固有的安全漏洞决定的。组织 i 网络安全水平可以设定为 $K_i=1-T_i$，其中 T_i 为组织遭受外部侵入成功攻击的概率，T_i 大小取决于组织内部网络安全水平以及供应链系统内网络安全水平，同时取决于组织 i 和组织 j 的网络安全水平 Z_i 和 Z_j。组织 i 网络安全水平为：

$$\begin{aligned} K_i &= 1-T_i(Z_i,Z_j)=1-[(1-S_i(Z_i))+S_i(Z_i)q(1-S_j(Z_j))] \\ &= S_i(Z_i)[1-q(1-S_j(Z_j))] \end{aligned} \tag{5.1}$$

公式（5.1）中 $S_i(Z_i)[1-q(1-S_j(Z_j))]$ 是组织 i 既没有受到直接攻击也没有受到间接攻击的概率，即组织 i 网络安全水平。

因 $S_i'(Z_i)>0$，$S_i''(Z_i)<0$，所以 $T_i(Z_i,\ Z_j)$ 具有的性质如下所示：

$$\frac{\partial T_i}{\partial Z_i}=S_i'(Z_i)[q(1-S_j(Z_j))-1]<0 \tag{5.2a}$$

$$\frac{\partial T_i}{\partial Z_j}=S_j'(Z_j)[-qS_i(Z_i)]<0 \tag{5.2b}$$

$$\frac{\partial T_i}{\partial q}=S_i(Z_i)(1-S_j(Z_j))>0 \tag{5.2c}$$

关于 $T_i(Z_i,\ Z_j)$ 的以上三个性质可以说明，在其他条件一定的情况下，组织被攻击的概率会随着网络脆弱度 q 的增加而增大，同时提高网络安全水平都能够降低组织以及其他组织遭受攻击的概率。

供应链组织间信息共享程度越高需要的整合度越高。记供应链组织间整合度为参数 β（$0<\beta<1$）。供应链越松散则 β 值越小，越紧密则 β 值越大。举个

例子，假设供应链为实现密切协调供应链运作而采纳 JIT 原则，亦是进行与需求预测、价格策略和生产计划等敏感信息具有一定相似性的组织分享，由此所得的供应链的整合程度将非常高。如果只有组织 i 被攻击，组织 i 损失资产为 L；如果只有组织 j 被攻击，组织 i 的损失为 βL；若两个组织均受到攻击，那么组织 i 的损失总和为 $L+\beta L$。

经上述分析可知，供应链组织间的信任合作和信息共享在促进组织效率的同时，也导致了相应组织内部风险源和系统网络风险源的产生。供应链风险成本直接受到组织内部风险源中安全风险信誉损失的影响，系统网络风险源中的网络脆弱度参数及整合度参数也给供应链组织带来一定的风险源损失。为降低源于供应链网络攻击的风险源损失，就应对供应链网络安全水平投资决策进行进一步优化。因此，本书后续将会以博弈论的方法，对组织内部风险源和系统网络风险源在供应链网络安全水平投资决策方面的影响进行探讨，分别分析风险源在合作及非合作博弈情形下的最优投资水平。

5.3　组织内部风险源影响机理

存在组织内部风险源的情况下，供应链损失成本为 $[(1-S_i(Z_i))S_j(Z_j)]H$，则组织 i、组织 j 在组织内部风险源中的风险成本如下：

$$f_i(Z_i)=(1-S_i(Z_i))L+[(1-S_i(Z_i))S_j(Z_j)]H+Z_i \tag{5.3}$$

$$f_j(Z_j)=(1-S_j(Z_j))L+[(1-S_j(Z_j))S_i(Z_i)]H+Z_j \tag{5.4}$$

5.3.1　非合作博弈

在非合作博弈情形下，针对供应链网络安全水平，组织 i 和组织 j 不存在任何协商。此时两个组织确定的投资策略为纯策略纳什均衡。

对式（5.3）和式（5.4）一阶求导可得：

$$f_i'(Z_i)=-S_i'(Z_i)L-S_i'(Z_i)S_j(Z_j)H+1 \tag{5.5}$$

$$f_j'(Z_j)=-S_j'(Z_j)L-S_j'(Z_j)S_i(Z_i)H+1 \tag{5.6}$$

进一步化解得组织 i 和组织 j 最优投资水平满足的条件为：

$$S_i'(Z_i)L+S_i'(Z_i)S_j(Z_j)H-1=0 \tag{5.7}$$

$$S_j'(Z_j)L+S_j'(Z_j)S_i(Z_i)H-1=0 \tag{5.8}$$

从式（5.7）和式（5.8）中可知：$Z_i=Z_j=Z_m$，此为对称解。Z_m 表示组织 i 和组织 j 在非合作博弈情况下对供应链网络安全水平的最优投资水平。下面我们将对组织 i 和组织 j 由于组织内部风险源中的安全风险信誉损失而产生的影响进行分析，即 H 分别与 Z_i 和 Z_j 之间的关系。

定理 5－1：考虑组织内部网络风险源情况下，组织建立的网络安全水平会随其安全风险信誉损失 H 的增大而增加。

证明：令 $M=f_i'(Z_i)=-S_i'(Z_i)L-S_i'(Z_i)S_j(Z_j)H+1$

$$\frac{dZ_i}{dH}=-\frac{\partial M/\partial H}{\partial M/\partial Z_i}=-\frac{-S_i'(Z_i)S_j(Z_j)}{\dfrac{\partial^2 f_i(Z_i)}{\partial Z_i^2}} \tag{5.9}$$

因存在组织内部网络风险源中，风险成本的最小值由变量 Z_i 求得，所以在本书中 $\partial^2 f_i(Z_i)/\partial Z_i^2>0$ 这个条件自动成立。由于 $S_i'(Z_i)>0$ 所以 $dZ_i/dH>0$。证毕。

定理 5－1 表明，随着组织间的组织内部风险源中安全风险信誉损失 H 值的增大，组织对于网络安全水平也会提高。这是因为当组织间信誉影响力增加时，成功的黑客攻击会使组织遭受更大的损失。因此，组织将提高网络安全水平，以获得更高的网络安全水平，进而确保组织自身的信誉程度，减少因信誉下降而造成的损失。所以，我们可知在非合作博弈情形下信誉的影响力对组织网络安全水平的投资水平具有激励作用，即组织对网络安全水平的投资会因信誉影响力的提高而受到促进。

5.3.2　合作博弈

在合作博弈情形下，组织 i 和组织 j 的网络空间供应链安全（CSCS）水平由双方协商决定，此时，存在最小的供应链整体成本，组织 i 和组织 j 的最优投资水平为 $Z_i=Z_j=Z_n$。供应链整体风险成本总和为 $F(Z_i,Z_j)=f_i(Z_i)+f_j(Z_i)$。

$$F(Z_i,Z_j)=F(Z_n,Z_n)=2(1-S(Z_n))L+2[(1-S(Z_n))S(Z_n)]H+2Z_n \tag{5.10}$$

由式（5.10）一阶求导得到：

$$f'=-2S'(Z_n)L+S'(Z_n)(1-S(Z_n))H-2S'(Z_n)S(Z_n)H+2 \tag{5.11}$$

因此，为实现最优的组织投资水平，当供应链的总体风险成本最小时，具体条件如下：

$$F'=-2S'(Z_n)(L-H+2S(Z_n)H)+2=0 \tag{5.12}$$

定理 5－2：在合作博弈情形下，组织的网络安全水平投资水平 $Z_i=Z_j=Z_n$ 并不随信誉影响 H 的增大而单调递增或单调递减，而是取决于 $1-2S(Z_n)$ 的正负符号。

证明：令 $N=F'=-2S'(Z_n)(L-H+2S(Z_n)H)+2$

$$\frac{dZ_n}{dH}=-\frac{\partial N/\partial H}{\partial N/\partial Z_n}=-\frac{2S'(Z_n)(1-2S(Z_n))}{\dfrac{\partial^2 F}{\partial Z_n^2}} \tag{5.13}$$

组织内部风险源下是通过变量 Z_n 取值求风险成本 F 最小值，所以 $\frac{\partial^2 F}{\partial Z_n^2}>0$ 在本书中是自动成立的。由于 $S'(Z_n)>0$，因此当 $1-2S(Z_n)>0$ 时 $\frac{dZ_n}{dH}<0$；当 $1-2S(Z_n)<0$ 时，$\frac{dZ_n}{dH}>0$。证毕。

定理 5－2 说明若供应链组织的网络系统安全水平较高（$S(Z_n)>1/2$）时，组织网络安全水平与信誉影响呈正相关。若供应链组织的网络系统安全水平较低（$S(Z_n)<1/2$）时，组织网络安全水平与信誉影响呈负相关。

5.3.3 均衡结果分析

对于非合作博弈及合作博弈，定理 5－3 可在两种情形下组织最优网络安全水平的投资水平比较中得出。

定理 5－3：只考虑组织内部风险源时，非合作博弈情形下组织网络安全水平均衡值大于合作博弈情形下的均衡值。

证明：在非合作博弈下组织最优网络安全水平投资水平具体满足：

$$-S'(Z_m)L - S'(Z_m)S(Z_m)H + 1 = 0 \tag{5.14}$$

而组织最优网络安全水平和投资水平在合作博弈情形下需满足以下条件：

$$-S'(Z_n)(L - H + 2S(Z_n)H) + 1 = 0 \tag{5.15}$$

假设 $Z_m > Z_n$。由于 $S_i'(Z_i) > 0$，$S_i''(Z_i) < 0$，则 $S(Z_m) > S(Z_n)$，$S'(Z_m) < S'(Z_n)$。由式（5.14）和式（5.15）可得：

$$S'(Z_m) = \frac{1}{L + S(Z_m)H} \tag{5.16}$$

$$S'(Z_n) = \frac{1}{L - H + 2S(Z_n)H} \tag{5.17}$$

由于 $S'(Z_m) < S'(Z_n)$，结合式（5.16）、式（5.17）可得：$L + S(Z_m)H > L - H + 2S(Z_n)H$，因为 $S(Z_m) > S(Z_n)$，则 $L + S(Z_m)H > L - H + 2S(Z_n)H$ 恒成立，假设 $Z_m > Z_n$ 也成立，即在组织内部风险源下，对于最优网络安全水平投资水平，非合作博弈情形高于合作博弈情形。证毕。

定理 5－3 表示在非合作博弈情形下，若仅考虑组织内部风险源影响这一因素，组织的最优投资水平高于供应链整体最优投资水平，在分散决策中的投资存在溢出现象。究其原因，若某组织的网络系统被网络攻击但它的其他合作组织却未遭遇，则该组织将受到“惩罚”，从而会产生更大的损失。组织若想减少这样的情况发生概率，那么就应尽量增加自身的网络安全水平投资从而减少被黑客成功攻击的概率，因此可能会导致投资过多。在此过程中，组织缺少对其他组织正外部性影响的考虑，因此网络安全水平比联合决策的最优投资水平高。

5.4　供应链系统内网络风险影响机理

在存在供应链系统内网络风险下，组织 i 与组织 j 的风险成本为：

$$\begin{aligned} f_i(Z_i) &= [1 - S_i(Z_i)(1 - q(1 - S_j(Z_j)))]L \\ &\quad + [1 - S_j(Z_j)(1 - q(1 - S_i(Z_i)))]\beta L + Z_i \end{aligned} \tag{5.18}$$

$$\begin{aligned} f_j(Z_j) &= [1 - S_j(Z_j)(1 - q(1 - S_i(Z_i)))]L \\ &\quad + [1 - S_i(Z_i)(1 - q(1 - S_j(Z_j)))]\beta L + Z_j \end{aligned} \tag{5.19}$$

5.4.1 非合作博弈

从组织最小化成本的角度出发考虑，组织 i 和组织 j 在非合作博弈情形下未对供应链网络安全水平进行协商，故可得到一个纯策略纳什均衡结果。

对组织 i 和组织 j 的成本风险式（5.18）和式（5.19）进行一阶求导：

$$f_i'(Z_i) = -S_i'(Z_i)[1-q(1-S_j(Z_j))]L - q\beta S_i'(Z_i)S_j(Z_j)L + 1 \tag{5.20}$$

$$f_j'(Z_j) = -S_j'(Z_j)[1-q(1-S_i(Z_i))]L - q\beta S_j'(Z_j)S_i(Z_i)L + 1 \tag{5.21}$$

简化模型可得最优投资水平等式：

$$S_i'(Z_i)[1-q+qS_j(Z_j)+q\beta S_j(Z_j)]L - 1 = 0 \tag{5.22}$$

$$S_j'(Z_j)[1-q+qS_i(Z_i)+q\beta S_i(Z_i)]L - 1 = 0 \tag{5.23}$$

因式（5.22）和式（5.23）具有对称性，可得 $Z_i = Z_j = Z_m$。Z_m 表示在非合作博弈下组织对网络安全水平的最优投资水平。下面将以网络脆弱度 q 和系统网络风险的整合度 β 分析其对组织 i、组织 j 的 Z_i 及 Z_j 的影响。

定理 5-4：仅考虑系统网络风险这一因素，非合作博弈情形下存在相等的对称组织，安全水平与整合度 β 参数呈正相关，$1-(1+\beta)S_j(Z_j)$ 的符号决定了网络脆弱度 q 参数对安全水平的影响。

证明：令 $M = f_i'(Z_i) = -S_i'(Z_i)[1-q+qS_j(Z_j)+q\beta S_j(Z_j)]L+1$

$$\frac{dZ_i}{d\beta} = -\frac{\partial M/\partial\beta}{\partial M/\partial Z_i} = -\frac{S_i'(Z_i)qS_j(Z_j)L}{\dfrac{\partial^2 f(Z_i)}{\partial Z_i^2}} \tag{5.24}$$

$$\frac{dZ_i}{dq} = -\frac{\partial M/\partial q}{\partial M/\partial Z_i} = -\frac{S_i'(Z_i)(1-(1+\beta)S_j(Z_j))L}{\dfrac{\partial^2 f(Z_i)}{\partial Z_i^2}} \tag{5.25}$$

因为在系统网络风险下，通过 Z_i 来求风险成本最小值，所以本书中 $\dfrac{\partial^2 f(Z_i)}{\partial Z_i^2} > 0$ 自动成立。因此 $\dfrac{dZ_i}{d\beta} > 0$，表明组织投资水平会随系统网络风险中的整合度 β 值递增。因为 $S_i'(Z_i) > 0$，所以当 $S_j(Z_j) > \dfrac{1}{1+\beta}$ 时，$\dfrac{dZ_i}{dq} > 0$；当 $S_j(Z_j) < \dfrac{1}{1+\beta}$ 时，$\dfrac{dZ_i}{dq} < 0$。

定理 5－4 指出，针对组织的网络安全水平和投资水平，系统网络风险整合度参数具有一定的激励促进作用，这表明组织的网络安全水平和投资水平会随供应链的整合度变化，呈现上升趋势。究其原因，供应链的整合度与组织之间的联系紧密度相关，前者越高后者则越紧密。当其他组织的网络系统被黑客或电脑病毒攻击时，与其相关的组织更受影响。因此组织会通过提升网络安全水平来避免这种整合度的损失。

但是，组织网络安全水平投资不会因系统网络风险中的网络脆弱性参数而产生单调变化。当 $S_j(Z_j)>1/(1+\beta)$ 时，组织 i 的网络安全水平和投资水平会因网络脆弱度 q 参数的增加而递增。这是由于当组织 j 拥有较大的网络安全水平值时，组织 i 缺乏对网络安全水平的投资，才会导致网络脆弱度值的增加，所以组织 i 会加大网络安全水平和投资水平来弥补。当 $S_j(Z_j)<1/(1+\beta)$ 时，随着参数 q 的增加，组织 i 的网络安全水平和投资水平会减少。其原因在于当组织 j 的网络安全水平较低时，增加供应链网络脆弱度意味着组织 j 将面临更大的威胁。所以会出现组织 j 加大网络安全水平，组织 i 出于成本最小化减少网络安全水平投资的情形。

5.4.2　合作博弈

对于供应链网络安全水平，若经协商后，组织 i 和组织 j 联合确定其投资水平为 $Z_i=Z_j=Z_n$，其中 Z_n 表示由组织 i 和组织 j 联合决定的最优供应链网络安全水平投资水平。进而，我们可以得到供应链的整体风险成本：$F(Z_i,Z_j)=f_i(Z_i)+f_j(Z_j)$。

$$\begin{aligned}F(Z_i,Z_j)&=F(Z_n,Z_n)=2f(Z_n)\\&=2(1+\beta)[1-S_n(Z_n)(1-q(1-S_n(Z_n)))]L+2Z_n\end{aligned}\tag{5.26}$$

对式（5.26）关于 Z_n 一阶求导：

$$\frac{dF}{dZ_n}=-2(1+\beta)S'(Z_n)(1-q+2qS(Z_n))L+2\tag{5.27}$$

简化得最优网络安全水平投资等式为：

$$(1+\beta)S'(Z_n)(1-q+2qS(Z_n))L-1=0\tag{5.28}$$

接下来分析系统网络风险中参数 β 和参数 q 在合作博弈情形下对网络弹性

投资水平的影响。

定理 5-5：在合作博弈情形下，组织的网络弹性投资水平 $Z_i = Z_j = Z_n$ 随着整合度 β 递增，但是并不随着网络脆弱度 q 的增加而单调变化，而是由 $1-2S(Z_n)$ 的正负决定。

证明：令 $N = F' = -2(1+\beta)S'(Z_n)(1-q+2qS(Z_n))L+2$

$$\frac{dZ_n}{d\beta} = -\frac{\partial N/\partial\beta}{\partial N/\partial Z_n} = \frac{-2S'(Z_n)(1-q+2qS(Z_n))L}{\frac{d^2F}{dZ_n^2}} \tag{5.29}$$

$$\frac{dZ_n}{dq} = -\frac{\partial N/\partial q}{\partial N/\partial Z_n} = -\frac{2(1+\beta)S'(Z_n)(1-2S(Z_n))L}{\frac{d^2F}{dZ_n^2}} \tag{5.30}$$

因为在系统网络风险下，以 Z_n 的取值来最小化风险成本 F，则本书认定 $\frac{d^2F}{dZ_n^2}>0$ 自动成立，因此 $\frac{dZ_n}{d\beta}>0$，即随着系统网络风险中整合度参数的增加，组织的网络安全水平投资水平也会逐渐提升。

因 $S'(Z_n)>0$，所以 dZ_n/dq 与 $1-2S(Z_n)$ 的符号相反。即 $S(Z_n)>1/2$ 时，$dZ_n/dq>0$；$S(Z_n)<1/2$ 时，$dZ_n/dq<0$。为了更符合实际情况，本书考虑组织受到网络攻击成功的概率比较小，也就是组织的网络安全水平比较大，所以考虑 $S(Z_n)>1/2$ 的情况。当 $S(Z_n)>1/2$ 时，组织的网络安全水平投资与供应链网络脆弱度 q 呈正相关。原因在于网络脆弱性增加表明供应链整体网络安全水平比较差，为了减少供应链整体被黑客成功攻击的概率，那么供应链的组织就会联合决定整体提高网络安全水平和投资水平。

由定理 5-4 和定理 5-5 可得出，若只对系统网络风险这一因素进行考虑，分散决策和联合决策的网络安全水平都将随着系统网络风险整合度参数的增大而增加，但各组织网络安全水平在两种决策中的结果不尽相同。因为较高的整合程度意味着组织会更受相关组织的影响。要想降低供应链网络安全风险损失，则必须增加投资并提升供应链网络安全水平。与此同时，两种决策在增加系统网络风险中的网络脆弱度参数的条件下会产生完全不同的结果。当 $S(Z_n)<1/2$ 时，分权决策与联合决策一致，组织的投资水平与网络脆弱度呈负相关趋势。当组织 j 的安全水平介于 $[1/2, 1/(1+\beta)]$ 之间时，由于“搭便车”效应，分散决策下供应链网络脆弱度的增加会使组织 i 在网络安全水平

上的投资水平降低。然而，联合决策下组织的投资水平则会增加。当组织 j 的网络安全水平大于 $1/(1+\beta)$ 时，组织 i 的投资水平会随着网络脆弱度递增，就像联合决策，以此来避免风险造成的损失。

5.4.3 均衡结果分析

在只考虑系统网络风险的情况下，对比分析非合作博弈与合作博弈的最优网络安全水平和投资水平，因此可得出定理 5-6。

定理 5-6：考虑供应链系统内网络风险源，非合作博弈下，组织对网络安全投资水平均衡值小于合作博弈下。

证明：最优网络安全水平投资水平具体满足：

$$S'(Z_m)[1-q+qS(Z_m)+q\beta S(Z_m)]L-1=0 \tag{5.31}$$

合作博弈下，最优网络安全投资水平条件为：

$$(1+\beta)S'(Z_n)[1-q+2qS(Z_n)]L-1=0 \tag{5.32}$$

给定 $Z_m<Z_n$，由于 $S_i'(Z_i)>0$，$S_i''(Z_i)<0$，则 $S(Z_m)<S(Z_n)$，$S'(Z_m)>S'(Z_n)$。由式（5.31）和式（5.32）可得：

$$S'(Z_m)=\frac{1}{[1-q+qS(Z_m)+q\beta S(Z_m)]L} \tag{5.33}$$

$$S'(Z_n)=\frac{1}{(1+\beta)[1-q+2qS(Z_n)]L} \tag{5.34}$$

由于 $S'(Z_m)>S'(Z_n)$，结合式（5.33）和式（5.34）可得：

$$qS(Z_m)+q\beta S(Z_m)<2[qS(Z_n)+q\beta S(Z_n)]+\beta(1-q) \tag{5.35}$$

因为 $S(Z_m)<S(Z_n)$，则 $qS(Z_m)+q\beta S(Z_m)<2[qS(Z_n)+q\beta S(Z_n)]+\beta(1-q)$ 是恒成立的，因此假设 $Z_m<Z_n$ 是成立的，即非合作博弈的最优网络安全水平投资水平比合作博弈低。证毕。

定理 5-6 指出，只考虑系统网络风险这一因素时，非合作博弈下组织缺乏对分散决策的投资，水平仍很低，即其最优投资水平无法实现供应链整体最优。究其原因，组织的分散决策未考虑对其他组织因网络安全水平投资不足而产生的负外部性影响，只关注了最小化风险成本。

由定理 5-6 和定理 5-3 可知，在非合作博弈情形下，当只考虑组织内部风险源和系统网络风险中的一个时，组织内部风险源与系统网络风险对供应链网络安全水平投资的作用截然不同。分散决策时，组织内部风险源对网络安全水平的投资具有促进作用，甚至出现高于供应链整体最优投资水平的情形。与此相反，系统网络风险则会抑制投资，从而使其投资水平远低于供应链整体最优投资水平。

5.5 综合网络风险影响机理

如今在商业合作所组建的公共网络系统上，绝大部分的供应链组织不仅拥有独立或重复的安全投资，而且存在组织“搭便车”的现象，以此达到少投资或者不投资的目的，最终成本最小化。上述行为均源于资源浪费或不充足投入，实现资源使用与得到网络信息安全之间平衡的困难程度因此较大。若要从根本上解决公共网络信息安全的提高与资源投入之间的平衡，需监督网络入侵防御系统和入侵检测系统，实现途径为对投资机制中的协调机制进行合理有效的设计。其中两者采取合理有效的成本投入，不仅能有效确保公共网络信息安全水平不断上升，同时也对 IT 供应商和关键基础设施运营者的收益产生重要影响。所以，在研究供应链组织准入控制的基础上，从提高供应链公共网络信息安全的角度探讨供应链组织的信息安全投资协调机制显得尤为重要。

前面两节各自分析了组织内部风险源和系统网络风险单独存在时的投资策略，但如今的供应链不仅普遍存在合作关系，且具有一定的整合度，所以这几种风险在一般情况下均存在，很有必要分析组织内部风险源与系统网络风险均存在时供应链的网络安全水平投资策略。若共存，则组织 i 和组织 j 的风险成本为：

$$f_i(Z_i)=[(1-S_i(Z_i))S_j(Z_j)]H+[1-S_i(Z_i)(1-q(1-S_j(Z_j)))]L+[1-S_j(Z_j)(1-q(1-S_i(Z_i)))]\beta L+Z_i \tag{5.36}$$

$$f_j(Z_j)=[(1-S_j(Z_j))S_i(Z_i)]H+[1-S_j(Z_j)(1-q(1-S_i(Z_i)))]L+[1-S_i(Z_i)(1-q(1-S_j(Z_j)))]\beta L+Z_j \tag{5.37}$$

接下来将基于几种风险共存，对两种博弈情形下网络安全水平的投资策略展开讨论。

5.5.1　非合作博弈

在非合作博弈情形下，组织 i 和组织 j 为实现自身成本最小化，对网络安全水平均没有进行任何协商，以此得到纯策略纳什均衡。

对组织 i 和组织 j 的成本风险一阶求导可得：

$$f_i'(Z_i) = -S_i'(Z_i)[S_j(Z_j)H + (1 - q + qS_j(Z_j) + q\beta S_j(Z_j))L] + 1 \tag{5.38}$$

$$f_j'(Z_j) = -S_j'(Z_j)[S_i(Z_i)H + (1 - q + qS_i(Z_i) + q\beta S_i(Z_i))L] + 1 \tag{5.39}$$

进而求得实现最优投资水平的条件为：

$$S_i'(Z_i)[S_j(Z_j)H + (1 - q + qS_j(Z_j) + q\beta S_j(Z_j))L] - 1 = 0 \tag{5.40}$$

$$S_j'(Z_j)[S_i(Z_i)H + (1 - q + qS_i(Z_i) + q\beta S_i(Z_i))L] - 1 = 0 \tag{5.41}$$

根据式（5.40）及式（5.41），联合求解可得 $Z_i = Z_j = Z_m$，为一个对称解。此处 Z_m 指存在多种风险时，组织在非合作博弈情形下对网络安全水平的最优投资水平。

之后将考虑系统网络风险中整合度 β、组织内部风险源中信誉影响 H 及网络脆弱度 q 这三个因素，以此展开其对组织 i、组织 j 投资水平 Z_i、Z_j 的影响的研究。

定理 5－7：当组织内部风险源和供应链系统网络风险均存在时，供应链网络安全水平随着组织信誉影响成本 H 递增。

证明：令 $M = S_i'(Z_i)[S_j(Z_j)H + (1 - q + qS_j(Z_j) + q\beta S_j(Z_j))L] - 1$

$$\frac{dZ_i}{dH} = -\frac{\partial M/\partial H}{\partial M/\partial Z_i} = -\frac{S_i'(Z_i)S_j(Z_j)}{S_i''(Z_i)[S_j(Z_j)H + (1 - q + qS_j(Z_j) + q\beta S_j(Z_j))L]} \tag{5.42}$$

因为 $S_i'(Z_i) > 0$ 且 $S_i''(Z_i) < 0$，所以 $\frac{dZ_i}{dH} > 0$。说明随着信誉影响的增加，组织的网络投资水平也会逐渐增加，定理 5－7 成立。证毕。

由定理 5－7 可以得出，当非合作博弈下同时存在组织内部风险源和系统网络风险时，组织内部风险源中的信誉影响有利于促进组织的网络安全投资水平。在定理 5－1 中我们仅将组织内部风险源纳入考虑，这两者的信誉影响大小对投资策略均造成相同作用。

定理 5－8：供应链网络安全水平与供应链脆弱性及供应链整合度有关，表现为：ⅰ. 供应链网络安全水平与系统网络风险中的整合度参数 β 正相关。ⅱ. 供应链网络安全水平随网络脆弱度 q 变化，且其增减由 $1-(1+\beta)S_j(Z_j)$ 的符号来决定其递增或递减。

证明：令 $M=S_i'(Z_i)[S_j(Z_j)H+(1-q+qS_j(Z_j)+q\beta S_j(Z_j))L]-1$

$$\frac{dZ_i}{d\beta}=-\frac{\partial M/\partial\beta}{\partial M/\partial Z_i}=-\frac{qS_i'(Z_i)S_j(Z_j)L}{S_i''(Z_i)[S_j(Z_j)H+(1-q+qS_j(Z_j)+q\beta S_j(Z_j))L]} \tag{5.43}$$

$$\frac{dZ_i}{dq}=-\frac{\partial M/\partial q}{\partial M/\partial Z_i}=-\frac{-S_i'(Z_i)(1-(1+\beta)S_j(Z_j))L}{S_i''(Z_i)[S_j(Z_j)H+(1-q+qS_j(Z_j)+q\beta S_j(Z_j))L]} \tag{5.44}$$

由于 $S_i'(Z_i)>0$ 且 $S_i''(Z_i)<0$，所以 $\frac{dZ_i}{d\beta}>0$，且当 $S_j(Z_j)>\frac{1}{1+\beta}$ 时，$\frac{dZ_i}{dq}>0$；当 $S_j(Z_j)<\frac{1}{1+\beta}$ 时，$\frac{dZ_i}{dq}<0$。

定理 5－4 和定理 5－8 指出，几种风险共存时系统网络风险中网络脆弱度 q 参数和整合度 β 参数分别对网络安全水平投资造成的影响结果等同于只考虑系统网络风险时的结果。

5.5.2 合作博弈

在合作博弈情形下，组织 i 和组织 j 以协商的方式，共同决定了供应链网络安全水平 Z_i 和 Z_j，最终结果为 $Z_i=Z_j=Z_n$，Z_n 表示组织 i 和组织 j 为使供应链整体的风险成本最小而共同决定的最优投资水平。$F(Z_i,Z_j)=f_i(Z_i)+f_j(Z_j)$ 表示供应链整体的风险成本。则关于组织 i 和组织 j 的风险成本总和如下：

$$\begin{aligned}F(Z_i,Z_j)&=F(Z_n,Z_n)=2f(Z_n)\\&=2[1-S(Z_n))S(Z_n)]H+2(1+\beta)[1-S(Z_n)\\&\quad(1-q(1-S_n(Z_n)))]L+2Z_n\end{aligned} \tag{5.45}$$

式（5.45）通过一阶求导可得：

$$\frac{dF}{dZ_n}=2S'(Z_n)(1-2S(Z_n))H-2(1+\beta)S'(Z_n)(1-q+2qS(Z_n))L+2 \tag{5.46}$$

则达到最优投资水平的条件为：

$$S'(Z_n)(1-2S(Z_n)H-(1+\beta)S'(Z_n)(1-q+2qS(Z_n))L+1=0 \tag{5.47}$$

定理 5－9：若同时存在组织内部风险源和系统网络风险，在合作博弈情形下，组织在网络安全水平方面的投资 $Z_i=Z_j=Z_n$ 并不随着组织内部风险源中的信誉影响 H 值的增加而单调变化，而是由 $1-2S(Z_n)$ 的正负决定其趋势。

证明：令 $N=F'=2S'(Z_n)(1-2S(Z_n))H-2(1+\beta)S'(Z_n)(1-q+2qS(Z_n))L+2$

$$\frac{dZ_n}{dH}=-\frac{\partial N/\partial H}{\partial N/\partial Z_n}=-\frac{2S'(Z_n)(1-2S(Z_n))}{\frac{d^2F}{dZ_n^2}} \tag{5.48}$$

本章通过投资水平 Z_n 求风险成本的最小值，故可以认为$\frac{d^2F}{dZ_n}>0$是自动成立的。因为 $S'(Z_n)>0$，所以$\frac{dZ_n}{dH}$与 $1-2S(Z_n)$ 的符号相反。即当 $S(Z_n)>1/2$ 时，$\frac{dZ_n}{dH}>0$；当 $S(Z_n)<1/2$ 时，$\frac{dZ_n}{dH}<0$。证毕。

定理 5－5 和定理 5－9 表明，处于以下两种情况时，即几种风险共存或仅考虑组织内部风险源这一因素时，信誉影响 H 对组织的网络安全水平投资水平具有相同的影响。根据定理 5－7 和定理 5－9 可得出，几种风险共存的前提下，合作博弈情形的信誉影响对组织网络安全水平投资水平的影响不同于非合作博弈情形。究其原因，在非合作博弈情形下随着组织间信誉影响 H 的增大，如果网络安全水平低，那么将会导致更严重的组织内部风险源损失，故组织会增强对网络安全水平的投资力度。

然而对于合作博弈情形而言，若组织较安全（$S(Z_n)>1/2$），组织对网络安全水平与组织内部风险源中的信誉影响 H 呈正相关变化趋势。若组织较不安全（$S(Z_n)<1/2$）时，投资水平与 H 呈负相关变化趋势。

定理 5－10：若同时存在组织内部风险源和系统网络风险，在合作博弈情形下，随着整合度 β 的增加，组织对网络安全水平的投资 $Z_i=Z_j=Z_n$ 也会增加，但其并不因网络脆弱度 q 的增加而发生单调变化，而是由 $1-2S(Z_n)$ 的正负决定其趋势。

证明： 令 $N = F' = -2S'(Z_n)(1-2S(Z_n))H - 2(1+\beta)S'(Z_n)(1-q+2qS(Z_n))L + 2$

$$\frac{dZ_n}{d\beta} = -\frac{\partial N/\partial \beta}{\partial N/\partial Z_n} = \frac{-2S'(Z_n)(1-q+2qS(Z_n))L}{\frac{d^2F}{dZ_n^2}} \tag{5.49}$$

$$\frac{dZ_n}{dq} = -\frac{\partial N/\partial q}{\partial N/\partial Z_n} = -\frac{2(1+\beta)S'(Z_n)(1-2S(Z_n))L}{\frac{d^2F}{dZ_n^2}} \tag{5.50}$$

因本书的风险成本最小值可通过投资水平 Z_n 求得，故 $\frac{d^2F}{dZ_n^2} > 0$ 自动成立。因为 $S'(Z_n) > 0$，所以 $\frac{dZ_n}{d\beta} > 0$ 并且 $\frac{dZ_n}{dq}$ 的正负与 $1-2S(Z_n)$ 的正负相反，即当 $S(Z_n) > 1/2$ 时，$\frac{dZ_n}{dq} > 0$；当 $S(Z_n) < 1/2$ 时，$\frac{dZ_n}{dq} < 0$。

由定理 5－5 和定理 5－10 可得出，以下两种情况在对网络安全水平投资水平产生影响时拥有相同的系统网络风险整合度参数和网络脆弱度参数，即考虑风险共存和系统网络风险单独存在。同时定理 5－9 和定理 5－10 表明在两种博弈情形下，基于风险共存，系统网络风险的整合度参数对投资水平的影响结果均随着 H 的单调递增。然而，若只考虑组织网络安全水平比较高（$S_j(Z_j) > 1/2$）的情况，那么在非合作博弈情形下，组织 j 的网络安全水平处于（$1/2$，$1/(1+\beta)$）之间时，由于“搭便车”效应，组织 i 的网络安全水平投资水平与供应链网络脆弱度参数负相关；当组织 j 的网络安全水平大于 $1/(1+\beta)$ 时，两种博弈情形下组织的网络安全水平投资水平受网络脆弱度参数影响相同，即为避免风险损失，网络脆弱度与投资水平具有正相关关系。

分析定理 5－7 和定理 5－8，比较可得出在非合作博弈情形下，由于多种风险并存，组织内部风险源中的信誉影响 H 和系统网络风险中的整合度参数 β 以及 $S_j(Z_j) > 1/(1+\beta)$ 时网络脆弱度参数 q 对组织的网络安全投资水平的影响是相同方向的，与 $S_j(Z_j) < 1/(1+\beta)$ 时参数 q 对投资水平的影响对立。同时，合作博弈情形下系统网络风险中的整合度参数 β 和组织内部风险源中的信誉影响 H 以及 $S_j(Z_j) > 1/2$ 时网络脆弱度参数 q 对组织的网络安全水平投资水平的影响是相同方向的，与 $S_j(Z_j) < 1/2$ 时参数 q 对投资水平的影响对立，这

些结论均可由定理 5－9、定理 5－10 得出。此外，对定理进行比较，若仅考虑组织内部风险源，或是将系统网络风险与其他几种风险共同纳入考虑，对网络安全水平投资水平具有相同的影响。

5.5.3　均衡结果比较

若同时存在组织内部风险源与系统网络风险，分析两种博弈下的最优网络安全水平投资水平，所得结论如定理 5－11 所示。

定理 5－11：若同时存在组织内部风险源和系统网络风险，在组织内部风险源中信誉影响较大（$H>H_0$）条件下，组织在合作博弈情形下的最优网络安全水平比在非合作博弈情形下的最优水平小，在信誉影响较小（$H<H_0$）条件下，组织在合作博弈情形下最优网络安全水平比在非合作博弈情形下的最优水平大；系统网络风险中整合度较小时（$\beta<\beta_0$），合作博弈的最优投资水平小于非合作博弈的最优投资水平。若存在较大的整合度（$\beta>\beta_0$），合作博弈大于非合作博弈的最优水平。$\left(H_0=\dfrac{q(1+\beta)S(Z)L+(1-q)\beta L}{1-S(Z)}，\beta_0=\dfrac{(1-S(Z))H-qS(Z)L}{(1-q+qS(Z))L}\right)$

证明：几种风险并存时，组织的网络安全水平最优投资水平在非合作博弈情形下需满足以下条件：

$$S'(Z_m)[S(Z_m)H+(1-q+qS(Z_m)+q\beta S(Z_m))L]-1=0 \tag{5.51}$$

同时存在几种风险时，可得合作博弈下组织的网络安全水平最优投资水平：

$$S'(Z_n)[(1-2S(Z_n))H-(1+\beta)(1-q+2qS(Z_n))L]+1=0 \tag{5.52}$$

如果在几种风险并存时，两种博弈情形达到相同的最优网络投资水平（$Z_m=Z_n=Z$），组织内部风险源影响参数为 $H_0=\dfrac{q(1+\beta)S(Z)L+(1-q)\beta L}{1-S(Z)}$。

由式（5.51）和式（5.52）可得：

$$S'(Z_m)=\frac{1}{(1-q+qS(Z_m)+q\beta S(Z_m))L+S(Z_m)H} \tag{5.53}$$

$$S'(Z_n)=\frac{1}{(1+\beta)(1-q+2qS(Z_n))L-(1-2S(Z_n))H} \tag{5.54}$$

给定 $Z_m>Z_n$，由于 $S_i'(Z_i)>0$，$S_i''(Z_i)<0$ 则 $S(Z_m)>S(Z_n)$，$S'(Z_m)<$

$S'(Z_n)$。因此根据式（5.53）和式（5.54）可得 $2S(Z_n)-S(Z_m)<\frac{H-\beta(1-q)L}{H+q(1+\beta)L}$。

当 $H=H_0$，$Z_m=Z_n$ 时，$2S(Z_n)-S(Z_m)=\frac{H_0-\beta(1-q)L}{H_0+q(1+\beta)L}=\frac{H-\beta(1-q)L}{H+q(1+\beta)L}$；

当 $H>H_0$ 时，又因为 $S(Z_m)>S(Z_n)$，

故 $\frac{H-\beta(1-q)L}{H+q(1+\beta)L}>\frac{H_0-\beta(1-q)L}{H_0+q(1+\beta)L}>2S(Z_n)-S(Z_m)$。

综上所述，当 $H>H_0$ 时，不等式 $2S(Z_n)-S(Z_m)<\frac{H-\beta(1-q)L}{H+q(1+\beta)L}$ 是恒成立的，因此当 $H>H_0$ 时，假设 $Z_m>Z_n$ 是成立的。同理可得，当 $H<H_0$ 时，$Z_m<Z_n$。同理可得，当 $\beta>\beta_0$ 时，$Z_m<Z_n$；当 $\beta<\beta_0$ 时，$Z_m>Z_n$。

5.6 本章小结

本章分析了不同层次下的各风险源对供应链安全的影响及影响机理，包括供应链中的组织内部网络风险源、供应链系统内网络风险源和供应链外部环境网络风险。其研究结果表明供应链中在安全风险信誉损失值影响下产生风险成本从而影响供应链的网络安全水平。同时，若单独考虑存在组织内部网络风险源或供应链系统内网络风险源，在非合作博弈情形下对比组织的最优投资水平与整个供应链的最优投资水平，前者明显高于后者。当几种风险并存时，若安全水平受组织信誉影响较大（大于某临界值），组织需对网络安全水平进行提升；若安全水平受组织信誉影响较小（小于某临界值），非合作博弈的网络安全水平不足。

第 6 章

网络空间供应链的脆弱性影响机理

6.1 问题描述

目前数据显示，40%以上组织所遭遇的数据安全破坏是因供应商攻击而导致的。这种在供应链间的薄弱环节发生网络攻击的现象现已普遍存在。对此，组织必须重视网络应对潜在威胁的弹性，为抵御源于互联网的攻击而加强供应链能力的投资。当然，这种风险方向成为一种“新常态”，虽然人们对于它的讨论少之又少，但在一定程度上却吸引了多方面领域学者们的高度关注（包括信息安全、供应链管理、风险管理等）。

网络空间供应链安全水平取决于安全的最薄弱环节，不仅需要企业自身在安全技术与安全意识方面的提高，更需要在整个网络空间供应链中通过协同合作形成共同治理来实现，实现整体安全水平提升。利用网络脆弱性进行攻击形成的破坏已持续对经济与社会造成巨大负面影响，因此，供应链视角下分析网络安全弹性投资决策过程并建立合作协调机制是非常必要的。过去研究中对供应链中影响网络安全弹性的分析还比较孤立，缺少贯穿整个网络空间供应链安全弹性建设的内在关联与生成机理系统分析；同时以提升网络空间供应链整体安全保护的研究也较为缺乏，整个供应链安全风险控制的协调机制和共同治理策略需进一步深入研究。基于此，本章基于网络脆弱性，建立一个包括供应链与零售商的两层的供应链博弈理论模型，分析供应链中的网络安全弹性投资决策问题，对比分析供应链分散决策和集中决策两种情形，并在此基础上建立供应链合作协调机制，为供应链在网络安全弹性方面的建设提供决策理论依据。

6.2 假设与模型

6.2.1 基本假设

考虑一个上游供应商及下游零售商所构成的二元网络空间供应链，供应链中两个企业通过网络相互连接。外部网络攻击者可以直接或间接（即先通过入侵系统相连企业，再以此为基础，通过网络系统入侵到目标企业）入侵供应链信息体系并获取经济利益。为了提高网络系统安全，需要通过安全投资来增加供应链的网络安全弹性并减少网络安全漏洞，从而降低被外部入侵概率并减少网络损失。文章假设如下：

假设 6－1：当供应链遭受网络安全入侵时，其成员由于网络信息系统被破坏或入侵而遭受损失。其中，L_s 为供应商在网络信息系统发生安全事故后所遭受的损失；L_r 为零售商在网络信息系统发生安全事故后所遭受的损失。

假设 6－2：企业遭受直接损失的概率 $P(y)$ 取决于自身在网络安全弹性方面的投资水平 y，且 $0 \leqslant P(y) \leqslant 1$。标记供应商遭受直接损失的概率为 $P(y_s) = e^{-\alpha_s y_s}$，零售商遭受直接损失的概率为 $P(y_r) = e^{-\alpha_r y_r}$。其中，$y_s$ 与 y_r 分别为供应商及零售商在网络安全方面的投资水平；α_s、α_r 分别为供应商及零售商投资系数，为非负常数。$P(y)$ 为二阶可微，递减的凸函数，即 $P'(y) < 0$，$P''(y) > 0$。这说明供应链中每个企业遭受直接损失的概率随着网络安全弹性投资的增加而减少，但其效果是边际递减的。

假设 6－3：供应链中一个企业的信息网络遭受外部入侵后，与其互联的企业遭受间接入侵的概率为 q，q 代表企业所处的网络环境的脆弱性，其中 $0 < q < 1$。

假设 6－4：供应商 s 和零售商 r 在风险偏好方面呈中性，即双方都期望解决网络安全风险的成本最小。

6.2.2　基本模型

根据假设6-2和假设6-3，可以计算出供应商及零售商遭受直接与间接入侵网络破坏的概率 $B_s(y_s, y_r)$ 与 $B_r(y_r, y_s)$ 分别为：

$$B_s(y_s,y_r) = P(y_s) + (1 - P(y_s))qP(y_r) = 1 - (1 - P(y_s))(1 - qP(y_r)) \tag{6.1}$$

$$B_r(y_r,y_s) = P(y_r) + (1 - P(y_r))qP(y_s) = 1 - (1 - P(y_r))(1 - qP(y_s)) \tag{6.2}$$

式（6.1）中 $B_s(y_s, y_r)$ 具有如下性质：

$$\left|\frac{\partial B_s}{\partial y_s}\right| = P'(y_s)(1 - qP(y_r)) < 0$$

$$\left|\frac{\partial B_s}{\partial y_r}\right| = P'(y_r)q(1 - P(y_s)) < 0 \tag{6.3}$$

$$\left|\frac{\partial B_s}{\partial q}\right| = P(y_r)(1 - P(y_s)) > 0$$

同理，式（6.2）中零售商的 $B_r(y_r, y_s)$ 有类似的性质：

$$\left|\frac{\partial B_r}{\partial y_r}\right| = P'(y_r)(1 - qP(y_s)) < 0$$

$$\left|\frac{\partial B_r}{\partial y_s}\right| = P'(y_s)q(1 - P(y_r)) < 0 \tag{6.4}$$

$$\left|\frac{\partial B_r}{\partial q}\right| = P(y_s)(1 - P(y_r)) > 0$$

这表明不改变其他条件随着网络脆弱性 q 的增加，供应商或零售商遭受入侵的概率也随之增加；供应链中供应商（零售商）增加自身的网络安全弹性投资水平的同时也能降低零售商（供应商）遭受损失的概率。

进一步，在给定供应链中各成员对网络安全弹性投资 y_s 与 y_r 的情况下，供应商与零售商的期望成本函数分别为：

$$K_s = y_s + B_s(y_s,y_r) \cdot L_s \tag{6.5}$$

$$K_r = y_r + B_r(y_s,y_r) \cdot L_r \tag{6.6}$$

6.3 网络脆弱性下供应链安全弹性分析

6.3.1 非合作网络空间安全弹性投资博弈

非合作决策情形下，网络空间供应链中安全弹性投资决策为非合作博弈，以最大化供应商或零售商自身利益为目标。供应商与零售商在网络安全弹性投资水平上同时决策且独立确定自身企业的最优网络安全弹性投资策略，两个企业目标的是投资总成本最小化，且双方目标成本函数分别为：

$$\min K_s^{nc} = y_s^{nc} + [P(y_s^{nc}) + (1 - P(y_s^{nc}))qP(y_r^{nc})]L_s \tag{6.7}$$

$$\min K_r^{nc} = y_r^{nc} + [P(y_r^{nc}) + (1 - P(y_r^{nc}))qP(y_s^{nc})]L_r \tag{6.8}$$

分别对式（6.7）和式（6.8）求其一阶条件为：

$$\frac{\partial K_s^{nc}}{\partial y_s^{nc}} = 1 + P'(y_s^{nc})(1 - qP(y_r^{nc}))L_s \tag{6.9}$$

$$\frac{\partial K_m^{nc}}{\partial y_r^{nc}} = 1 + P'(y_r^{nc})(1 - qP(y_s^{nc}))L_r \tag{6.10}$$

令$\partial K_s^{nc}/\partial y_s^{nc} = 0$，$\partial K_r^{nc}/\partial y_r^{nc} = 0$，进一步化简得到：

$$1 + P'(y_s)(1 - qP(y_r))L_s = 0 \tag{6.11}$$

$$1 + P'(y_r)(1 - qP(y_s))L_r = 0 \tag{6.12}$$

联立式（6.11）和式（6.12）求解得到：

$$P(y_r) = \frac{A_2 - \sqrt{A_2^2 - 4A_1\alpha_s L_s}}{2A_1} \tag{6.13}$$

$$P(y_s) = \frac{1}{\alpha_s(1 - qP(y_r))L_s} \tag{6.14}$$

其中：$A_1 = q\alpha_r L_r \alpha_s L_s$；$A_2 = \alpha_r L_r \alpha_s L_s + q\alpha_s L_s - q\alpha_r L_r$。

由式（6.13）、式（6.14）可得：

$$y_r^{nc} = \frac{1}{\alpha_r}\ln\left[\frac{\theta_r}{P(y_r^{nc})}\right] \tag{6.15}$$

$$y_s^{nc} = \frac{1}{\alpha_s}\ln\left[\frac{\theta_s}{P(y_s^{nc})}\right] \tag{6.16}$$

即在非合作博弈中供应链成员的网络安全弹性最优投资策略为（y_s^{nc}，y_r^{nc}）。

由式（6.15）及式（6.16）可知，网络脆弱性 q 将影响供应链成员的网络安全弹性投资，即影响其对 y_s^{nc} 和 y_r^{nc} 的决策，由此得到定理 6－1 如下。

定理 6－1：分散决策情形下，供应商 s 和零售商 r 的网络安全弹性投资水平随着网络脆弱性 q 的增加而降低。

证明：令 $H_1 = 1 + P'(y_s^{nc})(1 - qP(y_r^{nc}))L_s$，得到 $\frac{dy_s^{nc}}{dq} = -\frac{\partial H_1/\partial q}{\partial H_1/\partial y_s^{nc}} = -\frac{-P'(y_s^{nc})P(y_r^{nc})}{P''(y_s^{nc})(1-qP(y_r^{nc}))} < 0$；令 $H_2 = 1 + P'(y_r^{nc})(1 - qP(y_s^{nc}))L_r$，得到 $\frac{dy_r^{nc}}{dq} = -\frac{\partial H_2/\partial q}{\partial H_2/\partial y_r^{nc}} = -\frac{-P'(y_r^{nc})P(y_s^{nc})}{P''(y_r^{nc})(1-qP(y_s^{nc}))} < 0$。证毕。

定理 6－1 揭示了网络脆弱性对供应链成员进行网络安全弹性投资激励的消极影响，即网络脆弱性越高供应链成员受到其合作伙伴信息不安全的影响越大，这在一定程度上抑制了其对自身安全弹性的投资，导致供应链中遭受损失的概率越大。值得注意的是，成员增加自身网络安全弹性投资水平并不能消除其遭受间接破坏的概率，因此企业可能会降低自身的网络安全弹性投资水平，继而加剧了网络空间供应链的安全风险。这个结果类似于公共产品相关研究的“搭便车”。Varian 的研究表明在信息安全背景下当两个相互关联的企业面临相同的入侵概率时，当其中一个企业选择进行安全投资，而另一个企业就会存在“搭便车”行为。

定理 6－2：供应商 s（零售商 r）的网络安全弹性投资水平随着零售商（供应商）r 的网络安全弹性投资水平的增加而增加。

证明：令 $H_1 = 1 + P'(y_s^{nc})(1 - qP(y_r^{nc}))L_s$，得到 $\frac{dy_r^{nc}}{dy_s^{nc}} = -\frac{\partial H_1/\partial y_s^{nc}}{\partial H_1/\partial y_r^{nc}} = \frac{P''(y_s^{nc})(1-qP(y_r^{nc}))}{qP'(y_s^{nc})P'(y_r^{nc})} > 0$；

令 $H_2 = 1 + P'(y_r^{nc})(1 - qP(y_s^{nc}))L_r$，得到 $\frac{dy_s^{nc}}{dy_r^{nc}} = -\frac{\partial H_2/\partial y_r^{nc}}{\partial H_2/\partial y_s^{nc}} = \frac{P''(y_r^{nc})(1-qP(y_s^{nc}))}{qP'(y_r^{nc})P'(y_s^{nc})} > 0$。证毕。

定理6－2说明网络空间供应链中，供应链成员对于自身网络安全弹性的投资水平将会正向影响其合作伙伴的投资意愿。这主要是由于当一方成员增加自身安全投资时，其势必会降低网络脆弱性 q，亦即其供应链伙伴所受到的间接破坏将会减少。而由定理6－1我们已经证明了网络脆弱性的存在会抑制供应链中对于网络安全弹性的投资，由此也可间接说明当供应链成员同时致力于改善网络脆弱性的时候，其对于供应链整体网络安全弹性将会形成正向的促进作用。

6.3.2 合作网络空间安全弹性投资博弈

供应链的整体网络空间安全水平在组织只决定对其网络空间安全弹性投资水平决策条件下难以确保。在合作情形下，供应商 s 和IT系统集成商 r 为使安全投资率得到提高，同时让供应链整体网络空间安全弹性投资成本最小化，可进行投资协调。（y_s^{sc}，y_r^{sc}）表示合作决策时组织选择的最优投资水平，$K^{sc}=K_s^{sc}+K_r^{sc}$ 则为供应链整体的期望成本，即

$$\min K^{sc}=y_s^{sc}+y_r^{sc}+[P(y_s^{sc})+qP(y_r^{sc})-qP(y_s^{sc})P(y_r^{sc})]L_s+[P(y_r^{sc})+qP(y_s^{sc})-qP(y_s^{sc})P(y_r^{sc})]L_r \tag{6.17}$$

对式（6.16）一阶求导可得：

$$\frac{\partial K^{sc}}{\partial y_s^{sc}}=1+P'(y_s^{sc})[1-qP(y_r^{sc})]L_s+qP'(y_s^{sc})[1-P(y_r^{sc})]L_r \tag{6.18}$$

$$\frac{\partial K^{sc}}{\partial y_r^{sc}}=1+P'(y_r^{sc})[1-qP(y_s^{sc})]L_s+qP'(y_r^{sc})[1-P(y_s^{sc})]L_r \tag{6.19}$$

令 $\partial K^{sc}/\partial y_s^{sc}=0$，$\partial K^{sc}/\partial y_r^{sc}=0$，简化可得：

$$1-\alpha_s P(y_s^{sc})\{[1-qP(y_r^{sc})]L_s+q[1-P(y_r^{sc})]L_r\}=0 \tag{6.20}$$

$$1-\alpha_r P(y_r^{sc})\{[1-qP(y_s^{sc})]L_r+q[1-P(y_s^{sc})]L_s\}=0 \tag{6.21}$$

联立式（6.19）和式（6.20）求解得到：

$$P(y_r^{sc})=\frac{D_2-\sqrt{D_2^2-4D_1\alpha_s\eta_1}}{2D_1} \tag{6.22}$$

$$P(y_s^{sc})=\frac{1}{\alpha_s(\eta_1-\eta_2P(y_r^{sc}))} \tag{6.23}$$

其中：

$\eta_1 = L_s + qL_r$

$\eta_2 = q(L_s + L_r)$

$\eta_3 = qL_s + L_r$

$D_1 = \alpha_r \alpha_s \eta_2 \eta_3$

$D_2 = \alpha_s \eta_2 + \alpha_r \alpha_s \eta_1 \eta_3 + \alpha_r \eta_2$

由式（6.22）、式（6.23）可得：

$$y_r^{sc} = \frac{1}{\alpha_r} \ln\left[\frac{\theta_r}{P(y_r^{sc})}\right] \tag{6.24}$$

$$y_s^{sc} = \frac{1}{\alpha_s} \ln\left[\frac{\theta_s}{P(y_s^{sc})}\right] \tag{6.25}$$

定理 6-3：在合作决策博弈中，随着网络脆弱性 q 的增加，供应商的网络空间安全弹性投资水平不上升，$\frac{dy_s^{sc}}{dq}$ 的符号取决于 $P(y_r^{sc})L_s - (1 - P(y_r^{sc}))L_r$ 的正负；同理可知 $\frac{dy_r^{sc}}{dq}$ 的符号取决于 $P(y_s^{sc})L_r - (1 - P(y_s^{sc}))L_s$ 的正负。

证明：令 $H_3 = 1 + P'(y_s^{sc})[1 - qP(y_r^{sc})]L_s + qP'(y_s^{sc})[1 - P(y_r^{sc})]L_r$

$$\frac{dy_s^{sc}}{dq} = -\frac{\partial H_3 / \partial q}{\partial H_3 / \partial y_s^{sc}}$$

$$= \frac{P'(y_s^{sc})[P(y_r^{sc})L_s - (1 - P(y_r^{sc}))L_r]}{P''(y_s^{sc})[(1 - qP(y_r^{sc}))L_s + q(1 - P(y_r^{sc}))L_r]} \tag{6.26}$$

$$\frac{dy_r^{sc}}{dq} = -\frac{\partial H_4 / \partial q}{\partial H_4 / \partial y_r^{sc}}$$

$$= \frac{P'(y_r^{sc})[P(y_s^{sc})L_r - (1 - P(y_s^{sc}))L_s]}{P''(y_r^{sc})[(1 - qP(y_s^{sc}))L_s + q(1 - P(y_s^{sc}))L_r]} \tag{6.27}$$

由此可以看出，$\frac{dy_s^{sc}}{dq}$ 与 $P(y_r^{sc})L_s - (1 - P(y_r^{sc}))L_r$ 的异号，因为 $P'(y_r^{sc}) < 0$，如果 $P(y_r^{sc}) < \frac{L_r}{L_r + L_s}$，则 $\frac{dy_s^{sc}}{dq} > 0$；$\frac{dy_r^{sc}}{dq}$ 与 $P(y_s^{sc})L_r - (1 - P(y_s^{sc}))L_s$ 异号，因为 $P'(y_r^{sc}) < 0$，如果 $P(y_s^{sc}) < \frac{L_s}{L_r + L_s}$，则 $\frac{dy_r^{sc}}{dq} > 0$。

从上述可得知，两种博弈决策下的结果互不适用。非合作决策博弈情形下，为减少损失，供应链成员选择随着供应链网络脆弱性的增加降低自身的网络空间安全弹性投资水平。定理 6-3 表明，相对安全 $\left(P(y_s^{sc})<\frac{L_s}{L_m+L_r},\ P(y_m^{sc})<\frac{L_m}{L_m+L_s}\right)$ 与相对不安全情形下 $\left(P(y_s^{sc})>\frac{L_s}{L_m+L_s},\ P(y_m^{sc})>\frac{L_m}{L_m+L_s}\right)$，供应链成员网络安全弹性投资对于网络脆弱性的影响不一样。若增加网络脆弱性，相对不安全下供应链成员的最优策略是使其网络空间安全弹性投资水平降低。反之，相对安全下供应链成员会选择提升其网络空间安全弹性投资水平。

定理 6-4：在非合作博弈情形下，供应商和 IT 系统集成商投入网络空间安全弹性的资金不充分。

证明：由式（6.8）、式（6.9）可知

$$\left.\frac{\partial K^{sc}}{\partial y_s^{sc}}\right|_{y_s^{nc},y_r^{nc}}=1+P'(y_s^{nc})[1-qP(y_r^{nc})]L_s+qP'(y_s^{nc})[1-P(y_r^{nc})]L_r$$
$$=\frac{\partial K_s^{nc}}{\partial y_s^{nc}}+qP'(y_s^{nc})[1-P(y_r^{nc})]L_r<0 \tag{6.28}$$

$$\left.\frac{\partial K^{sc}}{\partial y_r^{sc}}\right|_{y_s^{nc},y_r^{nc}}=1+P'(y_r^{nc})[1-qP(y_s^{nc})]L_s+qP'(y_r^{nc})[1-P(y_s^{nc})]L_r$$
$$=\frac{\partial K_r^{\ nc}}{\partial y_r^{nc}}+qP'(y_s^{nc})[1-P(y_r^{nc})]L_r<0 \tag{6.29}$$

在非合作博弈情形下，供应链成员供应商和 IT 系统集成商遭受直接损失或间接损失的可能性随网络空间安全弹性投资水平的增加而降低，同时也可以降低从供应商（IT 系统集成商）的网络空间安全系统转而入侵 IT 系统集成商（供应商）的网络空间安全系统的概率。此外，进行网络空间安全弹性投资时，供应商（IT 系统集成商）未关注 IT 系统集成商（供应商）因投资增加而产生的正外部性影响，因此非合作博弈中供应链成员更缺乏对网络空间安全弹性的投资。

6.4　合作协调机制

供应商 s 和 IT 系统集成商 r 都是理性的，在非合作决策时他们将会选择各自的最优策略（即 y_s^{nc} 和 y_r^{nc}）。但合作决策有利于促进供应链整体在网络空间安全弹性投资成本的减少。若供应商和 IT 系统集成商在合作决策中比在非合作决策中的网络空间安全弹性的投资总成本高，两者就有概率拒绝合作。所以，以一定的协调机制带动供应链中两个组织，促使两者进行合作，这非常具有必要性。本章节也提出了一种协调方案，即考虑一项支付机制，以此控制组织网络空间安全弹性的投资成本变化。若双方选择合作，占据主导地位的组织可以通过向其他组织支付一定的费用来改变个体最优策略。

下述描述为合作协调机制模型：

（1）在协调机制下，设定供应商 s 和 IT 系统集成商 r 的投资策略为（y_s^*，y_r^*），当供应商 s 在合作决策中的网络空间安全弹性投资成本比在非合作决策中的高时，供应商具有放弃合作决策的可能性。此时供应商 s 应满足 $y_s^* = y_s^{nc}$。

（2）IT 系统集成商可选择向供应商支付一笔不少于其改变策略引起的成本增加量的费用，以此让供应商的最优网络空间安全弹性投资策略发生改变。设费用为 w，供应链成员的投资策略为（y_s^*，y_r^*）。

（3）首先由 IT 系统集成商制定网络空间安全弹性投资策略，无论供应商接受还是拒绝，一旦做出决定博弈马上结束。

（4）IT 系统集成商关于供应商的成本函数在博弈过程中存在完全信息，并且不含交易成本。

若（y_s^*，y_r^*）表示 IT 系统集成商提出的网络空间安全弹性投资策略，w 为支付给供应商的费用，那么可联立非线性规划的相关知识求解问题：

$$\min K_r(y_r^*, w) = K_r(y_r^*) + w \tag{6.30}$$

$$\text{s. t}\begin{cases} K_s(y_s^*) - w \leqslant K_s^{nc}(y_s^{nc}) \\ w \geqslant 0, y_s^*, y_r^* \geqslant 0 \end{cases} \tag{6.31}$$

在满足约束条件的前提下，IT 系统集成商支付的 w 越小越好。由式（6.31）

可知，当 $w=K_s(y_s^*)-K_s^{nc}(y_s^{nc})$，将 $w=K_s(y_s^*)-K_s^{nc}(y_s^{nc})$ 代入式（6.29），则原问题转化为求解 $\min K_r(y_r^*,w)=K_r(y_r^*)+K_s(y_s^*)-K_s^{nc}(y_s^{nc})$ 的最小值问题。则有

$$K_r(y_r^*)+K_s(y_s^*)-K_s^{nc}(y_s^{nc})\geqslant K^{sc}(y_s^{sc},y_r^{sc})-K_s^{nc}(y_s^{nc}) \tag{6.32}$$

当且仅当 $y_r^*=y_r^{sc}$，$y_s^*=y_s^{sc}$ 时，等号成立。即

$$y_r^*=y_r^{sc}=\frac{1}{\alpha_r}\ln\left[\frac{\theta_r}{P(y_r^{sc})}\right] \tag{6.33}$$

$$y_s^*=y_s^{sc}=\frac{1}{\alpha_s}\ln\left[\frac{\theta_s}{P(y_s^{sc})}\right] \tag{6.34}$$

此时，供应链整体存在最低的网络空间安全弹性投资成本，进一步引入协调机制，供应商 s 和 IT 系统集成商 r 的成本函数可由下述形式表示：

$$K_s^*=y_s^*+[P(y_s^*)+(1-P(y_s^*))qP(y_r^*)]L_s-w \tag{6.35}$$

$$K_r^*=y_r^*+[P(y_r^*)+(1-P(y_r^*))qP(y_s^*)]L_r+w \tag{6.36}$$

供应商 s 所得的补偿 w 为合作博弈下与非合作下的成本之差，即：

$$w=K_s^{sc}-K_s^{nc} \tag{6.37}$$

当 $w>0$ 时，IT 系统集成商向供应商支付费用，当 $w<0$ 时，供应商向 IT 系统集成商支付费用。供应链新成本函数基于支付机制协调，其均衡结果等同于合作博弈中所得。故供应商 s 和 IT 系统集成商 r 关于网络空间安全弹性投资欠缺的问题可得到有效改善。但是，支付补偿是一个双方均认可的第三方机构，根据组织的真实网络脆弱水平而产生，实施此协调机制的条件为必须对供应链中的两组织的网络空间安全弹性投资水平进行评估检查，该行为具有必要性。

6.5 数值分析

现实环境下，网络空间供应链中网络脆弱性及其网络安全水平的评估与量化相对复杂，加之本书的目的是将网络脆弱性作为连续变量来分析其对供应链安全弹性投资的影响，在数据采集上存在困难。鉴于此，本书采取数值模拟方法来研究网络脆弱性对供应链企业建立网络安全性的投资决策影响。通过数值

模拟，分别分析随着网络脆弱性变动情况下，供应链成员网络安全弹性投资水平以及投资成本的变化情况，从而刻画出网络脆弱性对供应链中企业信息安全投资决策所产生的影响。

6.5.1　网络脆弱性对投资水平的影响

假设供应链中参数值如下：$L_r = 10000$，$L_s = 1000$，$\alpha_s = 0.004$，$\alpha_r = 0.0003$，$\theta_s = 0.6$，$\theta_r = 0.4$，分析在非合作博弈情形和合作博弈情形下网络脆弱性对供应商和零售商投资水平的影响，结果如图 6.1 和图 6.2 所示。

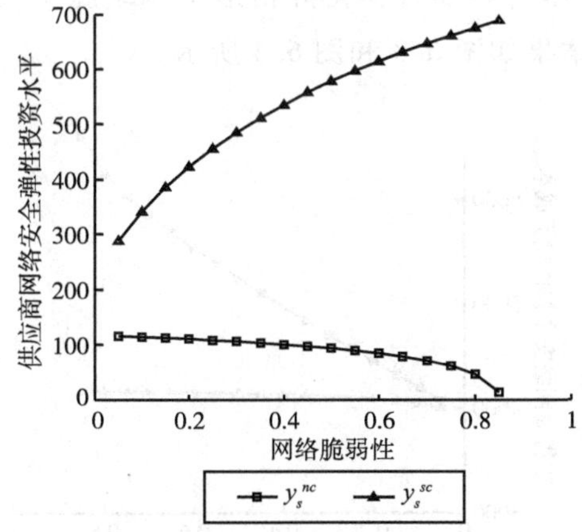

图 6.1　网络脆弱性对供应商安全投资水平的影响

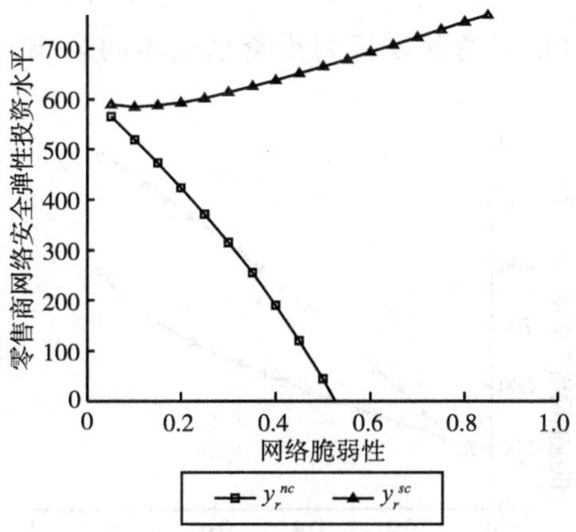

图 6.2　网络脆弱性对零售商投资水平的影响

从图 6.1 中可以看出，非合作博弈下的供应商的网络安全弹性投资水平随供应链网络脆弱性的增加而逐渐降低。当 $q = 0.855$ 时，供应商的网络安全弹性投资水平为零。合作博弈下供应商的网络安全弹性投资水平随供应链网络脆弱性的增加而增加。

从图 6.2 中可以看出，非合作博弈下零售商的网络安全弹性对网络脆弱性的变化更敏感，随着供应链网络脆弱性的增加，投资水平是不断减少的。当 $q = 0.526$ 时，零售商的网络安全弹性投资水平为零。合作博弈下零售商的网络安全弹性投资水平随供应链网络脆弱性的增加而增加。

对比图 6.1 和图 6.2 可以看出合作博弈下相对于供应商来说零售商维持较高的投资水平。在非合作博弈中供应链网络脆弱性对零售商和供应商的网络安全弹性投资的影响是负面的，因为随着供应链网络脆弱性的增加，零售商和供应商进行网络安全弹性投资的边际收益是减少的，从而导致双方减少网络安全弹性投资水平。

6.5.2 网络脆弱性对供应链投资成本的影响

假设供应链中参数值如下：$L_r = 10000$，$L_s = 1000$，$\alpha_s = 0.004$，$\alpha_r = 0.0003$，$\theta_s = 0.6$，$\theta_r = 0.4$，分析在非合作博弈和合作博弈情形下网络脆弱性对供应商和零售商投资总成本的影响，结果如图 6.3 和图 6.4 所示。

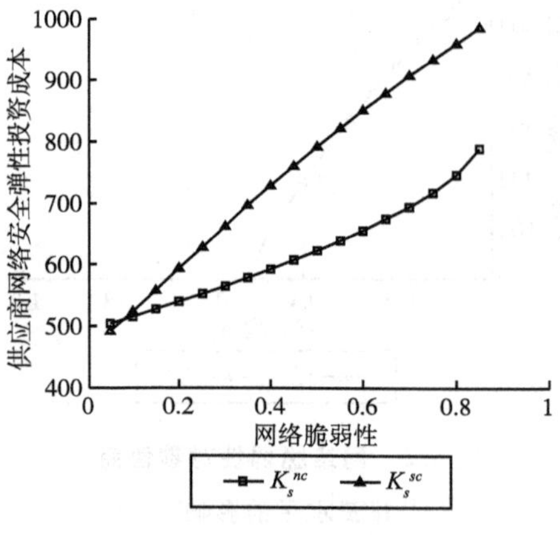

图 6.3 网络脆弱性对供应商总成本的影响

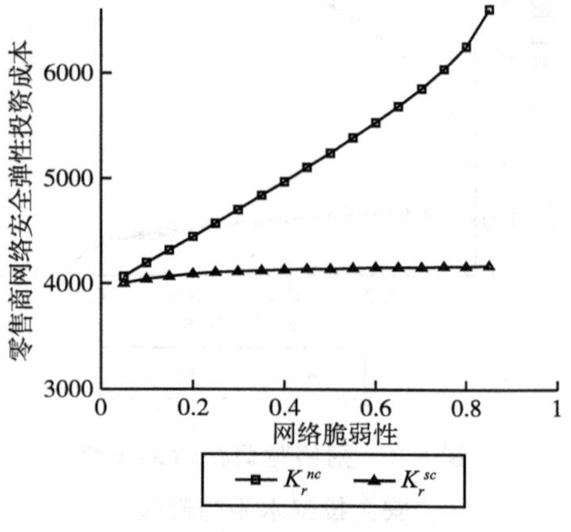

图 6.4 网络脆弱性对零售商总成本的影响

从图 6.3 中可看出非合作博弈和合作博弈下的供应商的网络安全弹性投资成本随供应链网络脆弱性的增加而增加。保持其他条件不变的情况下非合作博弈的成本增加速度小于合作博弈的成本增加速度。当 $q = 0.082$ 时，合作博弈下的投资成本小于非合作博弈下的投资成本。

从图 6.4 中可看出非合作博弈和合作博弈下的零售商的网络安全弹性投资成本随供应链网络脆弱性的增加而增加。保持其他条件不变的情况下非合作博弈的成本增加速度远大于合作博弈的成本增加速度。当 $q<0.2$ 时，零售商在非合作博弈和合作博弈下的总成本差距不是很明显，当 $q=1$ 时，两种博弈情形下的成本差距就非常明显了。这说明当供应商和零售商进行合作时，零售商的总投资成本远低于非合作博弈下的总成本，尤其是当供应链网络脆弱性比较高时，合作的价值就会更加明显。

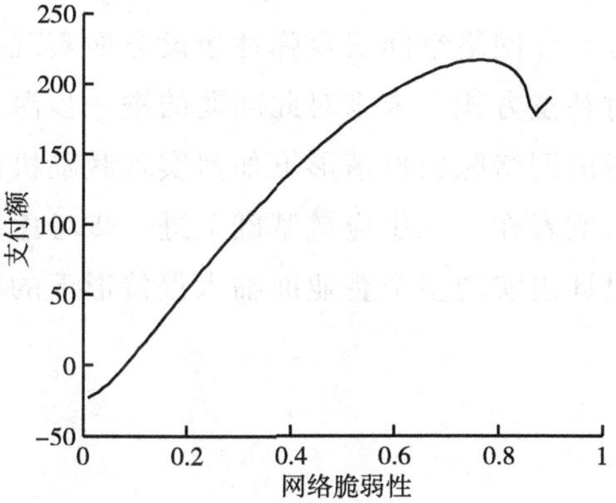

图 6.5　网络脆弱性对转移支付的影响

从图 6.5 中可以看出合作协调机制下零售商给供应商的转移支付额随着供应链网络脆弱性的增加而增加。当 $q<0.082$ 时，需要供应商支付给零售商一部分补偿才能实现合作协调下的供应链最优投资。当 $q>0.855$ 时，相对于非合作博弈供应商增加其投资成本，故零售商需要支付的费用也就降低。

6.6　本章小结

本章探讨了供应链中的一个 IT 系统集成商和一个供应商在网络脆弱性影响下对网络空间安全弹性建设方面的投资，根据 IT 系统集成商主导的非合作博弈及共同的合作博弈，提出了一种合作协调机制，最终结论如下所示：在非合作博弈下，网络脆弱性与 IT 系统集成商和供应商的网络空间安全弹性投资水平呈负相关关系，此外，两个组织的安全投资也有许多问题值得改进。在合作博弈决策中，结合组织自身遭受损失与供应链整体损失，两者间存在一个比值，若组织正处于相对不安全的环境中，则代表组织遭受损失的概率比该比值高，供应链成员的网络空间安全弹性投资水平与网络脆弱性呈负相关变化趋势（即前者随后者的增加而减少）；若组织遭受损失的概率小于该比值，则意味着组织正处于相对安全的环境中，供应链成员的网络空间安全弹性投资水平与网络脆弱性呈正相关变化趋势（即前者随后者的增加而增加）。同时，供应链的总网络空间安全弹性投资成本无法达到非合作博弈下的水平。而对于非合作情形下的组织，双方为在网络空间安全弹性建设方面实现投资均衡，可以采用一个适当的转移支付补偿方式。未来对此问题的进一步深入研究可以考虑两个以上供应链成员在考虑网络脆弱性情形下如何实现激励机制以达到供应链总体网络安全弹性最优，或者在二元供应链基础上进一步考虑多成员之间的网络安全弹性投资博弈，设计出实现多个企业面临入侵情形下的激励协调机制。

第 7 章

网络空间供应链成员准入机制建立

7.1 问题描述

随着网络技术在供应链中的应用，信息技术为支持商业运作、信息共享、公司连接以及供应链的可视化提出了解决方案。关键基础设施部门信息安全不仅由流通过程中的管控决定，还由上游供应商所提供产品质量以及服务水平等决定。当关键基础设施部门或组织（即 IT 采购商）采购 IT 产品时，IT 供应商比 IT 采购商拥有更多诸如产品质量、服务水平、信誉等方面的信息。IT 供应商将合理利用这种信息不对称的优势来最大化自身利益，这将导致不安全的、能力差的供应商成功进入组织的网络空间供应链，从而降低网络空间供应链安全（CSCS）水平。因此，非常有必要关注并解决网络空间供应链中的供应商逆向选择问题。对于关键基础设施运营组织而言，如何在其网络空间风险控制中设置供应链成员准入机制，形成屏障，将不安全的、没有能力的 IT 供应商隔离在其供应链之外，是网络空间供应链安全（CSCS）风险问题得以解决的重要手段及方面。

网络空间供应链成员准入机制建立中，我们设定模型参与者包括一个关键基础设施运营组织（IT 采购商）和其 IT 供应商，并存在供需关系及进行 IT 设施设备采购。在选择供应商时，关键基础设施运营组织往往无法了解其真实的开发能力和产品质量，这将导致信息不对称。在网络空间供应链构建过程中，选择合作IT供应商的能力的高低将影响供应链建设后的运营状态和市场的良性发展，所以组织为提高网络空间供应链安全运作及效率，需对IT供应商进行选择及管理。

7.2 模型及假设

7.2.1 基本假设

假设7-1：博弈方由含IT供应商及进行IT设施设备采购的关键基础设施运营组织在内的网络空间供应链组织组成。博弈双方均具有有限理性，在各种情况发生后都有一定的分析能力和判断能力。

假设7-2：IT供应商的策略空间是（提供高水平网络安全性能的IT产品，提供低水平网络安全性能的IT产品）。关键基础设施运营组织的策略空间是（对供应商IT产品的安全性能完全信任，审核供应商IT产品的安全性能）。

假设7-3：该博弈为信息不完全的博弈，做出相关决策时，IT供应商和关键基础设施运营组织互相不知道彼此的策略，也不知道自身选择能否实现利益最大化。

7.2.2 符号说明

为简化阅读，对本章节中所出现的符号参数进行如下设定说明：

表7.1　参数符号定义

参数符号	符号定义
E	关键基础设施运营组织采购此IT产品带来的收益
P	关键基础设施运营组织采购此IT产品的均衡价格
A	IT供应商提供劣质产品获得额外收益
C_H	供应商提供IT产品高水平网络安全性能时的成本
C_L	供应商提供IT产品低水平网络安全性能时的成本

续表

参数符号	符号定义
C_S	进行第三方机构检测产品网络安全程度所需的费用
C_m	IT 供应商为公司提供补救措施等的售后服务费用
m	关键基础设施运营组织因网络空间系统被入侵遭受的损失
n	IT 供应商提供劣质产品在信誉方面造成损失
α	劣质 IT 产品导致客户终端系统被侵入的概率

7.3　网络空间供应链供应商选择

7.3.1　演化博弈模型

博弈过程中，关键基础设施运营组织与 IT 供应商可能存在的五种情形如下：

（1）IT 供应商提供的 IT 产品不存在网络安全隐患，关键基础设施运营组织选择完全信任此产品（即不对其进行审查）。这种情况下，IT 供应商收益及关键基础设施运营组织收益由 $P - C_H$ 和 $E - P$ 分别表示。其中 P 指采购此 IT 产品时关键基础设施运营组织的均衡价格，C_H 指供应商提供 IT 产品高水平网络安全性能时的成本，E 指关键基础设施运营组织采购此 IT 产品的所得收益。

（2）IT 供应商提供的产品存在网络安全隐患，关键基础设施运营组织对此 IT 产品不完全信任（即建立专门的审核小组或委托第三方机构对其进行严格审核）。这种情况下，IT 供应商收益及关键基础设施运营组织收益由 $P - C_H$ 和 $E - P - C_s$ 分别表示。其中 C_s 指第三方机构检测产品网络安全程度的费用。

（3）IT 供应商提供的产品存在网络安全隐患，关键基础设施运营组织选择完全信任软件供应商的产品。由于 IT 产品存在劣质化，故客户终端系统易遭受侵入（假设发生的概率为 α），关键基础设施运营组织会因此遭受一定的损失 m。此时关键基础设施运营组织的收益为 $\alpha(E - P - m)$。虽然 IT 供应商会因提供劣质产品而获得额外收益 A，但也会造成信誉方面的损失 n，同时，它需要为公司提供费用为 C_m 的售后服务，包括补救措施等。在这种情况下，IT 供应商的最终收益可表示为 $\alpha(P-C_L+A-n-C_m)$。

(4) IT 供应商提供的产品存在网络完全隐患，关键基础设施运营组织选择完全信任此产品。其原因在于网络系统终端在 $1-\alpha$ 概率下不会被入侵，采用此低安全性产品不会给关键基础设施运营组织带来损失。在这种情况下，IT 供应商可获得额外收益 $(1-\alpha)(P-C_L+A)$，同时关键基础设施运营组织收益可表示为 $(1-\alpha)(E-P)$。

(5) IT 供应商提供的产品存在网络安全隐患，且当关键基础设施运营组织委托第三方机构选择对其进行严格审核后，发现供应商所提供的产品存在网络安全隐患时，关键基础设施运营组织将拒绝此产品。这种情况下，在信誉方面会对 IT 供应商造成 n 的损失。IT 供应商和关键基础设施运营组织收益分别为 $-n$ 和 $-C_s$。

假定所涉及的所有模型参数取值均大于零，IT 供应商与关键基础设施运营组织的博弈收益矩阵可由表 7.2 解释说明。

表 7.2　　博弈得益矩阵

博弈方	关键基础设施运营组织		
IT 供应商	产品选择	不审核采购产品：y	严格审核采购产品：$1-y$
	提供无安全隐患产品：x	$P-C_H$，$E-P$	$P-C_H$，$E-P-C_s$
	提供有安全隐患产品：$1-x$	$P-C_L+A-\alpha(n+C_m)$，$E-P-\alpha m$ *	$-n$，$-C_s$

* 注：结果为情况 (3)、(4) 之和。

7.3.2 复制动态方程

若选择“提供没有安全隐患产品”的 IT 供应商比例为 x，则“提供有安全隐患产品”的供应商数量占比为 $1-x$；关键基础设施运营组织实施“不审核”策略的比例若为 y，则实施“审核”策略的数量占比为 $1-y$。

由表 7.1 可得，IT 供应商采取“提供没有安全隐患产品”的期望收益 E_x 与“提供有安全隐患产品”的期望收益 E_{1-x} 可分别用如下公式表示：

$$E_x = y(P - C_H) + (1 - y)(P - C_H) = P - C_H \tag{7.1}$$

$$E_{1-x} = y[P - C_L + A - \alpha(n + C_m)] + (1 - y)(-n) \tag{7.2}$$

同理，关键基础设施运营组织采取“不审核”的期望 E_y 与采取“审核”策略的期望 E_{1-y} 可分别用如下公式表示：

$$E_y = x(E - P) + (1 + x)(E - P - \alpha m) = E - P - \alpha m + x\alpha m \tag{7.3}$$

$$E_{1-y} = x(E - P - C_S) + (1 + x)(-C_S) = xE - xP - C_S \tag{7.4}$$

根据 Malthusian 方程，得出 IT 供应商的复制动态方程：

$$F(x) = \frac{dx}{dt} = x(1 - x) + (P - C_H + n - yP + yC_L - yA + y\alpha n + y\alpha C_m - yn) \tag{7.5}$$

同理，可得关键基础设施运营组织的复制动态方程：

$$F(y) = \frac{dy}{dt} = y(1 - y)(E - P - \alpha m + C_s + x\alpha m - xE + xP) \tag{7.6}$$

从微分方程的稳定性条件可得，IT 供应商与关键基础设施运营组织策略之间的相互作用存在四个均衡点，分别为：（0，0）、（0，1）、（1，0）、（1，1），当 $0 < x_1 < 1$，$0 < y_1 < 1$ 时，$(x_0,\ y_0)$ 也是均衡点。其中：

$$x_1 = \frac{E - P - \alpha m + C_s}{E - P - \alpha m} \tag{7.7}$$

$$y_1 = \frac{P - C_H + n}{P - C_L + A - \alpha n - \alpha C_m + n} \tag{7.8}$$

由雅克比矩阵的解法可得系统 S 的雅克比矩阵（记为 J）为：

$$J = \begin{bmatrix} \dfrac{\partial F(x)}{\partial x} & \dfrac{\partial F(x)}{\partial y} \\ \dfrac{\partial F(y)}{\partial x} & \dfrac{\partial F(y)}{\partial y} \end{bmatrix} = \begin{bmatrix} a_{11} & a_{12} \\ a_{21} & a_{22} \end{bmatrix} \tag{7.9}$$

其中：

$$a_{11} = (1 - 2x)(P - C_H + n - yP + yC_L - yA + y\alpha n + y\alpha C_m - yn) \tag{7.10}$$

$$a_{12} = x(1 - x)(-P + C_L - A + \alpha n + \alpha C_m - n) \tag{7.11}$$

$$a_{21} = y(1 - y) + (\alpha m - E + P) \tag{7.12}$$

$$a_{22} = (1 - 2y)(E - P - \alpha m + C_s + x\alpha m - xE + xP) \tag{7.13}$$

$$TrJ = a_{11} + a_{22} < 0, Det = \begin{bmatrix} a_{11} & a_{12} \\ a_{21} & a_{22} \end{bmatrix}$$

若上述条件同时得到满足，那么系统 S 演化稳定结果为复制动态方程所求出的均衡点，处于均衡点处的 TrJ 和 Det，其具体取值如表 7.3 所示。

表 7.3　均衡点处行列式的迹和值

均衡点	TrJ	Det
(0,0)	$E - C_H + n - \alpha m + C_s$	$(P - C_H + n)(E - P - \alpha m + C_s)$
(0,1)	$(C_L - C_H - A + \alpha n + \alpha C_m) - (E - P - \alpha m + C_s)$	$-(-C_H + C_L - A + \alpha n + \alpha C_m)(E - P - \alpha m + C_s)$
(1,0)	$(C_H - P - n) + C_s$	$C_s(C_H - P - n)$
(1,1)	$C_H - C_L + A - \alpha n - \alpha C_m - C_s$	$(-C_H + C_L - A + \alpha n + \alpha C_m)C_s$
(x_1, y_1)	P	Q

根据结果可知，局部均衡点（x_1，y_1）不符合条件，点（x_1，y_1）不是 ESS。通过各个均衡点下的雅克比矩阵中行列式的迹和值来判断其局部稳定性，可得到结论：

博弈系统的稳定结果会随着 x_1，y_1 取值范围的变化而发生改变，具体情况可分为以下几种：

(1) 当 $x_1 < 0$，$y_1 < 0$ 即 $m_0 < m < m_1$ 且 $n < n_0$ 时，系统 S 的 ESS 为（0，0）；

(2) 当 $x_1 < 0$，$0 < y_1 < 1$ 即 $m_0 < m < m_1$ 且 $n_0 < n < n_1$ 时，系统 S 的 ESS 为（1，0）；

(3) 当 $x_1 < 0$，$y_1 > 1$ 即 $m_0 < m < m_1$ 且 $n > n_1$ 时，系统 S 的 ESS 为（1，0）；

(4) 当 $0 < x_1 < 1$，$y_1 < 0$ 即 $m > m_1$ 且 $n < n_0$ 时，系统 S 的 ESS 为（0，1）；

(5) 当 $0 < x_1 < 1$，$0 < y_1 < 1$ 即 $m > m_1$ 且 $n_0 < n < n_1$ 时，系统 S 的 ESS 为（0，1）和（1，0）；

(6) 当 $0 < x_1 < 1$，$y_1 > 1$ 即 $m > m_1$ 且 $n > n_1$ 时，系统 S 的 ESS 为（1，0）；

(7) 当 $x_1 > 1$，$y_1 < 0$ 即 $m < m_0$ 且 $n < n_0$ 时，系统 S 的 ESS 为（0，1）；

(8) 当 $x_1 > 1$，$0 < y_1 < 1$ 即 $m < m_0$ 且 $n_0 < n < n_1$ 时，系统 S 的 ESS 为（0，1）；

(9) 当 $x_1 > 1$，$y_1 > 1$ 即 $m < m_0$ 且 $n > n_1$ 时，系统 S 的 ESS 为（1，1）；

$$m_0 = \frac{E - P}{\alpha},\ m_1 = \frac{E - P + C_S}{\alpha},\ n_0 = \frac{C_L - P - A + \alpha C_m}{1 - \alpha},\ n_1 = \frac{C_H - C_L + A - \alpha C_m}{\alpha}$$

因此，演化稳定的结果会随着 m 和 n 取值范围的改变而变化。表 7.4 指明了系统 S 最终演化结果所对应的均衡点及变量的取值情况。

表 7.4　　　　系统演化稳定结果及所满足的条件

状态	均衡点	Trj	$DetJ$	条件 1	条件 2
1	(0, 0)	不定	+	$m_0 < m < m_1$	$n < n_0$
2	(1, 0)	不定	−	$m_0 < m < m_1$ 或 $m > m_1$	$n_0 < n < n_1$ 或 $n > n_1$
3	(0, 1)	不定	+	$m < m_0$ 或 $m > m_1$	$n_0 < n < n_1$ 或 $n < n_0$
4	(1, 1)	−	+	$m < m_0$	$n > n_1$

图 7.1 表示以上九种情况所对应的演化相位图。

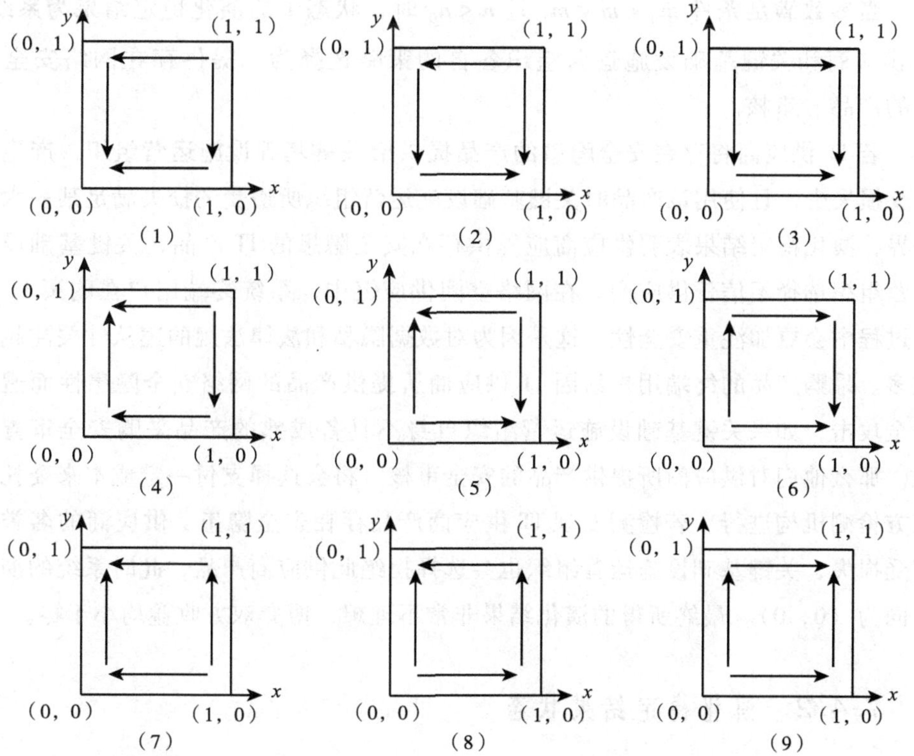

图 7.1　九种情况的演化相位图

7.4 演化博弈模型结果分析

由上述图表可知影响系统 S 演化结果的两个重要参数，一个为关键基础设施运营组织在使用存在安全隐患的产品时所遭受的损失 m，另一个为 IT 供应商因提供有安全隐患产品而遭受的名誉损失 n。除此之外，系统还存在能让演化结果发生变化的两个阈值 m_0、m_1 和两个阈值 n_0、n_1。这里分析了四种演化状态。

7.4.1 演化稳定结果状态一

当参数满足条件 $m_0 < m < m_1$ 且 $n < n_0$ 时，状态 1 的演化稳定结果为系统，IT 供应商和关键基础设施运营组织各自的策略选择为：提供存在网络安全隐患的产品，审核。

若 IT 供应商将存在安全隐患的产品提供给关键基础设施运营组织，产生的名誉损失少，且使用该产品时关键基础设施运营组织所遭受的损失满足某一水平分界，演化稳定结果表明供应商应提供存在安全隐患的 IT 产品，关键基础设施运营组织选择不信任供应商。在网络空间供应链中，系统终端用户在购买 IT 产品过程中会更加注重安全性，这是因为对数据隐私和法律法规的遵从性关注越来越多。采购产品的终端用户易因 IT 供应商所提供产品的网络安全隐患性而遭受安全攻击，如果关键基础设施运营组织自身不具备成熟的产品采购安全审查团队，那么他们对供应商所提供产品的安全审核，将会选择支付一定成本来委托第三方检测机构进行。若检测发现 IT 供应商产品存在安全隐患，供应商的名誉会遭受损失，关键基础设施运营组织也会选择拒绝此供应商产品，此时系统的演进方向为（0，0）。最终所得的演化结果非常不理想，博弈双方收益均小于零。

7.4.2 演化稳定结果状态二

当参数满足条件 $m_0 < m < m_1$（或 $m > m_1$）且 $n_0 < n < n_1$（或 $n > n_1$）时，状态 2 的演化稳定结果为系统，IT 供应商和关键基础设施运营组织各自的策略选择为：提供不具网络安全隐患的产品，审核。

IT 供应商向公司提供低质量产品时会遭受较高的名誉损失，关键基础设施运营组织在使用存在安全隐患的产品时也将如此（如银行、港口等），由于演化稳定结果，供应商选择提供高质量产品，关键基础设施运营组织选择对此产品进行严格审核。状态 2 中供应商的整体安全和声誉影响更为关键基础设施运营组织所倾向，若关键基础设施运营组织察觉出供应商提供低质量产品的行为，那么他将拒绝与该供应商合作，此时供应商为避免自身信誉受到损害，会选择提供高质量产品。虽然选择提供高质量产品的成本且没有额外收益 A，然而供应商却无须承担后续售后服务费用，其费用源于低质量产品易遭受安全攻击。此时，关键基础设施运营组织选择对供应商产品进行严格审核，将产生一定的费用 C_S。若 C_S 值较小，且公司被安全攻击后损失 m 较大，对公司整体收益的影响作用微乎其微，因此为避免风险造成的影响，公司会对 IT 供应商提供产品的安全流程、程序和技术保障措施等进行严格检查，系统的演进方向为（1，0）。此时市场上的大部分供应商与公司正进行互相考量，尚未达成采购协议，在市场过渡期经常可见。

7.4.3　演化稳定结果状态三

当参数满足条件 $m<m_0$（或 $m>m_1$）且 $n_0<n<n_1$（或 $n<n_0$）时，状态 3 的演化稳定结果为系统，IT 供应商和关键基础设施运营组织各自的策略选择为：提供存在安全隐患的 IT 产品，不审核。

若 IT 供应商向关键基础设施运营组织提供存在安全隐患产品后受到少量名誉损失，关键基础设施运营组织系统在被侵入后也如此（此产品不用于关键基础设施），由于演化稳定结果，供应商选择提供有安全隐患的 IT 产品，关键基础设施运营组织选择不严格审核供应商 IT 产品。这时安全攻击发生于关键基础设施运营组织的概率（系统遭受侵入的概率）较低，其所造成的损失也较小，即整个供应链网络相对安全。若严格审核 IT 产品成本高且周期长，关键基础设施运营组织选择不严格审核采购产品。如研究报告所述，ESG 在其关于美国关键基础设施的网络供应链安全风险的研究报告中调查了 285 名专业人士，这些人均了解或负责组织内网络安全，结果表明，仅 34% 的人赞成在所有考虑中其供应商的产品开发安全评价最重要。供应商在此状态下提供存在安全隐患产品拥有较小的名誉损失，由 ESG 报告可知，约有 1/3 的受访者认为，在双方签署采购协议后，曾接受过安全监测的供应商可以不用进行再次检测审核。公司也将优先考虑之前已通过的供应商，供应商也会将公司使用产品时遭受安全攻击的现象归结为个别疏漏，并在事后通过采用一定的措施来补救，此时系统的演进方向为（0，1）。

7.4.4 演化稳定结果状态四

当参数满足条件 $m < m_0$ 且 $n > n_1$ 时，状态 4 的演化稳定结果为系统，IT 供应商和关键基础设施运营组织各自的策略选择为：提供无安全隐患的高质量产品，不审核。

若关键基础设施运营组织网络系统面临较低网络攻击概率或安全损失，IT 供应商因提供低质量产品而遭受大量名誉损失，演化稳定结果将促使供应商选择提供高质量产品，关键基础设施运营组织选择信任供应商且不审核 IT 产品。此种状态下一定数量的 IT 供应链经 IT 供应商管理和运作，非常理想化，因此政府及监管部门会对 IT 供应商及低质量产品进行严格审查和惩罚，IT 供应商拥有大量名誉损失 n 和售后服务费用 C_m，同时，其所获得额外收益 A 也较低，存在 $P - C_H > P - C_L + A - \alpha(n + C_m)$，IT 供应商倾向于提供高质量产品。市场上大多数 IT 供应商信誉的良好性，会受到关键基础设施运营组织审核检测产品安全程度费用 C_S 增加的影响，此时关键基础设施运营组织选择相信供应商产品，这不仅节省了检测费用，而且缩短了 IT 产品投入使用周期，进而实现成本降低获得更大利益，此时系统的演进方向为（1，1）。

7.5 仿真模拟及分析

7.5.1 仿真模拟

系统的演化稳定结果由参数的初始值和变动情况决定，为使观察参数的变化对动态方程的解的影响更加直观化，本书在构建模型基础上，进行了数值模拟计算。表7.5列出了各项参数的初始化数值。其中横轴指代系统的演化时间t，纵轴指代IT软件供应商提供高质量产品的比例$x(t)$和公司采购部门信任的比例$y(t)$。

表7.5　参数初始化数值表

参数	p	C_H	C_L	A	α	C_m	E	C_S
数值	10	8	6	4	0.5	4	12	2

（1）状态1：当参数满足条件$m_0 < m < m_1$且$n < n_0$时，系统的演化稳定结果为（0，0），取值$m = 12$，$n = 1$，根据仿真程序，演化仿真结果如图7.2所示。由图7.2可以看出，关键基础设施运营组织系统遭受较大侵入损失，而IT供应商拥有较小名誉损失，如果将0.8作为$x(t)$和$y(t)$的初始值，关键基础设施运营组织也会因演化时间的增加而严格审查采购产品，IT供应商倾向于提供低质量产品，因此（0，0）为双方演化结果趋向。

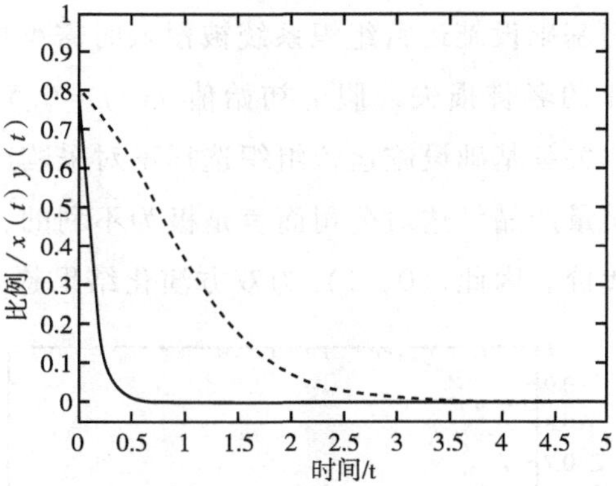

图7.2　状态1系统动态演化图

（2）状态2：当参数满足条件$m > m_1$且$n < n_0$时，系统的演化稳定结果为（1，0），取值$m = 12$，$n = 6$，根据仿真程序，演化仿真结果如图7.3所示。取初始值$x(t) = 0.5$且$y(t) = 0.5$，关键基础设施运营组织审核与检测IT产品的费用会随着演化时间的增加而变得较低，关键基础设施运营组织也会因系统被侵入而承担较大损失，此情况下关键基础设施运营组织选择不信任；同时，因

此时的IT供应商拥有较大的名誉损失，为寻求此后的长期性合作，会选择提供无安全隐患的高质量产品，因此（1，0）为双方演化结果趋向。

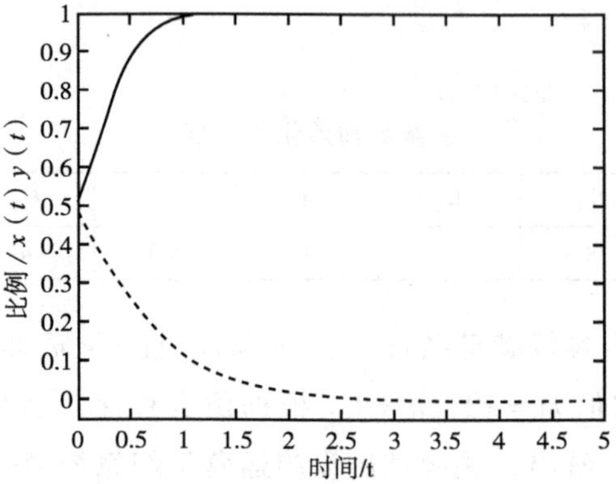

图7.3　状态2系统动态演化图

（3）状态3：当参数满足条件 $m<m_0$ 且 $n<n_0$ 时，系统的演化稳定结果为（0，1），取值 $m=2$，$n=1$，根据仿真程序，演化仿真结果如图7.4所示。图7.4表明，因关键基础设施运营组织系统被侵入时需承担较小的损失，同时IT供应商也存在较小的名誉损失，假定初始值 $x(t)=0.5$、$y(t)=0.5$，因演化时间的逐渐增加，关键基础设施运营组织选择不对采购产品进行审核，供应商则倾向于提供低质量产品，这对公司而言是极为不利的，双方均将为系统的被入侵而付出一定代价。因此（0，1）为双方演化结果趋向。

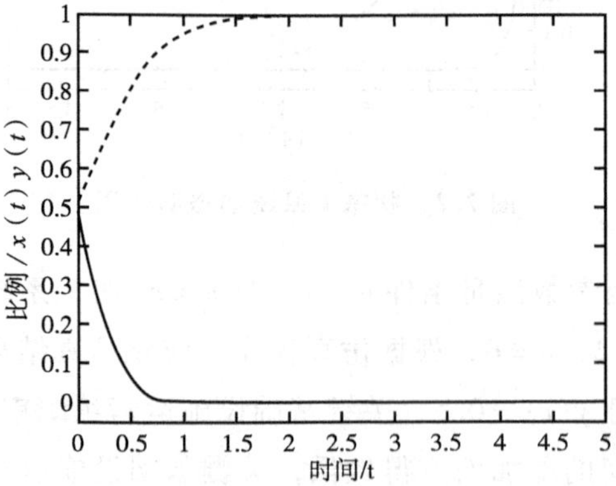

图7.4　状态3系统动态演化图

（4）状态 4：当参数满足条件 $m < m_0$ 且 $n > n_1$ 时，系统的演化稳定结果为（1，1），取值 $m = 2$，$n = 8$，根据仿真程序，演化仿真结果如图 7.5 所示。图 7.5 表明，因关键基础设施运营组织系统被侵入时需承担较小的损失，同时 IT 供应商存在较大的名誉损失，设定初始值 $x(t) = 0.2$ 且 $y(t) = 0.2$，关键基础设施运营组织将因渐大的演化时间而不检测审核采购的 IT 产品，IT 供应商倾向于无安全隐患的高质量产品，因此（1，1）为双方演化结果趋向。

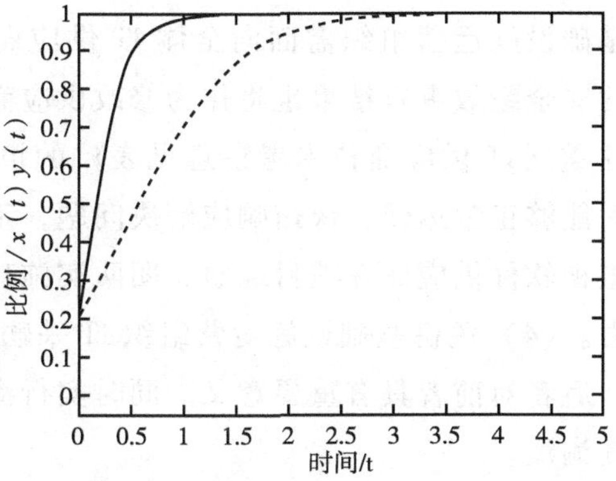

图 7.5　状态 4 系统动态演化图

7.5.2　对策分析

本章首先构建了关于 IT 供应商和其关键基础设施运营组织间的博弈模型，假定变量为关键基础设施运营组织采用存在网络安全隐患低质量产品时的损失和 IT 供应商提供低质量产品后的安全风险信誉损失分别讨论了不同情况下双方博弈的演化趋势，并通过仿真计算验证了结果。从以上分析可以看出，双方选择策略的博弈过程中，如果想要避免供应商逆向选择并使双方收益最大化，当 IT 供应商选择"提供无网络安全隐患的高质量 IT 产品"，关键基础设施运营组织选择"不审核检测采购的产品"时，可能为演化博弈最终的均衡点。在关键基础设施运营组织采购 IT 产品时，若因购买有安全隐患的低质量产品致使系统被侵入，则双方选择采购策略时的重要影响因素为关键基础设施运营组织所遭受的损失以及 IT 供应商需为此支付的安全风险信誉损失，因此在 IT

采购策略中需首先考虑对损失的管理控制。

对于关键基础设施运营组织来说，大部分公司没有制定足够的对于IT软件供应商的审查流程，为将这一风险降至最低，并使网络供应链被攻击的风险尽量减少，对于供应商，在IT采购过程中组织或部门需注意以下几个方面：(1) 关键基础设施运营组织需以所采购的产品、业务特点以及重要性作为依据建立完善IT供应商目录，在此基础上定期审查IT供应商的内部安全流程，已签订采购协议的供应商也包含于其中。(2) 除依赖市场口碑或是第三方机构的推荐外，关键基础设施运营组织需面向全体IT供应商制定统一的标准化的审核流程，每年的安全绩效审查结果也将作为修改供应商目录的依据，这极具必要性，同时应注重《IT供应商技术考察意见表》的填写。(3) 为确保公司在发生安全事故后能够正常运转，快速响应解决问题，不仅要重视供应商产品开发水平，更要重视软件供应商在项目经验、团队实施建设和售后服务与技术支持等方面的能力。(4) 关键基础设施运营组织IT采购决策因IT供应商的安全审查结果制定，后者对前者具有重要意义。同时实行淘汰机制，若供应商违反相关规定，则其淘汰。

对于IT供应商来说，他们既是IT产品的发布源头和供应渠道，也是网络供应链安全防护的核心主体，因此，有必要对其监督检查行为进行强化。如果一个公司专注于数据隐私安全和法规遵从性，就会更加注重IT采购过程中对安全的重视，供应商的整体安全专业水平或行业声誉与其安全检查和维修记录之间相关，所以对于专门的技术支持服务团队，供应商还需多加关注与配备，并考虑产品成本评估中的恢复成本，如果网络供应链因系统被侵入受损，其恢复成本超过提供低质量产品所获额外收益的概率将很大。侵入事件发生后，关键基础设施运营组织会重新考虑并估量其供应商的每一方面，导致供应商声誉受损，当该损失充分大时，为能获得与公司继续合作的机会，供应商将倾向于自我约束，选择提供高质量的产品。

7.6 本章小结

本章通过演化博弈和有限理性的基本假设构建出博弈模型，以现有的网络空间供应链安全（CSCS）风险作为研究依据，不仅阐述了网络空间供应商进行选择时的影响因素，还分析了基于四种不同环境下，关键基础设施部门与IT 供应商群体在软件采购环节中的策略选择和博弈演化状态。最终可以得到以下结论：第一，影响双方安全事件策略选择的主要因素为政府部门的损失及供应商的安全风险信誉损失；第二，若想实现网络空间供应链信息安全风险的降低，不仅关键基础设施部门需加强审查流程，网络空间供应商也需加强自律。

第 8 章

网络空间供应链风险检测及防御体系

8.1 问题描述

风险应对存在不同方法策略，包括风险规避、风险抵御、风险降低和风险承受。组织（包括关键基础设施运营者和 IT 供应商）应对风险过程中，常常会采取一定风险抵御手段，包括为信息系统建立外部入侵检测系统（NIDS）以及入侵防御系统（IPS）。入侵检测系统是软件和硬件的结合，具有控制系统的能力，可随时对网络系统漏洞、数据泄露和网络节点断裂进行监测，抵制威胁和非法访问行为，并发出警报。入侵防御系统，即分析过滤数据包，以防止黑客攻击和网站浏览等潜在威胁，只有符合条件的访问才能进入网络，并且具有修复网络漏洞的能力。供应链中各组织对于建立起入侵检测系统与入侵防御系统常常是独立或者重复的。由于各组织之间未能统一协调来组建起风险防御，这种情况下网络空间供应链建立其风险抵御系统的行为可能会造成不充足的资源浪费和资源投入，难以实现网络信息安全建设的最优化。

如今，大多数供应链企业的一些行为存在资源过度浪费、资源投入不足等问题，难以实现资源利用和网络安全的平衡。例如，在网络系统上有单独或重复的安全投资，或公司“搭便车”减少或不投资从而节约成本。要实现网络信息安全提升与资源投入之间的平衡，需监督网络入侵防御系统和入侵检测系统合理有效的成本投入，即根本解决办法是设计一种合理有效的投资协调机制，这也是提升网络安全的有效手段，反之，也对供应链组织的收益产生影响。故有必要对供应链中企业的信息安全投资协调机制进行研究，其出发点为供应链网络安全提升。所以，在第 7 章供应链成员准入控制研究基础上，本章我们从供应链网络信息安全水平提升角度探寻供应链信息安全中建立入侵检测系统以及入侵防御系统的投资协调机制。

8.2　模型及假设

考虑互联网背景下由零售商和供应商所组成二级供应链的网络系统，为实现网络空间供应链安全，零售商和供应商共同构建网络安全体系，该网络安全体系由入侵检测和入侵防御两部分子系统组成，假设如下：

假设 8-1：网络空间供应链安全事故，会造成零售商的损失为 L_R，供应商的损失 L_S。如果安全事故被入侵检测系统检测出，那么零售商和供应商会采取一定的保护和补救措施，其损失会降低为 αL_i（$0<\alpha<1$，$i=R$ 或 S），其中 α 为风险降级系数。

假设 8-2：网络空间安全事故发生的概率 $\theta(e_p)$ 是关于入侵防御投入水平 e_p 的递减凸函数，入侵检测系统成功检测的概率 $\phi(e_d)$ 是关于入侵检测投入水平 e_d 的递增凹函数，相对成本函数 $c_p(e_p)$、$c_d(e_d)$ 分别是关于投入水平 e_p、e_d 的递增凹函数。

假设 8-3：由零售商和供应商中的任何一个单独负责网络安全体系投资建设时，对入侵防御系统和入侵检测系统的相对投入成本是存在互补效应的，即能降低一部分成本投入。

假设 8-4：在互补效应下，网络空间供应链安全总成本为 $c_p(e_p)+c_d(e_d)-\rho f(e_p,e_d)$，其中 ρ 是入侵防御与入侵检测成本的互补影响因子。因此，始终满足：

$$c'_{pe_p}(e_p)>\rho f'_{e_p}(e_p,e_d)$$

$$c''_{pe_p}(e_p)>\rho f''_{e_p}(e_p,e_d)$$

$$c'_{de_d}(e_d)>\rho f'_{e_d}(e_p,e_d)$$

$$c''_{de_d}(e_d)>\rho f''_{e_d}(e_p,e_d)$$

假设 8-5：存在成本互补效应时，无论是供应商单独负责还是零售商单独负责两个子系统所得出的研究结论都是一样的，因此离散决策下假定为供应商单独负责。同理，不存在成本互补效应时，供应商负责入侵防御系统，零售商负责入侵检测系统。

假设 8-6：k 表示网络空间供应链安全事故没有被入侵检测系统检测出而被合作企业发现的比例，负责入侵检测系统的企业发现安全事故的比例为零。

假设 8-7：如果没有入侵防御系统的保护，供应链网络系统毫无安全弹性，则网络系统投资时会先投入入侵防御系统，然后才对入侵检测系统进行投入。零售商和供应商对供应链网络系统达到最优安全性时所需要的总投资会进行先预算。

8.3 集中决策下风险检测及风险防御体系

集中决策下的网络安全努力水准即是最优社会福利，指在供应链整体收益最高情况下，寻求对入侵检测系统和入侵防御系统的最优投入水平 e_p^*、e_d^*。集中决策下供应链最优收益为：

$$\begin{aligned}\max \pi = & -\theta(e_p)((L_S+L_R)-(1-\alpha)(L_S+L_R)(K+(1-k)\phi(e_d))) \\ & -c_p(e_p)-c_d(e_d)+\rho f(e_p,e_d)\end{aligned} \tag{8.1}$$

为了求得收益最大值，对 e_p，e_d 分别求导可得：

$$\begin{aligned}\left.\frac{\partial\pi}{\partial e_p}\right|_{e_p^*,e_d^*} = & -\theta'_{e_p}(e_p^*)((L_S+L_R)-(1-\alpha)(L_S+L_R)(K+(1-k)\phi(e_d))) \\ & -c'_p(e_p^*)+\rho f'_{e_p}(e_p,e_d)=0\end{aligned} \tag{8.2}$$

$$\begin{aligned}\left.\frac{\partial\pi}{\partial e_d}\right|_{e_p^*,e_d^*} = & \theta_{e_p}(e_p^*)\phi'_{e_d}(e_d^*)(L_S+L_R)(1-\alpha)(1-k)-c'_d(e_p^*) \\ & +\rho f'_{e_d}(e_p^*,e_d^*)=0\end{aligned} \tag{8.3}$$

其中，e_p^*，e_d^* 分别表示入侵防御及入侵检测的最优投入水平。

8.4　离散决策下风险检测及风险防御体系

离散决策下，根据假设 8 - 5 考虑由供应商单独负责供应链网络安全建设投资，由假设 8 - 3 可知供应链网络安全体系建设投入成本存在互补效应。该机制下有两部分决策要素。

（1）供应链网络安全体系构建前供应商和零售商投入的启动资金为 F_S^S，F_R^S。

（2）网络空间供应链安全事故发生而入侵检测系统没有检测出且为其责任范围之内的，则供应商会受到惩罚 p^S；如果入侵检测子系统提前检测出安全事故，降低损失，则对其惩罚为 $(1-\tau)p^S$，其中 τ 为惩罚降级系数。

m 为供应商对安全事件负责的概率，$0 \leqslant m \leqslant 1$，当供应商负责的概率为零时，零售商和供应商的合作可能终止，并涉及法律官司问题，这不在研究范围之内，因此不予考虑。

该模型下 IT 供应商和关键基础设施运营者的效用函数为：

$$\begin{aligned}\pi_s = {} & F_R - F_S - \theta(e_p)pm(k+(1-\tau)(1-k)\phi(e_d)) - c_p(e_p) - c_d(e_d) \\ & - \theta(e_p)(L_S - L_S(1-\alpha)(k+(1-k)\phi(e_d))) + \rho f(e_p, e_d)\end{aligned} \tag{8.4}$$

$$\begin{aligned}\pi_R = {} & -F_R - \theta(e_p)[L_R - (L_R(1-\alpha)+pm)k - (L_R(1-\alpha) \\ & + (1-\tau)pm)(1-k)\phi(e_d)]\end{aligned} \tag{8.5}$$

根据假设条件 $c'_{pe_p}(e_p) > \rho f'_{e_p}(e_p, e_d)$，$c'_{de_d}(e_d) > \rho f'_{e_d}(e_p, e_d)$ 可以分别得到：

$$\begin{aligned}\frac{\partial \pi_s}{\partial e_p} = {} & -\theta'_{e_p}(e_p)pm(k+(1-\tau)(1-k)\phi(e_d)) - c'_{e_p}(e_p) + \rho f'_{e_p}(e_p, e_d) \\ & - \theta'_{e_p}(e_p)(L_S - L_S(1-\alpha)(k+(1-k)\phi(e_d))) < 0\end{aligned} \tag{8.6}$$

$$\begin{aligned}\frac{\partial \pi_s}{\partial e_d} = {} & -\theta(e_p)pm(1-\tau)(1-k)\phi'_{e_d}(e_d) - L_S(1-\alpha)(1-k)\phi'_{e_d}(e_d) \\ & - c'_d(e_d) + \rho f'_{e_d}(e_p, e_d) < 0\end{aligned} \tag{8.7}$$

此时，IT 供应商决策投入网络入侵防御系统和入侵检测系统，以实现最大化的收益。对于关键基础设施运营者和 IT 供应商共同构建而成的网络系统，最初应将资金投于入侵防御系统，以此强化防火墙，并通过升级软硬件来使网络系统的安全性得以确保，然后投资于入侵检测系统，加强对网络系统出现的入侵事件、网络漏洞以及其他存在的网络信息安全问题的监控。

推论 8 -1：$\lim\limits_{\pi_s \to \infty} e_p = 0$ 且 $e_p > 0$，$e_d = 0$ 则 $\phi(e_d) = 0$。

推论 8 -1 指出，当入侵防御系统和入侵检测系统由 IT 供应商负责时，IT 供应商不仅将较少的资金投于入侵防御系统，而且也不愿意对入侵检测系统进行投资。究其原因，入侵检测系统的检测能力会随资金投入的增加而增强，因此越来越多的网络信息安全事故可被检测到，赔偿给关键基础设施运营者也就越多，从而降低了 IT 供应商的收益。这种情况下，IT 供应商和关键基础设施运营者的效用函数可表示为：

$$\pi_s = F_R - \theta(e_p)(pmk + L_S - L_S(1-\alpha)k) - c_p(e_p) \tag{8.8}$$

$$\pi_R = -F_R - \theta(e_p)[L_R - (L_R(1-\alpha) + pm)k] \tag{8.9}$$

关键基础设施运营者也为了实现自身最大化收益，则此时效用最优问题变为：

$$\frac{\max \pi_R}{F_R, p} = -F_R - \theta(e_p)[L_R - (L_R(1-\alpha) + pm)k] \tag{8.10}$$

$$\text{s.t.} \ -\theta'_{e_p}(e_p)(p_s mk + L_S - L_S k(1-\alpha)) - c'_{pe_p}(e_p) = 0 \tag{8.11}$$

$$F_R - \theta(e_p)(p_s mk + L_S - L_S k(1-\alpha)) - c_p(e_p) \geqslant \zeta \tag{8.12}$$

其中式（8.10）指 IT 供应商关于入侵防御投入 e_p 的约束，式（8.11）指 IT 供应商愿意接受网络系统维护的最小收益期望 ζ。

定理 8 -1：IT 供应商单独负责安全体系构建的投资机制下解的性质：

（1）$p_s = \dfrac{L_R(1 + \alpha k - k)}{mk}$；

（2）$F_S^R = F_s + \theta(e_p^1)(L_R(1 - k(1-\alpha)) + L_S - L_S k(1-\alpha)) + c_p(e_p^1) + \zeta$。

根据定理 8 -1 得到推论 8 -2：

推论 8 -2：$\delta = \theta(e_p^1)(L_R(1 - k(1-\alpha)) + L_S - L_S k(1-\alpha)) + c_p(e_p^1) + \zeta$

证明：设 λ，μ 为拉格朗日因子，构造拉格朗日函数如下：

$$\begin{aligned} L_s = & -F_R - \theta(e_p)[L_R - (L_R(1-\alpha) + pm)k] \\ & + \lambda[-\theta'_{e_p}(e_p)(pmk + L_S - L_S k(1-\alpha)) - c'_{pe_p}(e_p)] \\ & + \mu[F_R - F_S - \theta(e_p)(pmk + L_S - L_S k(1-\alpha)) - c_p(e_p) - \zeta] \end{aligned} \tag{8.13}$$

一阶求导可得：

$$\frac{\partial L_s}{\partial F_R} = -1 + \mu = 0 \tag{8.14}$$

$$\frac{\partial L_s}{\partial p} = mk(\theta(e_p) - \lambda\theta'_{e_p}(e_p) - \mu\theta(e_p)) = 0 \tag{8.15}$$

$$\frac{\partial L_s}{\partial \lambda} = -\theta'_{e_p}(e_p)(pmk + L_S - L_S k(1-\alpha)) - c'_{pe_p}(e_p) = 0 \tag{8.16}$$

$$\frac{\partial L_s}{\partial \mu} = F_R - \theta(e_p)(pmk + L_S - L_S k(1-\alpha)) - c_p(e_p) - \zeta = 0 \tag{8.17}$$

将式（8.13）中所得的 $\mu=1$ 代入式（8.14），推出 $\lambda=0$，后再将两者都代入式（8.12）中，可得出：

$$L = -F_S - c_p(e_p) - \zeta - \theta(e_p)(L_S + L_R)(1 - k(1-\alpha)) \tag{8.18}$$

由式（8.17）对 e_p 求导可得：

$$-c'_{pe_p}(e_p^1) - \theta'_{e_p}(e_p^1)(L_S + L_R)(1 - k(1-\alpha)) = 0 \tag{8.19}$$

联立式（8.18）与式（8.10）可得：

$$p_S = \frac{L_R(1 - k(1-\alpha))}{mk} \tag{8.20}$$

将其代入式（8.15）可以得出：

$$F_S^R = F_S + \theta(e_p^1)(L_R(1 - k(1-\alpha)) + L_S - L_S k(1-\alpha)) - c_p(e_p^1) + \zeta$$

即可得：$\delta = \theta(e_p^1)(L_R(1 - k(1-\alpha)) + L_S - L_S k(1-\alpha)) - c_p(e_p^1) + \zeta$

证毕。

从定理 8－1 中可以看出，关键基础设施运营者对 IT 供应商最优的惩罚额与自身的损失额度 L_R 和降级系数 α 存在正相关关系，与 IT 供应商对事件负责的概率 m 和关键基础设施运营者对网络事故发现的比例 k 则存在负相关关系。定理 8－1 还表明，关键基础设施运营者遭受的损失会随 L_R 和 α 的增加而增加，同时为对关键基础设施运营者的损失进行弥补，IT 供应商的惩罚也会随之增大。定理 8－1 指出，IT 供应商为减少自身惩罚会主动承担入侵网络信息安全事故的责任，从而有效降低关键基础设施运营者的损失；可以看出，当在网络信息安全维护中寻求合作组织时，供应链组织应将相关结论互相结合起来，综合考虑。

从定理 8－1 中可看出，为节省资金 F_S，对于入侵检测系统 IT 供应商拒绝投资，而对于入侵防御系统则会加大资金投入，由此 IT 供应商在这方面的投入要比网络信息安全努力水准的最优投入高，从而导致资源无法实施合理有效利用。分析推论 8－2，关键基础设施运营者能够准确得知 IT 供应商与自身关于资金投资上的数目差距（即少投入的数目），以此作为后期赔偿的法律依据。总而言之，对于由 IT 供应商单独负责安全体系构建的投资机制，供应链整体收益最优化无法得到实现。上述结论同样适用于单独负责网络空间供应链安全（CSCS）体系投资构建的关键基础设施运营者，因此不再赘述。

8.5　合作决策下风险检测及风险防御体系

对于 IT 供应商单独负责安全体系构建的投资机制，其不足之处在于 IT 供应商一方面对于入侵检测系统投入过少，另一方面对于入侵防御系统又投入过剩，难以达到平衡。为了使这种投资机制得到改善，假设两部分子系统由关键基础设施运营者和 IT 供应商分别承担责任，因入侵防御系统由 IT 供应商负责，入侵检测系统由关键基础设施运营者负责，显而易见，此时无法达到成本互补效应，所以 $\rho f(e_p, e_d)=0$，其他变量所代表的含义保持一定。因没有成本互补，很明显，IT 供应商和关键基础设施运营者分别对于两部分子系统的投入成本要高于由 IT 供应商单独负责时的情况，假定 φ 和 η 分别为 IT 供应商和关键基础设施运营者对入侵防御系统投入成本增加的比例，则 $(1+\varphi)c_p(e_p)$、$(1+\eta)c_d(e_d)$ 表示两部分子系统的投入成本。IT 供应商和关键基础设施运营者的收益效用函数可分别表示为：

$$\begin{aligned}\pi_{SR}^{S}=&F_R-F_S-\theta(e_p)pm(k+(1-k)\phi(e_d))-(1-\varphi)c_p(e_p)\\&-\theta(e_p)(L_S-L_S(1-\alpha)(k+(1-k)\phi(e_d)))\end{aligned}\tag{8.21}$$

$$\begin{aligned}\pi_{SR}^{R}=&-F_R-\theta(e_p)(L_R-(L_R(1-\alpha)+pm)(k+(1-k)\phi(e_d)))\\&-(1+\eta)c_d(e_d)\end{aligned}\tag{8.22}$$

维护一个系统的安全，首先要投资入侵防御系统，若入侵防御系统足够的强大和安全，入侵检测系统的相对价值就会很低，因此 IT 供应商投资入侵防御系统后，关键基础设施运营者将追求自身的最大化利益，在这种情况下，最优化问题可通过如式（8.23）表示：

$$\frac{\max\pi_{SR}^{R}}{F_R p e_d} = -\theta(e_p)(L_R - (L_R(1-\alpha) + pm)(k + (1-k)\phi(e_d)))$$
$$-(1+\eta)c_d(e_d) - F_R \tag{8.23}$$

s. t.

$$-\theta'_{e_p}(e_p)pm(k+(1-k)\phi(e_d^*)) - (1+\varphi)c'_{pe_p}(e_p)$$
$$-\theta'_{e_p}(e_p)(L_S - L_S(1-\alpha))(k+(1-k)\phi(e_d^*))) = 0$$
$$F_R - F_S - \theta(e_p)pm(k+(1-k)\phi(e_d^*)) - (1+\varphi)c_p(e_p)$$
$$-\theta(e_p)(L_S - (L_S(1-\alpha))(k+(1-k)\phi(e_d^*))) \geqslant \zeta \tag{8.24}$$

定理 8－2：IT 供应商与关键基础设施运营者共同负责安全体系建设的投资机制解的性质：

（1）$p_{RS} = \dfrac{L_R - L_R(1-\alpha)(k+(1-k)\phi(e_d))}{m(k+(1-k)\phi(e_d))}$；

（2）$F_{RS}^{R} = \theta(e_p)(k+(1-k)\phi(e_d))(L_S + L_R)(1-(k+(1-k)(1-\alpha)\phi(e_d))) + (1+\varphi)c_p(e_p) + \zeta + F_S$。

证明：假定拉格朗日因子由 λ，μ 表示，以此构造拉格朗日函数：

$$L_{RS} = -F_R - \theta(e_p)(L_R - (L_R(1-\alpha) + pm)(k+(1-k)\phi(e_d^*)))$$
$$-(1+\eta)c_d(e_d^*) - \lambda\theta'_{ep}(e_p)((L_S - L_S(1-\alpha)(k+(1-k)\phi(e_d^*)))$$
$$+pm(k+(1-k)\phi(e_d^*))) - \lambda(1+\varphi)c'_{pep}(e_p)$$
$$+\mu(F_R - F_S - \theta(e_p)pm(k+(1-k)\phi(e_d^*)) - \zeta$$
$$-\theta(e_p)(L_S - (L_S(1-\alpha))(k+(1-k)\phi(e_d^*))))$$
$$-\mu(1+\varphi)c_p(e_p) \tag{8.25}$$

一阶条件如下：

$$\frac{\partial L_{RS}}{\partial F_R} = -1 + \mu = 0 \tag{8.26}$$

$$\frac{\partial L_{RS}}{\partial p} = m(k+(1-k)\phi(e_d))(\theta(e_p) + \lambda\theta'(e_p) - \mu\theta(e_p)) = 0 \tag{8.27}$$

$$\frac{\partial L_{RS}}{\partial \lambda} = -\theta'_{ep}(e_p)((L_S - L_S(1-\alpha)(k+(1-k)\phi(e_d)))$$
$$+pm(k+(1-k)\phi(e_d))) - (1+\varphi)c'_{pe_p}(e_p) = 0 \tag{8.28}$$

$$\frac{\partial L_{RS}}{\partial \mu} = F_R - F_S - \theta(e_p)pm(k + (1 - k)\phi(e_d)) - (1 + \varphi)c_p(e_p)$$
$$-\zeta - \theta(e_p)(L_S - L_S(1 - \alpha)(k + (1 - k)\phi(e_d^*))) = 0 \quad (8.29)$$

根据式（8.26）可得出 $\mu = 1$ 并代入式（8.27）可以推出 $\lambda = 0$，此时式（8.25）可变为：

$$L_{RS} = -\theta(e_p)(pm - L_S(1 - \alpha) - (L_R(1 - \alpha) + pm))(k + (1 - k)\phi(e_d))$$
$$-(1 + \eta)c_d(e_d) - (1 + \varphi)c_p(e_p) - \zeta - \theta(e_p)(L_S + L_R) \quad (8.30)$$

对 e_p，e_d 求导可得：

$$-\theta'_{e_p}(e_p^2)(L_S + L_R - (1 - \alpha)(L_S + L_R)(k + (1 - k)\phi(e_d^2))) - (1 + \varphi) c'_{pe_p}(e_p^2) = 0 \quad (8.31)$$

$$\theta(e_p^2)(L_R(1 - \alpha) + pm)(k + (1 - k)\phi'_{e_d}(e_d^2)) - (1 + \eta)c'_{de_d}(e_d^2) = 0 \quad (8.32)$$

由式（8.31）与式（8.28）联立求得：

$$p_{RS} = \frac{L_R - L_R(1 - \alpha)(k + (1 - k)\phi(e_d))}{m(k + (1 - k)\phi(e_d))} \quad (8.33)$$

将式（8.33）代入式（8.29）得到：

$$F_{RS}^R = \theta(e_p)(k + (1 - k)\phi(e_d))(L_S + L_R)(1 - (k + (1 - k)(1 - \alpha)\phi(e_d)))$$
$$+ (1 + \varphi)c_p(e_p) + \zeta + F_S$$

证毕。

推论 8－3：当 $\varphi > 0$，$\eta > 0$，$\sigma > 0$ 时，$e_p < e_p^*$，$e_d < e_d^*$，$p_{RS} < p_S$。

通过定理 8－2 和推论 8－3 可知供应商零售商共同负责供应链安全体系构建时，入侵防御系统和入侵检测系统的投入成本互补性消失。此时负责入侵防御系统的供应商受到的惩罚额小于离散决策下供应商单独负责网络安全体系构建时的惩罚额。最优惩罚额与入侵检测概率呈负相关。零售商为了追求自身利益最大化，考虑到供应商受到的惩罚会弥补损失，则会减少对入侵检测系统的投入，供应商为了追求自身利益最大化也会减少对入侵防御系统的投入。从而使入侵防御和入侵检测系统的投入都小于网络安全最优水准下的投入，此时供应链整体收益必然不会达到社会福利最优。

根据假设 8－5，供应商负责入侵防御和零售商负责入侵检测系统所得的结论同样适用于供应商负责入侵检测和零售商负责入侵防御的情况，因此对后一种情况不再赘述。

8.6　风险检测及防御体系构建协调机制

供应商单独构建和供应商零售商共同构建两种情况下的投资策略均达不到社会福利最优水平。考虑到式（6.2）和式（6.3）时，由于都存在 $\rho f'_{e_p}(e_p^*, e_d^*)$，显然网络安全投资要达到社会福利最优，对入侵防御和入侵检测系统的成本投入需存在互补效应，因此只需对离散决策下供应商单独负责网络安全构建投资策略进行协调改进。假设供应商对负责范围内的网络安全事故检测出则给予其一定的奖励 b。那么基于惩罚奖励下供应商和零售商的收益函数分别为：

$$\pi_b^S = F_R - F_S - \theta(e_p)pmk + \theta(e_p)R(1-k)\phi(e_d) - c_p(e_p) - c_d(e_d) - \theta(e_p)(L_S - L_S(1-\alpha)k - L_S(1-\alpha)(1-k)\phi(e_d))) + \rho f(e_p, e_d) \tag{8.34}$$

$$\pi_b^R = -F_R - \theta(e_p)(L_R - (L_R(1-\alpha) + pm)k - (L_R(1-\alpha) - R)(1-k)\phi(e_d)) \tag{8.35}$$

此时，最优化问题变为：

$$\frac{\max \pi_b^R}{F_R pR} = -F_R - \theta(e_p)(L_R - (L_R(1-\alpha) + pm)k - (L_R(1-\alpha) - R)(1-k)\phi(e_d)) \tag{8.36}$$

s. t.

$$F_R - F_S - \theta(e_p)pmk + \theta(e_p)R(1-k)\phi(e_d) - c_p(e_p) - c_d(e_d) - \theta(e_p)(L_S - L_S(1-\alpha)k - L_S(1-\alpha)(1-k)\phi(e_d))) + \rho f(e_p, e_d) \geqslant \zeta \tag{8.37}$$

$$\theta(e_p)b(1-k)\phi'_{e_d}(e_d) + \theta(e_p)L_1(1-\alpha)(1-k)\phi'_{e_d}(e_d) - c'_{de_d}(e_d) + \rho f'(e_p, e_d) = 0 \tag{8.38}$$

定理 8 -3：协调机制下解的性质：

（1）$b = L_R(1-\alpha)$，$p_b = \dfrac{L_R - L_R k(1-\alpha)}{mk}$；

（2）$F_b^R = F_s + \theta(e_p)(2L_1 - L_1(1-\alpha)k - (k + (1-k)\phi(e_d))\alpha(L_S + L_R)) + c_p(e_p) + c_d(e_d) + \zeta - \rho f(e_p, e_d)$。

证明：设 λ，ζ，μ 为拉格朗日因子，构造拉格朗日函数如下：

$$\begin{aligned}L_b = & -F_R-\theta(e_p)(L_R-(L_R(1-\alpha)+pm)k-(L_R(1-\alpha)-b)(1-k)\phi(e_d)) \\ & +\lambda(-\theta'_{e_p}(e_p)(b(1-k)\phi(e_d)-pmk-L_S \\ & +L_S(1-\alpha)(k+(1-k)\phi(e_d)))-c'_{pe_p}(e_p)+\rho f'(e_p,e_d)) \\ & +\zeta(\theta(e_p)b(1-k)\phi'_{e_d}(e_d)+\rho f'(e_p,e_d)-c'_{de_d}(e_d) \\ & +\theta(e_p)L_S(1-\alpha)(1-k)\phi'_{ed}(e_d))+\mu(F_R-F_S-\theta(e_p)pmk \\ & +\theta(e_p)R(1-k)\phi(e_d)-c_p(e_p)-c_d(e_d) \\ & -\theta(e_p)(L_S-L_S(1-\alpha)k-L_S(1-\alpha)(1-k)\phi(e_d))) \\ & +\rho f(e_p,e_d)-\zeta)\end{aligned} \tag{8.39}$$

一阶条件如下：

$$\frac{\partial L_b}{\partial F_R}=-1+\mu=0 \tag{8.40}$$

$$\frac{\partial L_b}{\partial p}=mk\theta(e_p)+\lambda mk\theta'_{e_p}(e_p)-\mu\theta(e_p)mk=0 \tag{8.41}$$

$$\begin{aligned}\frac{\partial L_b}{\partial b}= & (1-k)(\phi'_{e_d}(e_d)\theta(e_p)\zeta-\lambda\phi(e_d)\theta'(e_p))+(1-k)\phi(e_d)\theta(e_p)(\mu-1) \\ = & 0\end{aligned} \tag{8.42}$$

$$\begin{aligned}\frac{\partial L_b}{\partial \lambda}= & -\theta'_{e_p}(e_p)(b(1-k)\phi(e_d)-pmk-L_S+L_S(1-\alpha)(k+(1-k)\phi(e_d)) \\ & -c'_{pe_p}(e_p)+\rho f'_{e_p}(e_p,e_d) \\ = & 0\end{aligned} \tag{8.43}$$

$$\begin{aligned}\frac{\partial L_b}{\partial \zeta}= & \theta(e_p)b(1-k)\phi'_{e_d}(e_d)+\theta(e_p)L_S(1-\alpha)(1-k)\phi'_{e_d}(e_d) \\ & -c'_{de_d}(e_d)+\rho f'_{e_d}(e_p,e_d) \\ = & 0\end{aligned} \tag{8.44}$$

$$\begin{aligned}\frac{\partial L_b}{\partial \mu}= & F_R-F_S-\theta(e_p)pmk+\theta(e_p)b(1-k)\phi(e_d)-c_p(e_p)-c_d(e_d) \\ & -\theta(e_p)(L_S-L_S(1-\alpha)k-L_S(1-\alpha)(1-k)\phi(e_d)))+\rho f(e_p,e_d)-\zeta \\ = & 0\end{aligned} \tag{8.45}$$

由式（8.40）推出 $\mu=1$ 代入式（8.41）推出 $\lambda=0$，然后将 $\mu=1$ 和 $\lambda=0$ 代入式（8.42）推出 $\zeta=0$，最后 $\mu=1$，$\lambda=0$ 和 $\zeta=0$ 都代入式（8.39）中化简得到：

$$L_b = -F_S - \theta(e_p)((L_S + L_R)(1-(1-\alpha)(k+(1-k)\phi(e_d)))) - c_p(e_p) - c_d(e_d) + \rho f(e_p, e_d) - \zeta \tag{8.46}$$

对 e_p，e_d 求导可得：

$$-\theta'_{e_p}(e_p^3)((L_S + L_R)(1-(1-\alpha)(k+(1-k)\phi(e_d^3)))) - c'_{pe_p}(e_p^3) + \rho f'_{e_p}(e_p^3, e_d^3) = 0 \tag{8.47}$$

$$\theta(e_p^3)(L_S + L_R)(1-\alpha)(1-k)\phi'_{e_d}(e_d^3) - c'_{de_d}(e_d^3) + \rho f'_{e_d}(e_p^3, e_d^3) = 0 \tag{8.48}$$

比较式（8.48）与式（8.44）可得：

$$b = L_R(1-\alpha) \tag{8.49}$$

这个结论说明，在设置奖励时，关键的基础设施运营商应该从成功入侵检测的角度切入，并将减少的损失考虑到奖励机制中，从而激励IT供应商增加对入侵检测系统的投资。联立式（8.43）、式（8.47）和式（8.49）可得应设的惩罚值为：

$$p_b = \frac{L_R - L_R(1-\alpha)k}{mk} \tag{8.50}$$

进一步，可得预先支付为：

$F_b^R = -\rho f(e_p, e_d) + \theta(e_p)(2L_S - L_S(1-\alpha)k - (k+(1-k)\phi(e_d))\alpha(L_S + L_R)) + c_p(e_p) + c_d(e_d) + F_R + \zeta$。

比较得出 $e_p = e_p^*$，$e_d = e_d^*$，说明入侵防御和检测系统是由IT供应商负责的，在奖惩机制下，IT供应商对系统的投入可以实现最高的社会福利，同时可以令供应链的整体效益实现社会最优。根据定理8-1、定理8-2以及定理8-3可得到：

推论8-4：

$p_S = p_b > p_{RS}, e_p^1 > e_p^3 > e_p^2, e_d^3 > e_d^2 > e_d^1, (\pi_b^S + \pi_b^R) > (\pi_{RS}^S + \pi_{RS}^R) > (\pi_S^S + \pi_S^R)$，

通过推论8-4可知：（1）离散决策下的供应商单独负责、供应商零售商共同负责和基于惩罚奖励下的供应商单独负责的三种投资机制中，基于奖励惩罚下的供应商单独负责安全构建的投资机制是最优的。（2）供应链企业相互合作时考虑到网络信息安全的重要性，应先考虑离散决策投资机制，因为对入侵防御系统成本投入越高，系统被成功入侵的概率越低。（3）供应链组织在合作时，为了可以掌握检测攻击数量以及是否需要升级网络系统的安全性，组织可以通过测试网络系统来实现，可以考虑基于奖惩机制下，

由一个组织负责网络信息安全系统构建协调机制，同时可以实现供应链的整体利益最大化。

8.7 本章小结

本章分析了关键基础设施运营组织与IT供应商为其网络空间供应链建立风险抵御的投资策略。研究结果表明，离散决策投资机制结果表明供应商追求收益最大化则对入侵防御系统的投入水平高于网络安全努力水准，而对入侵检测系统的投入水平低于网络安全努力水准，导致供应链整体收益达不到社会福利最优。为了协调这种投资情况，对供应商和零售商共同负责安全体系构建的情况展开探讨。由于两个企业都为了追求各自利益最大化，在入侵防御和入侵检测系统上的投入水平均达不到网络安全努力水准，供应链整体收益无法达到社会福利最优。通过比较分析这两种机制，并且基于由供应商单独负责构建的安全系统的投资策略，设计奖励和协调机制，保证入侵防御和检测系统的投资和供应链的整体效益能够达到社会福利最优。本章的研究只考虑包含一个零售商和一个供应商的二级网络系统，没有考虑多家公司竞争的投资调整机制。因此，后续研究将考虑整个供应链的企业共同投资协调机制，结合协调机制设计一个严格的供应链企业网络安全准入系统也是一个可行的研究方向。

第 9 章

网络空间供应链弹性能力建设

9.1 问题描述

风险控制除了规避风险、缓解风险外，还包括如何从风险中迅速恢复正常运营的能力，即风险弹性能力。由此，前面章节中我们分析了通过建立网络供应链成员准入机制以及建立侵入检测系统与侵入抵御系统之外，还需要建立网络空间供应链安全（CSCS）风险弹性能力。当其他组织遭遇黑客攻击、病毒入侵或其他组织的网络系统漏洞时，其关联组织将因信息、产品、资金和服务的整合将遭受更多的间接损失。一旦组织发生网络安全事件，将导致供应链中断，给组织带来严重损失。

本章对前面章节内容进行扩展，即考虑网络脆弱性、集成度、共享资源价值等因素对组织网络空间安全性和灵活性投资动机的影响。模型设定的网络空间供应链中，包括一个关键基础设施组织和与其形成数据交换信息共享的供应链伙伴。根据关键基础设施组织和供应链伙伴在供应链中所处不同地位，定义关键基础设施组织为领导组织，供应链伙伴为追随组织。因而领导者关键基础设施组织在网络空间安全的灵活投资方面，以下组织的供应链合作伙伴将根据其自身的成本最小化原则，对领先组织的投资策略做出相应的决策。本章比较分析了共享资源的价值对网络空间投资的安全性和灵活性的影响，提出了实现合作、增加供应链弹性的激励机制。

9.2 模型与假设

9.2.1 符号说明

本章涉及的参数符号解释如下，其中右下标 s、r 出现在参数变量中分别代表网络供应链体系中的关键基础设施运营机构和合作伙伴，右上标 t、c 分别表示 Stackelberg 博弈决策和古诺博弈决策中的结果，右上标 sc 表示集中决策时的结果。

为方便阅读，主要参数首先统一在表 9.1 中。

表 9.1　模型参数符号设定

参数符号	参数定义
L_s	关键基础设施运营组织需要保护的资产的价值
L_r	合作伙伴需要保护的资产的价值，且 $L_s > L_r$
y_s	关键基础设施运营组织在网络空间安全弹性方面的投资水平，$y_s > 0$
y_r	合作伙伴在网络空间安全弹性方面的投资水平，$y_r > 0$
z_s	关键基础设施运营组织投入的共享资源价值
z_r	合作伙伴投入的共享资源价值
q	CSCS 的脆弱性，且 $0 < q < 1$
β	供应链（关键基础设施运营组织和合作伙伴）的整合程度，$\beta \in [0, 1]$
φ_1	单位资源整合的成本
φ_2	供应链整合带来效益方面的正效用，$\varphi_1 > \varphi_2$
K_s	关键基础设施运营组织的总成本
K_r	合作伙伴的总成本

9.2.2 条件假设

基于问题描述和前面的假设，本章在模型中增加了以下假设：

假设 9－1：关键基础设施运营组织为了让龙头企业在网络空间安全、灵活投资和共享资源价值方面拥有更多话语权，并具备影响下游跟随者决策的潜力，合作伙伴就是跟随者，响应关键基础设施运营组织的决策。

假设 9－2：网络空间安全风险主要来自两个不同的方面：一种是直接的，由参与者自己的网络空间安全系统造成；另一种是间接的，因为互联网的脆弱性。参与者本身最直接网络空间安全取决于参与者本身的安全投资水平的大小，而间接网络空间安全取决于供应链中所有参与者的网络脆弱性。

假设 9－3：假设供应链中的关键基础设施运营组织直接面临网络空间安全风险，概率为 $\mathrm{P}(y_s, z_r) = \frac{1}{(y_s+1)(\beta z_r+1)}$，间接发生概率为 $q\mathrm{P}(y_r, z_s)$；合作伙伴直接遭受网络风险概率为 $\mathrm{P}(y_r, z_s) = \frac{1}{(y_r+1)(\beta z_s+1)}$，间接发生概率为 $q\mathrm{P}(y_s, z_r)$。

9.3　决策分析

本章主要研究内容为在供应链整合中关键基础设施运营组织和合作伙伴都有必要通过网络空间安全弹性投资和一定的资源共享来降低风险发生造成的损失，但是参与者之间共享资源也会增加一定的成本 $\varphi_1 z_s$ 和 $\varphi_1 z_r$，参与者在与对方共享资源和供应链整合中也可以获得自己的利益和安全水平。由此关键基础设施运营组织获得的正效用为 $\beta\varphi_2 z_r$，合作伙伴获得的正效用为 $\beta\varphi_2 z_s$。因此，基于上述假设，关键基础设施运营机构和合作伙伴的总成本为：

$$K_s = y_s + \mathrm{P}(y_s, z_r)L_s + q\mathrm{P}(y_r, z_s)L_s + \varphi_1 z_s - \beta\varphi_2 z_r \tag{9.1}$$

$$K_r = y_r + \mathrm{P}(y_r, z_s)L_r + q\mathrm{P}(y_s, z_r)L_r + \varphi_1 z_r - \beta\varphi_2 z_s \tag{9.2}$$

9.3.1　Stackelberg 博弈决策模型

在关键基础设施运营机构处于市场领先地位的情况下，关键基础设施运营机构与合作伙伴进行了一场 Stackelberg 博弈。决策博弈过程分为两个部分。第一部分，重点基础设施运营机构发挥领导作用，优先考虑自身投资水平 y_s^t 和共享资源价值 z_s^t 进行决策；第二部分，合作伙伴根据关键基础设施运营机构的决策，确定网络空间安全和弹性的最佳投资水平 y_r^t 和共享资源价值 z_r^t。基于逆向归纳的思想，关键基础设施运营组织预测合作伙伴的最优反应，并根据合作伙伴的最优决策，重新调整其对网络空间安全和弹性建设的投资策略。

对于追随者合作伙伴，他们在网络空间安全灵活投资决策的目标是最大限度地降低他们的安全成本，即：

$$\min K_r^t = y_r^t + \mathrm{P}(y_r^t, z_s^t) L_r + q\mathrm{P}(y_s^t, z_r^t) L_r + \varphi_1 z_r^t - \beta\varphi_2 z_s^t \tag{9.3}$$

对式（9.3）求一阶条件为：

$$\frac{\partial K_r^t}{\partial y_r^t} = 1 - \frac{L_r}{(y_r^t + 1)^2(\beta z_s^t + 1)} \tag{9.4}$$

$$\frac{\partial K_r^t}{\partial z_r^t} = -\frac{q\beta L_r}{(y_s^t + 1)(\beta z_r^t + 1)^2} + \varphi_1 \tag{9.5}$$

令 $\partial K_r^t / \partial y_r^t = 0$，$\partial K_r^t / \partial z_r^t = 0$ 求解得到：

$$y_r^t = \begin{cases} \sqrt{\dfrac{L_r}{(\beta z_s^t + 1)}} - 1, & z_s^t \leqslant (L_r - 1)/\beta \\ 0, & otherwise \end{cases} \tag{9.6}$$

$$z_r^t = \begin{cases} \dfrac{1}{\beta}\left(\sqrt{\dfrac{q\beta L_r}{\varphi_1(y_s^t + 1)}} - 1\right), & y_s^t \leqslant \dfrac{q\beta L_r}{\varphi_1} - 1 \\ 0, & otherwise \end{cases} \tag{9.7}$$

将上述结果代入关键基础设施运营组织成本函数可得：

$$\min K_s^t = y_s^t + \left(\sqrt{\frac{\varphi_1 L_s^2}{q\beta L_r}} - \sqrt{\frac{q\beta\varphi_2^2 L_r}{\varphi_1}}\right)\frac{1}{\sqrt{(y_s^t + 1)}} + \frac{qL_s}{\sqrt{L_r(\beta z_s^t + 1)}} + \varphi_1 z_s^t + \varphi_2 \tag{9.8}$$

对式（9.8）求一阶条件为：

$$\frac{\partial K_s^t}{\partial y_s^t} = 1 - \frac{1}{2}\left(\sqrt{\frac{\varphi_1 L_s^2}{q\beta L_r}} - \sqrt{\frac{q\beta\varphi_2^2 L_r}{\varphi_1}}\right)\frac{1}{\sqrt{(y_s^t + 1)^3}} \tag{9.9}$$

$$\frac{\partial K_s^t}{\partial z_s^t} = -\frac{1}{2}\frac{q\beta L_s L_r}{\sqrt{[(\beta z_s^t+1)L_r]^3}} + \varphi_1 \tag{9.10}$$

令$\partial K_s^t/\partial y_s^t = 0$，$\partial K_s^t/\partial z_s^t = 0$，求解关键基础设施运营组织的最优策略为：

$$y_s^t = \sqrt[3]{\frac{(\varphi_1 L_s - q\beta\varphi_2 L_r)^2}{4q\beta\varphi_1 L_r}} - 1 \tag{9.11}$$

$$z_s^t = \begin{cases} \frac{1}{\beta}\left(\sqrt[3]{\frac{q^2\beta^2 L_s^2}{4\varphi_1^2 L_r}} - 1\right), & L_r \leqslant \frac{q^2\beta^2 L_s^2}{4\varphi_1^2} \\ 0, & otherwise \end{cases} \tag{9.12}$$

将式（9.11）和式（9.12）分别代入式（9.7）和式（9.6）得到合作伙伴的最优策略为：

$$y_r^t = \begin{cases} \sqrt[3]{\frac{2\varphi_1 L_r^2}{q\beta L_s}} - 1, & L_s \leqslant \frac{2\varphi_1 L_r^2}{q\beta} \\ 0, & otherwise \end{cases} \tag{9.13}$$

$$z_r^t = \begin{cases} \frac{1}{\beta}\left(\sqrt[3]{\frac{2q^2\beta^2 L_r^2}{\varphi_1(\varphi_1 L_s - q\beta\varphi_2 L_r)}} - 1\right), & L_s \leqslant \frac{q\beta L_r(\varphi_1\varphi_2 + 2q\beta L_r)}{\varphi_1^2} \\ 0, & otherwise \end{cases} \tag{9.14}$$

结论9-1：关键基础设施运营机构和合作伙伴在网络空间安全和灵活建设方面的投资水平和共享资源价值与其自身资产价值呈正相关。被保护资产的价值越高，网络空间安全灵活性的投资水平和集成价值就越高；资产价值呈负相关。

证明：由式（9.11）可以得到$\frac{\partial y_s^t}{\partial L_s} > 0$，$\frac{\partial y_s^t}{\partial L_r} < 0$，由式（9.12）可以得到$\frac{\partial z_s^t}{\partial L_s} > 0$；$\frac{\partial z_s^t}{\partial L_r} < 0$；由式（9.13）可以得到$\frac{\partial y_r^t}{\partial L_r} > 0$，$\frac{\partial y_r^t}{\partial L_s} < 0$，由式（9.14）可以得到$\frac{\partial z_r^t}{\partial L_r} > 0$，$\frac{\partial z_r^t}{\partial L_s} < 0$。证毕。

结论9-1表明，供应链的所有参与者需要保护的资产价值越大，网络空间安全事件造成的供应链损失就越高。正是因为如此，重点基础设施运营机构和合作伙伴的投资意愿将增加。投资水平和共享资源价值相应提升；当参与者自身资产价值不变而对方资产价值下降时，双方资产价值的差距就会扩大。显然，参与者资产价值高的公司对犯罪分子更具吸引力。

结论 9－2：关键基础设施运营机构和共事的同伴的网络空间安全弹性投资水平随着网络脆弱性的增加而有所下滑；共享资源的价值随着网络脆弱性的增加而不断增大。

证明：令 $H_1 = 1 - \frac{1}{2}\left(\sqrt{\frac{\varphi_1 L_s^2}{q\beta L_r}} - \sqrt{\frac{q\varphi_2^2 L_r}{\beta\varphi_1}}\right)\frac{1}{\sqrt{(y_s^t + 1)^3}}$

$$\frac{\partial y_s^t}{\partial q} = -\frac{\partial H_1/\partial q}{\partial H_1/\partial y_s^t} = -\frac{(2q\beta L_r + 1)}{q\sqrt[3]{(\varphi_1 L_s - q\beta L_r)q\beta\varphi_1 L_r}} < 0 \tag{9.15}$$

令 $H_2 = \varphi_1 - \frac{1}{2}\frac{qL_sL_r\beta}{\sqrt{[(\beta z_s^t + 1)L_r]^3}}$

$$\frac{\partial z_s^t}{\partial q} = -\frac{\partial H_2/\partial q}{\partial H_2/\partial z_s^t} = \frac{1}{3}\sqrt[3]{\frac{2\beta^2 L_s^2}{q\varphi_1^2 L_r^2}} > 0 \tag{9.16}$$

同理可以得到：

$$\frac{\partial y_r^t}{\partial q} = -\frac{1}{3q}\sqrt[3]{\frac{2\varphi_1 L_r^2}{q\beta L_s}} < 0 \tag{9.17}$$

$$\frac{\partial z_r^t}{\partial q} = \sqrt[3]{\frac{2L_r^2}{q\beta\varphi_1(\varphi_1 L_s - q\varphi_2 L_r)}} > 0 \tag{9.18}$$

Stackelberg 博弈中，合作伙伴是跟随者，可以预测关键基础设施运营机构的网络空间安全弹性投资水平的大小会随着网络脆弱性的不断增加而有所下降，关键基础设施运营机构投资水平的降低将导致整个网络化供应链，这是很危险的。随着脆弱性的增加，合作伙伴的投资意愿也减弱，导致投资水平下降。同时，由于供应链参与者共享资源可以提高网络空间安全的管理水平，每一个参加的对象对共享资源的投入也会增加。

结论 9－3：随着关键基础设施运营组织共享资源价值的增加，合作伙伴的网络空间安全灵活性投资水平下降。当 $z_s^t > (L_r - 1)/\beta$ 时，合作伙伴的网络空间安全弹性投资水平为 0。

证明：令 $M = 1 - \frac{L_r}{(y_r^t + 1)^2(\beta z_s^t + 1)}$

$$\frac{\partial y_r^t}{\partial z_s^t} = -\frac{\partial M/\partial z_s^t}{\partial M/\partial y_r^t} = -\frac{\beta(y_r^t + 1)}{2(\beta z_s^t + 1)} < 0 \tag{9.19}$$

证毕。

结论 9 - 3 表明，当关键基础设施运营组织的共享资源价值足够高时，供应链的整体安全管理水平也将得到提高。合作伙伴将放弃对网络空间安全灵活性的投资，以节省成本。在“搭便车”效应下，合作伙伴共享资源的价值为零。

结论 9 - 4：关键基础设施运营机构和合作伙伴的网络空间安全弹性投资水平与供应链的整合程度成反比；共享资源的价值与共享单位成本成反比。

证明：由式（9.11）可以得到$\frac{\partial y_s^t}{\partial \beta}<0$；由式（9.13）可以得到$\frac{\partial y_r^t}{\partial \beta}<0$；由式（9.12）可以得到$\frac{\partial z_s^t}{\partial \varphi_1}<0$；由式（9.14）可以得到$\frac{\partial z_r^t}{\partial \varphi_1}<0$。证毕。

9.3.2　Cournot 博弈决策模型

假设在 Cournot 博弈中关键基础设施运营组织和合作伙伴地位相同，双方同时做出决策。在这个博弈过程中，关键基础设施运营机构和合作伙伴的策略是在满足约束的前提下，选择最小化网络空间投资的安全性和灵活性以及最佳共享资源价值，从而使自身成本最小化。

在其他条件不变的情况下，采用古诺博弈模型分析结果，结果如下：

$$y_s^c=\sqrt[3]{\frac{\varphi_1 L_s^2}{q\beta L_r}}-1 \tag{9.20}$$

$$z_s^c=\begin{cases}\frac{1}{\beta}\left(\sqrt[3]{\frac{q^2\beta^2 L_s^2}{\varphi_1^2 L_r}}-1\right), & L_r<q^2\beta^2 L_s^2/\varphi_1^2\\ 0, & otherwise\end{cases} \tag{9.21}$$

$$y_r^c=\begin{cases}\sqrt[3]{\frac{\varphi_1 L_r^2}{q\beta L_s}}-1, & L_s<\varphi_1 L_r^2/q\beta\\ 0, & otherwise\end{cases} \tag{9.22}$$

$$z_r^c=\begin{cases}\frac{1}{\beta}\left(\sqrt[3]{\frac{q^2\beta^2 L_r^2}{\varphi_1^2 L_s}}-1\right), & L_s<q^2\beta^2 L_r^2/\varphi_1^2\\ 0, & otherwise\end{cases} \tag{9.23}$$

结论 9－5：在古诺博弈中，关键基础设施运营机构和合作伙伴的网络空间安全弹性投资水平随着网络脆弱性和集成度的增加而降低。

证明：由式（9.20）可以得到$\frac{\partial y_s^c}{\partial q}<0, \frac{\partial y_s^c}{\partial \beta}<0$；

由式（9.22）可以得到$\frac{\partial y_r^c}{\partial q}<0, \frac{\partial y_r^c}{\partial \beta}<0$。

证毕。

结论 9－5 揭示了网络漏洞对网络空间安全的不利影响，以及关键基础设施运营组织和合作伙伴的灵活投资动机。当其他条件不变时，网络脆弱性越高，供应链中网络空间安全风险的概率就越大。然而事实是，增加投资不会降低安全风险。每一个参与者对安全风险的投资意愿将减弱，对网络空间安全和灵活性的投资水平也将有所下滑。和上述相同，当供应链处于高度集成状态时，增加投资不会提高供应链的整体安全风险管理水平，每一个参与者也会降低安全投资水平。

9.3.3 对比分析

通过比较两种不同博弈模型下的决策策略，可以清楚得到 Stackelberg 博弈中网络空间安全柔性中关键基础设施运营组织的投资水平和共享资源价值低于古诺博弈决策，即 $y_s^t<y_s^c$，$z_s^t<z_s^c$；合作伙伴对网络空间安全灵活性的投入和斯塔克尔伯格博弈中共享资源的价值均高于古诺博弈决策的投入，即 $y_r^t>y_r^c$，$z_r^t>z_r^c$。

可见，由于关键基础设施运营机构和合作伙伴在供应链网络中的位置不同，双方在网络空间安全投资和共享资源投资方面有着不同的愿望。处于领先地位的关键基础设施运营机构可以充分利用自身优势，合理选择最优的网络空间安全和灵活的投资与资源整合策略。追随者对领导者的战略有一定程度的依赖，合作伙伴只能依靠关键基础设施运营组织的决策来选择其最优投资决策战略。

9.4 合作博弈情形

如果供应链中的关键基础设施运营组织和合作伙伴能够在网络空间安全弹性投资和共享资源价值方面达成协议，也就是说他们共同决定投资水平 y_s^{sc} 和 y_r^{sc}、共享资源价值 z_s^{sc} 和 z_r^{sc}，那么在这种情形下供应链整体的期望最小成本为 $K^{sc}=K_s^{sc}+K_r^{sc}$，即

$$\min K^{sc}=y_s^{sc}+y_r^{sc}+\frac{1}{(y_s^{sc}+1)(\beta z_r^{sc}+1)}(L_s+qL_r)+\frac{1}{(y_r^{sc}+1)(\beta z_s^{sc}+1)}(qL_s+L_r)$$
$$+(\varphi_1-\beta\varphi_2)(z_s^{sc}+z_r^{sc}) \tag{9.24}$$

求一阶条件为：

$$\frac{\partial K^{sc}}{\partial y_s^{sc}}=1-\frac{L_s+qL_r}{(y_s^{sc}+1)^2(\beta z_r^{sc}+1)}=0 \tag{9.25}$$

$$\frac{\partial K^{sc}}{\partial z_s^{sc}}=-\frac{\beta(qL_s+L_r)}{(y_r^{sc}+1)(\beta z_s^{sc}+1)^2}+\varphi_1-\beta\varphi_2=0 \tag{9.26}$$

$$\frac{\partial K^{sc}}{\partial y_r^{sc}}=1-\frac{qL_s+L_r}{(y_r^{sc}+1)^2(\beta z_s^{sc}+1)}=0 \tag{9.27}$$

$$\frac{\partial K^{sc}}{\partial z_r^{sc}}=-\frac{\beta(L_s+qL_r)}{(y_s^{sc}+1)(\beta z_r^{sc}+1)^2}+\varphi_1-\beta\varphi_2=0 \tag{9.28}$$

联立式（9.25）、式（9.26）、式（9.27）、式（9.28），求解得：

$$y_s^{sc}=\sqrt[3]{\frac{(\varphi_1-\beta\varphi_2)(L_s+qL_r)}{\beta}}-1 \tag{9.29}$$

$$z_s^{sc}=\frac{1}{\beta}\left(\sqrt[3]{\frac{\beta^2(L_r+qL_s)}{(\varphi_1-\beta\varphi_2)^2}}-1\right) \tag{9.30}$$

$$y_r^{sc}=\sqrt[3]{\frac{(\varphi_1-\beta\varphi_2)(L_r+qL_s)}{\beta}}-1 \tag{9.31}$$

$$z_r^{sc}=\frac{1}{\beta}\left(\sqrt[3]{\frac{\beta^2(L_s+qL_r)}{(\varphi_1-\beta\varphi_2)^2}}-1\right) \tag{9.32}$$

结论 9-6：在有合作博弈的情况下，组织和合作伙伴的网络空间安全弹

性投资水平随着网络脆弱性的增大而渐渐增加；随整合程度的增大而有所降低。

证明：由式（9.29）可以得到$\frac{\partial y_s^{sc}}{\partial q}>0$，$\frac{\partial y_s^{sc}}{\partial \beta}<0$；由式（9.31）可以得到$\frac{\partial y_r^{sc}}{\partial q}>0$，$\frac{\partial y_r^{sc}}{\partial \beta}<0$。证毕。

从结论 9－6 可以清楚得到，与 Stackelberg 博弈相比，合作博弈情况下的网络脆弱性将会激励关键基础设施运营商和共事伙伴在网络空间安全方面的灵活性投资。

结论 9－7：在合作游戏的情况下，关键基础设施运营机构与合作伙伴之间共享资源的价值随着网络脆弱性的增加而增加，并随着单元集成成本的增加而降低。

证明：由式（9.30）可以得到$\frac{\partial z_s^{sc}}{\partial q}>0$，$\frac{\partial z_s^{sc}}{\partial \varphi_1}<0$；由式（9.31）可以得到$\frac{\partial z_r^{sc}}{\partial q}>0$，$\frac{\partial z_r^{sc}}{\partial \varphi_1}<0$。

证毕。

结论 9－7 表明，当供应链整体网络脆弱性较高时，合作博弈可以鼓励关键基础设施运营机构和合作伙伴增加共享资源的价值，从而在一定程度上提高自身的安全管理水平，减少安全事故的发生在网络空间概率的 Stackelberg 博弈中，发现共享成本仍然对共享资源的价值产生较差的影响。

结论 9－8：在供应链网络空间安全与柔性投资较量中，关键基础设施运营组织和合作伙伴在合作博弈下保持较高的投资水平和共享资源价值。

证明：由式（9.25）可得：

$$
\begin{aligned}
\left.\frac{\partial K^{sc}}{\partial y_s^{sc}}\right|_{y_s^t, z_r^t} &= 1-\frac{L_s+qL_r}{(y_s^t+1)^2(\beta z_r^t+1)} \\
&= 1-\frac{L_s}{(y_s^t+1)^2(\beta z_r^t+1)}-\frac{qL_r}{(y_s^t+1)^2(\beta z_r^t+1)} \\
&<0
\end{aligned}
\tag{9.33}
$$

由式（9.33）可得：

$$\left.\frac{\partial K^{sc}}{\partial z_s^{sc}}\right|_{y_r^t, z_s^t} = -\frac{\beta(qL_s + L_r)}{(y_r^t + 1)(\beta z_s^t + 1)^2} + \varphi_1 - \beta\varphi_2 < 0 \tag{9.34}$$

由式（9.34）可得：

$$\left.\frac{\partial K^{sc}}{\partial y_r^{sc}}\right|_{y_r^t, z_s^t} = 1 - \frac{qL_s + L_r}{(y_r^t + 1)^2(\beta z_s^t + 1)}$$

$$= 1 - \frac{L_r}{(y_r^t + 1)^2(\beta z_s^t + 1)} - \frac{qL_s}{(y_r^t + 1)^2(\beta z_s^t + 1)} < 0 \tag{9.35}$$

由式（9.35）可得：

$$\left.\frac{\partial K^{sc}}{\partial z_r^{sc}}\right|_{y_s^t, z_r^t} = -\frac{\beta(L_s + qL_r)}{(y_s^t + 1)(\beta z_r^t + 1)^2} + \varphi_1 - \beta\varphi_2 < 0 \tag{9.36}$$

证毕。

在 Stackelberg 较量的情况下，如果关键基础设施运营组织提高其网络空间安全弹性投资水平，供应链的整体脆弱性将降低，合作伙伴的网络空间安全弹性将增加，反言之，也是如此。然而不同的是，在 Stackelberg 较量的情况下，当供应链成员对网络空间安全进行灵活投资时，他们不会考虑额外投资会给供应链网络中的其他参与者带来的正外部性。因此，与合作博弈相比，斯塔克尔伯格博弈在供应链成员的网络空间安全弹性上投入不足。

9.5　Shapley 值法协调机制

关键基础设施运营组织和合作伙伴都是理性的，他们在非合作决策时将会选择自己的最优策略（y_s^t，z_s^t）和（y_r^t，z_r^t）。然而，合作决策可以使关键基础设施运营组织和合作伙伴在网络空间安全和弹性投资以及资源整合方面投入相对较少的成本。如果网络空间安全弹性在合作决策中的投资成本高于非合作决策的成本，参与者可能会放弃合作决策。因此，有必要通过一定的协调机制来激励供应链中关键基础设施运营组织和合作伙伴实现合作。

为实现供应链协同，引入沙普利值法来分配关键基础设施运营机构与合作伙伴之间的合作成本，即引导企业关键基础设施运营机构使用高效公平的沙普利价值法为合作决策分配供应链成本。调整网络空间安全灵活性的投资水平和共享资源价值，使非合作决策下共享资源的投资水平和价值与合作决策下的投资水平和价值相等，从而实现供应链的协调。

将式（9.29）~式（9.32）代入式（9.24）中可以得到：

$$K^{sc}=3\sqrt[3]{\frac{(\varphi_1-\beta\varphi_2)(L_s+qL_r)}{\beta}}+3\sqrt[3]{\frac{(\varphi_1-\beta\varphi_2)(L_r+qL_s)}{\beta}}-\frac{2(\varphi_1-\beta\varphi_2)}{\beta}-2 \tag{9.37}$$

使用 Shapley 值法在协同决策下分配供应链成本，关键基础设施运营组织和合作伙伴的分配成本为：

$$\begin{aligned}K_s&=\frac{K_s^t}{2}+\frac{K^{sc}-K_r^t}{2}\\&=\left[B_1\sqrt[3]{\frac{1}{4q\beta\varphi_1L_rD}}+B_2\sqrt[3]{\frac{q^2L_s^2}{4\beta L_r}}+3\sqrt[3]{A(L_s+qL_r)}+3\sqrt[3]{A(L_r+qL_s)}\right]\Big/2\\&\quad-\left[(\beta\varphi_2+2\varphi_1)\sqrt[3]{\frac{2q^2L_r^2}{\beta\varphi_1D}}+2\sqrt[3]{\frac{2\varphi_1L_r^2}{q\beta L_s}}+2+2A\right]\Big/2\end{aligned} \tag{9.38}$$

$$\begin{aligned}K_r&=\frac{K_r^t}{2}+\frac{K^{sc}-K_s^t}{2}\\&=\left[(2\varphi_1+\beta\varphi_2)\sqrt[3]{\frac{2q^2L_r^2}{\beta\varphi_1D}}+2\sqrt[3]{\frac{2\varphi_1L_r^2}{q\beta L_s}}+3\sqrt[3]{A(L_s+qL_r)}+3\sqrt[3]{A(L_r+qL_s)}\right]\Big/2\\&\quad-\left[B_2\sqrt[3]{\frac{q^2L_s^2}{4\beta L_r}}+B_1\sqrt[3]{\frac{1}{4q\beta\varphi_1L_rD}}+2+2A\right]\Big/2\end{aligned} \tag{9.39}$$

其中：

$$A=\frac{\varphi_1-\beta\varphi_2}{\beta},$$

$$B_1=3\varphi_1L_s-q\beta\varphi_2L_r,$$

$$B_2=\sqrt[3]{2\varphi_1}+\sqrt[3]{\frac{\varphi_1}{4}}+\sqrt[3]{\beta\varphi_2},$$

$$D=\varphi_1L_s-q\beta\varphi_2L_r。$$

结论 9－9：当关键基础设施运营组织的策略为 $y_s=y_s^{sc}$，$z_s=z_s^{sc}$；合作伙伴的策略为 $y_r=y_r^{sc}$，$z_r=z_r^{sc}$；Stackelberg 博弈决策下的关键基础设施运营组织和共事伙伴的投资水平和共享资源价值与合作决策下的相等。Shapley 价值法分配总成本，使博弈双方的成本最小，达成供应链成本总体较小。

证明： 将合作博弈决策下关键基础设施运营组织的投资成本 y_s^{sc}，共享资源价值 z_s^{sc} 分别代入式（9.1）中可以得到：

$$K_s^{sc}=\sqrt[3]{\frac{(\varphi_1L_s-q\beta\varphi_2L_r)^2}{4q\beta\varphi_1L_r}}+\sqrt[3]{\frac{2\varphi_1^2L_s^{\ 3}}{q\beta L_r(\varphi_1L_s-q\beta\varphi_2L_r)}}$$
$$+\left(\sqrt[3]{2}+\sqrt[3]{\frac{1}{4}}\right)\sqrt[3]{\frac{\varphi_1q^2L_s^2}{4\beta L_r}}-\varphi_2\sqrt[3]{\frac{2q^2L_r^2}{\beta\varphi_1(\varphi_1L_s-q\beta\varphi_2L_r)}}$$
$$-\frac{\varphi_1-\beta\varphi_2}{\beta}-1 \tag{9.40}$$

即 $K_s=K_s^{sc}$。

将合作博弈决策下合作伙伴的投资成本 y_r^{sc}，共享资源价值 z_r^{sc} 分别代入式（9.2）中可以得到：

$$K_r^{sc}=2\sqrt[3]{\frac{2\varphi_1L_r^2}{q\beta L_s}}+2\sqrt[3]{\frac{2q^2\varphi_1^2L_r^2}{\beta(\varphi_1L_s-q\beta\varphi_2L_r)}}-\sqrt[3]{\frac{\beta\varphi_2q^2L_s^2}{4\beta L_r}}-\frac{\varphi_1-\beta\varphi_2}{\beta}-1 \tag{9.41}$$

即 $K_r=K_r^{sc}$。

在 Stackelberg 较量决策下，新的结果和之前的相同。也就是说，采用沙普利值法进行总成本分摊后，关键基础设施运营机构和合作伙伴不仅避免了投资不足的问题，而且提高了自身供给链的整体网络空间安全性和弹性。

9.6 算例分析

为了进一步验证结果，本章设计了模型进行分析，对模型参数进行分类，并研究不一样类型的参数对模型的影响关键基础设施运营组织和合作伙伴的最优投资决策和最优共享资源价值决策。

9.6.1 网络脆弱性对投资决策影响的数值模拟

假定供应链中各参数值如下：$L_s=15000$，$L_r=10000$，$\beta=0.4$，$\varphi_1=$

0.3，$\varphi_2=0.02$，通过 MATLAB 计算和仿真，分析网络漏洞对关键基础设施运营机构和合作伙伴决策的影响，从而做出网络空间安全和灵活的投资决策。

从图 9.1 中可以清楚得到，在 Stackelberg 较量决策下，关键基础设施运营机构的网络空间安全灵活性投资总体水平随着网络脆弱性的增强而有所降低；协同博弈决策下关键基础设施运营机构的网络空间安全灵活投资水平随着网络脆弱性的增加而增加。网络脆弱性越大，合作决策的投入水平就越高。当 $q=0.3$ 时两种决策下的投资水平结果是相等的。

从图 9.2 中可以清楚得到，在 Stackelberg 较量决策下，合作伙伴网络空间安全灵活性的投资总体水平随着网络脆弱性的增长而减少；在合作博弈决策下，关键基础设施运营机构的网络空间安全灵活性投资水平随着网络脆弱性的增加而增加，在 $q=0.675$ 时两种决策下的投资水平也是同等的水平。

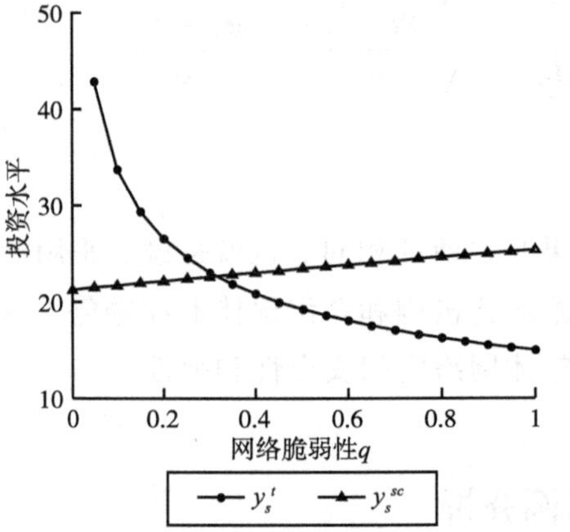

图 9.1　q 对关键基础设施组织投资水平的影响

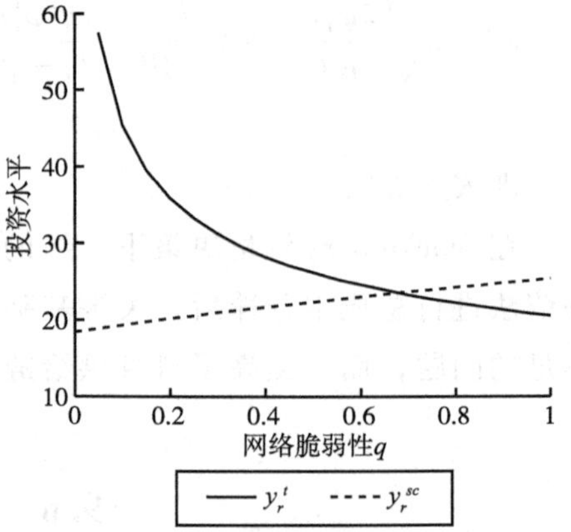

图 9.2　q 对合作伙伴投资水平的影响

从图 9.3 和图 9.4 中可以清楚得到，在两种博弈较量决策下，共享公共资源的价值随着网络脆弱性的增加而逐步增长的。因为在直接投资并不大的情况下，资源共享可以在一定程度上提高安全管理水平，降低风险发生的概率。同时，随着网络漏洞的增加，合作博弈中关键基础设施运营机构与合作伙伴之间的价值差距逐渐缩小。

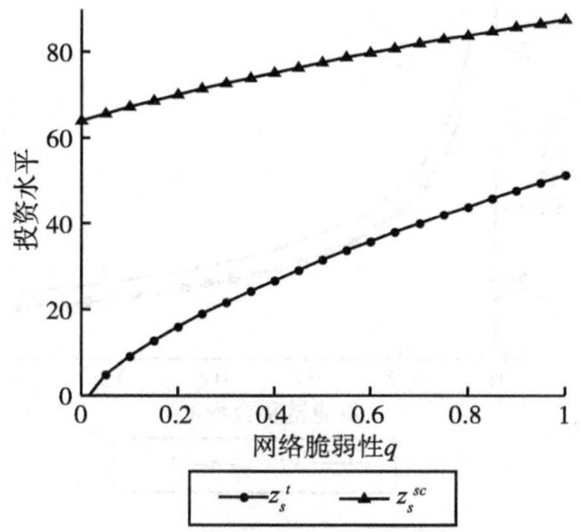

图 9.3 *q* 对关键基础设施组织共享资源价值影响

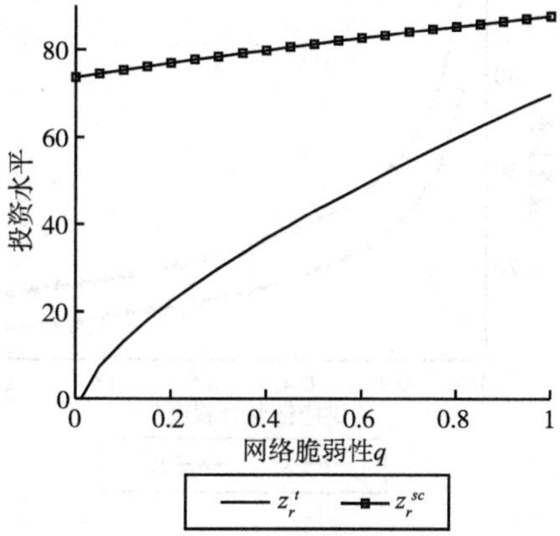

图 9.4 *q* 对零售商共享资源价值影响

9.6.2 供应链整合对供应链安全水平影响的数值模拟

假定供应链中各参数值如下：$L_s=15000$，$L_r=10000$，$q=0.55$，$\varphi_1=0.3$，$\varphi_2=0.02$，通过 MATLAB 计算模拟，分析整合程度 β 对关键基础设施运营组织和合作伙伴进行网络空间安全弹性投资决策的影响。

供应链整合程度对关键基础设施运营机构和合作伙伴的安全性和灵活投资水平的影响如图 9.5 和图 9.6 所示。在两种博弈决策下，随着供应链整合程度的提高，关键基础设施运营商和合作伙伴的安全投资水平逐渐降低，验证了结论 9－4。通过对比图 9.5 和图 9.6 可以清楚得到，在合作博弈决策下，关键基础设施运营商的网络空间安全灵活性投资水平保持在较高水平。

图 9.7 和图 9.8 显示了供应链整合对关键基础设施运营商和合作伙伴共享资源价值的影响。从图 9.7 和图 9.8 中可以清楚得到，随着供应链整合程度的提高，关键基础设施运营商和合作伙伴在两种博弈决策下共享资源的价值降低。其关键依据是合作博弈决策，关键基础设施运营商和合作伙伴对共享资源价值的投资高于 Stackelberg 博弈下的投资。

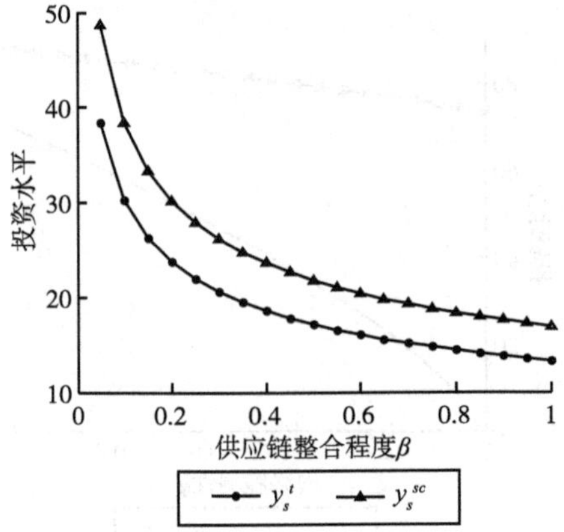

图 9.5 β 对关键基础设施组织安全水平影响

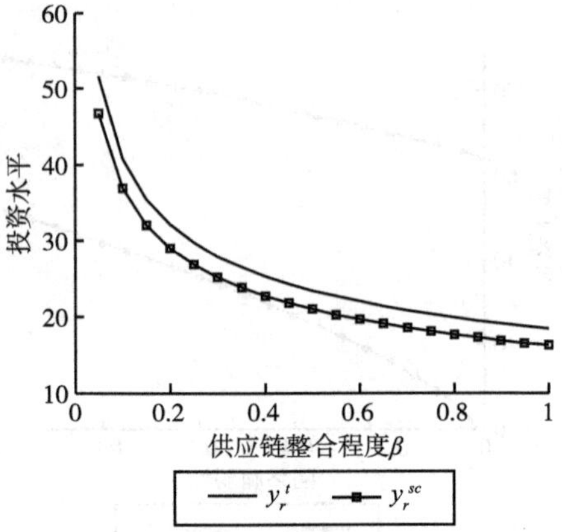

图 9.6 β 对合作伙伴安全水平影响

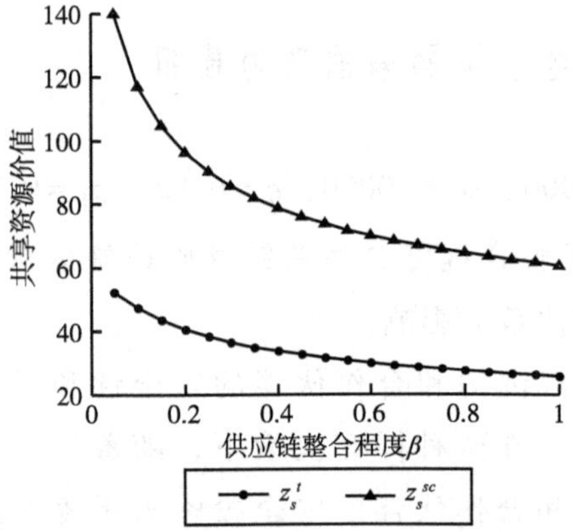

图 9.7 β 对关键基础设施组织共享资源价值影响

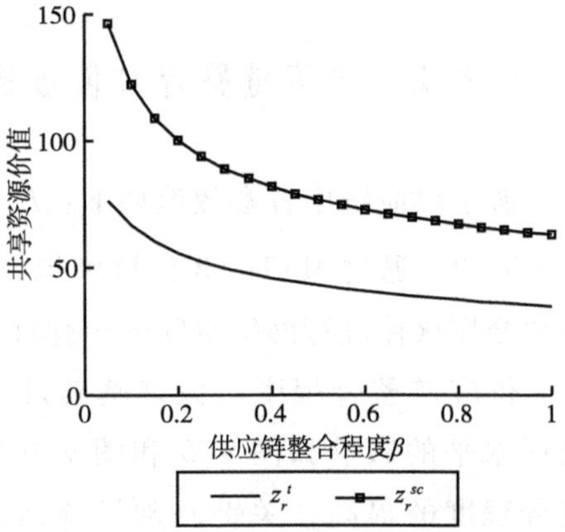

图 9.8 β 对合作伙伴共享资源价值影响

9.6.3 网络脆弱性和供应链整合程度对总成本影响分析

假定供应链中各参数值如下：$L_s = 15000$，$L_r = 10000$，$\varphi_1 = 0.3$，$\varphi_2 = 0.02$，通过 MATLAB 计算和仿真，分析网络脆弱性和集成度对关键基础设施

运营组织和合作伙伴网络空间安全和灵活投资决策的影响。

从图 9.9 和图 9.10 中可以清楚得到，在 Stackelberg 博弈下，当供应链的集成度和网络脆弱性较低时，关键基础设施运营组织投资的总成本达到最大。随着集成度和网络漏洞的增加，关键基础设施运营机构的总投资成本逐渐稳定下来。在合作博弈中，关键基础设施运营商的成本随着网络脆弱性的增加而减少，随着供应链集成度的增加而增加。合作博弈下关键基础设施运营机构的投资成本低于斯塔克尔伯格博弈下的投资成本。

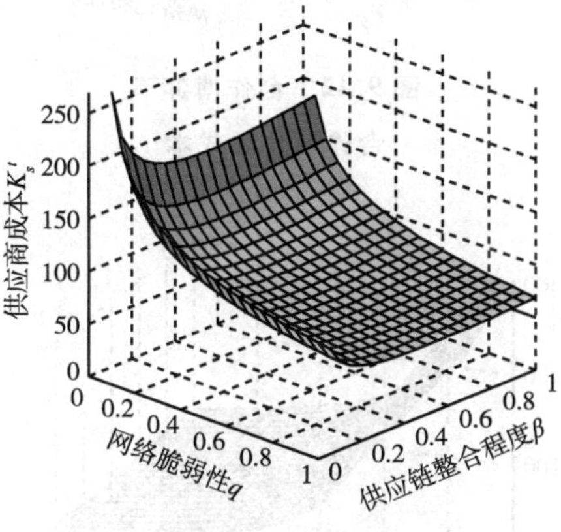

图 9.9　Stackelberg 关键基础设施组织总成本

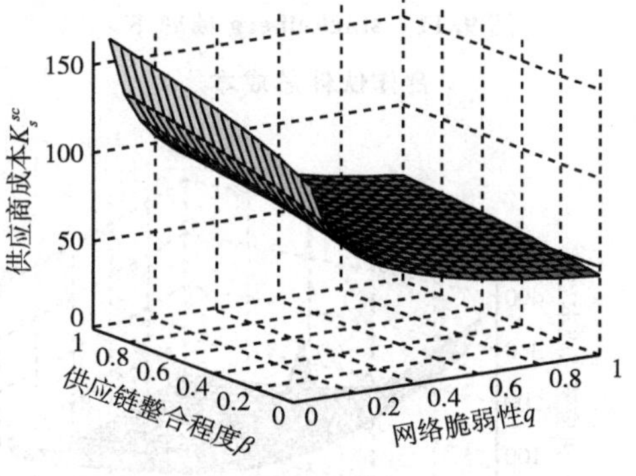

图 9.10　合作博弈下关键基础设施组织总成本

观察图 9.11 和图 9.12 中的供应链整合程度和网络脆弱性对合作伙伴的网络空间安全性和灵活性投资成本具有比较相同的影响。合作博弈下合作伙伴的网络空间安全和灵活性投资成本低于斯塔克尔伯格博弈网络空间安全和灵活的投资成本。

从图 9.13 和图 9.14 中，我们可以清楚地看到供应链整合和网络脆弱性对供应链整体网络空间安全和弹性投资成本的影响，以及对供应链网络空间安全和弹性投资成本的影响的弹性投资。关键基础设施运营机构和合作伙伴相似，可以说明合作博弈更有利于实现供应链的整体最优决策。

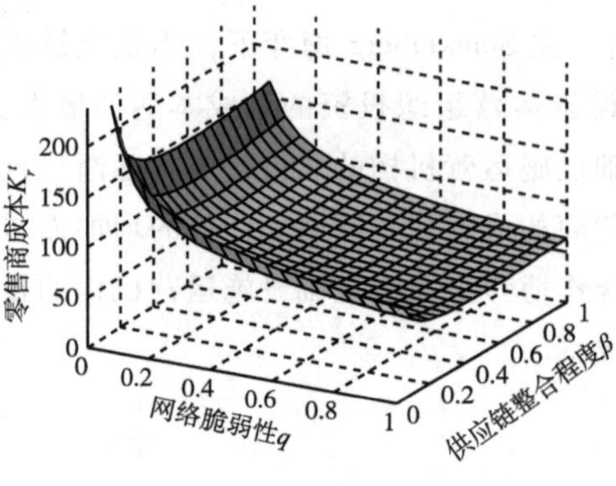

图 9.11 stackelberg 博弈下
合作伙伴总成本

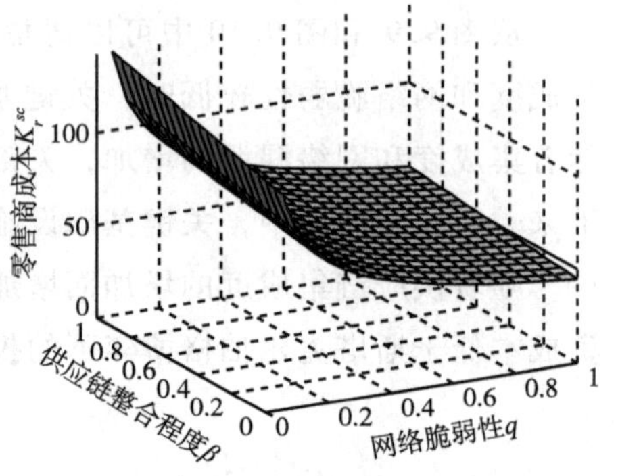

图 9.12 合作博弈下
合作伙伴总成本

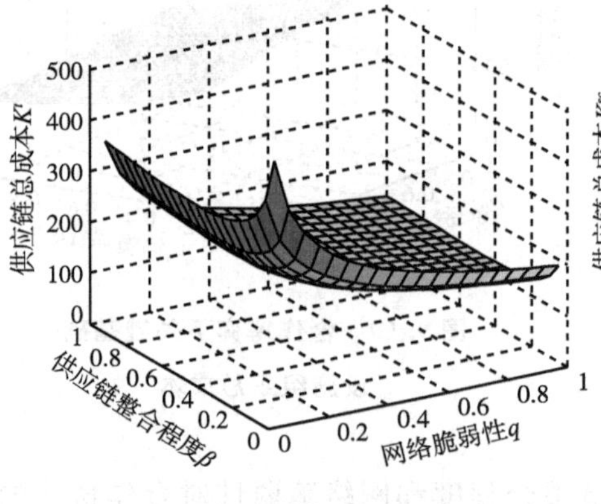

图 9.13 Stackelberg 博弈下
供应链总成本

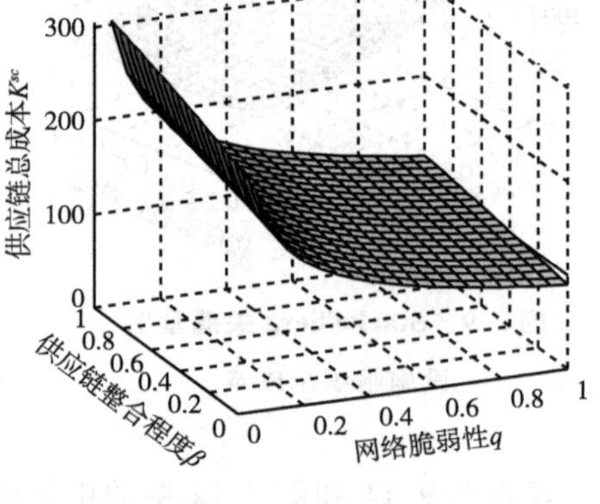

图 9.14 合作博弈下
供应链总成本

9.7 本章小结

面对特别复杂且变化多端的市场大环境，供应链组织之间的竞争与合作正在不断加强，组织网络化程度正在不断加深，供应链组织对网络系统的依赖性同样也在逐步增强，这给组织的网络空间安全管理带来了前所未有的挑战。组织正常运作的前提是供应链网络系统的安全。本章运用博弈论模型探讨网络脆弱性、供应链整合和成本分担对供应链组织网络空间安全和灵活投资策略的影响。比较分析 Stackelberg 博弈、courot 博弈和合作博弈下的投资均衡结果，并引入 Shapley 值法对供应链总成本进行协调和分配。本章结论总结如下：在供应链网络空间的安全性和灵活性投资决策中，由于领先组织、供应链合作伙伴和供应链追随者在供应链中的地位不同，双方在 Stackelberg 博弈中倾向于采用 Stackelberg 博弈模型。随着网络脆弱性的增加，关键基础设施组织和供应链合作伙伴的投资水平降低。随着供应链集成度的增加或减少，共享资源的价值随着网络脆弱性和供应链集成度的增加而增加。在合作博弈的情况下，关键基础设施组织和供应链合作伙伴的安全性和灵活性投资水平的大小随着网络脆弱性的增加而逐步增加，随着供应链集成度的增加而降低。共享公共资源的价值随着网络漏洞的增加而增加，随着供应链集成度的增加而降低。供应链成员在基于 Shapley 值法的分配协调机制中可以获得相对来说最小的投资成本。

第 10 章

网络空间供应链追溯能力建设

10.1 问题描述

第 9 章阐述了在不同环境下关键基础设施运营组织及其合作伙伴的博弈演化过程及影响其策略选择的条件。大多数情况中，IT 供应商往往还需要为关键基础设施运营组织提供产品维修服务。一旦 IT 供应商的产品质量低下或无法提供更好的维护服务，会造成网络空间供应链的安全事故。所以本书在第 8 章的基础上进行扩展，站在关键基础设施运营组织视角，通过制定激励合同，研究在网络空间供应链建设过程中，如何制定激励机制对 IT 供应商进行有效管理。通过设置两部分契约，追溯网络空间供应链中的安全风险事故，以提升网络空间供应链安全（CSCS）性和协调性。

当前大环境中，供应链产品安全性和可追溯性的研究大体包括两个方向：一个方向是以产品供应链为研究对象，定量分析，本章运用传统投资模型和报童模型等数学方法，对可追溯系统的构建进行了研究。另一个方向是以信息系统为主建立企业信息网络，研究可追溯系统的过程、结果和功能的构建。在此基础上，本章将供应链质量安全追溯体系分为两个部分：第一部分是研究产品生产过程中的可追溯性，增加供应链的透明度；第二部分是建立安全事故后的事故处理模型。事情发生前预防主要体现在供应链企业通过生产和流通追溯，努力建立质量安全追溯体系，提高消费者信任度、品牌形象和产品竞争力等各个方面；岗位控制主要是指供应链企业愿意通过产品的召回、责任的追溯、给予补偿等一系列措施，以切身负责任的方式应对安全风险事故，主动维护好企业品牌形象。

本章研究 IT 供应商与关键基础设施运营组织（IT 采购者）在对 IT 供应商信息产品开发能力水平非对称情况下，关键基础设施运营组织如何以两部分动态激励机制管理其 IT 供应商。关键基础设施运营组织向 IT 供应商采购产品，双方之间存在委托代理的关系，双方共同建立了网络空间供应链。IT 供应商不仅为关键基础设施运营机构提供产品，还提供相应的服务，充当代理；关键基础设施运营机构作为委托人向供应商采购 IT 产品，并为其提供相应报酬。本章分析了双方在不同情况下签订和修改合同时，双方的努力效应系数和收入分配率对总收入的影响，旨在避免逆向选择，提高网络空间供应链的整体效率。

10.2 模型与假设

10.2.1 模型基本假设

考虑一个由关键基础设施运营组织和其 IT 供应商组成的二级网络空间供应链。关键基础设施运营组织选择其 IT 供应商作为供应链合作伙伴，共同构建安全的网络空间供应链。关键基础设施运营机构与 IT 供应商的合作分为 IT 产品采购和 IT 产品使用维护两个部分，实现风险溯源。

关键基础设施运营机构首先向 IT 供应商提供合同菜单供其选择，由 IT 供应商信息产品开发的技术水平决定，供应商从中选择。在采购部分，关键基础设施运营机构利用供应商提供的 IT 产品建立网络空间供应链。如果建立成功，将进入网络空间维护部分。假定这种情况发生的概率为 μ；若 IT 供应商能力不足，不能成功与关键基础设施运营组织建立网络空间供应链，则双方终止合作，该情况的可能性为 $1-\mu$。采购部分结束后，关键基础设施运营组织在此部分可以修改初始契约中的收益分配率，当然 IT 供应商可接受或拒绝，最后根据双方约定的最终契约进行支付。

在采购部分，供应商为关键基础设施运营组织提供 IT 软件产品，供应商开发产品的努力是 e_{s1}，努力成本为 $e_{s1}^2/2c_i$，关键基础设施运营组织建立自己的网络空间供应链平台的努力程度是 e_{p1}，努力成本为 $e_{p1}^2/2$，其中 c_i 是衡量供应商开发产品的能力水平的参数，当供应商付出相同的努力程度 e_{s1} 时，其开发产品的能力水平 c_i 越高，所花费的成本越小。假设供应商的能力等级类型从游戏开始到结束都保持不变，供应商在关键基础设施运营机构提供激励合同菜单之前就已经了解了自己的能力等级信息，而关键基础设施运营机构只知道供应商的成本类型和每种类型的概率。当 $i=h$ 时，表明供应商的产品开发水平较高，所提供产品的安全隐患小；当 $i=l$ 时，表示供应商的产品开发水平较低，所提供产品的安全隐患较大，且 $0<c_l<c_h$ 同时供应商的类型满足以下概率分布：

$$c_i=\begin{cases}c_h \text{ 概率为 } \theta \\ c_l \text{ 概率为 } 1-\theta\end{cases}$$

如果采购部分结束后，关键基础设施运营机构使用供应商提供的 IT 产品成功建立网络空间供应链，则进入维护部分。在这个部分，供应商将降低网络空间供应链中潜在的安全风险：努力程度是 e_{s2}，努力成本为 $e_{s2}^2/2c_i$；供应商为网络空间供应链正常运作付出的努力程度为 e_{p2}，努力成本为 $e_{p2}^2/2$。

10.2.2 符号说明

为便于阅读，对本章中涉及的参数符号在表中进行说明：

表 10.1　参数定义说明

参数符号	符号定义
μ	成功建立网络空间供应链的概率
M	关键基础设施运营组织的收益
θ	供应商为高水平 IT 供应商的概率
α_l	原始收益分配率
β_i	修改后的收益分配率
p	供应商贡献的效果系数

续表

参数符号	符号定义
q	关键基础设施运营组织贡献的效果系数
c_i	供应商开发产品的能力水平
e_{s1}	供应商采购部分的努力程度
e_{p1}	关键基础设施运营组织采购部分的努力程度
e_{s2}	供应商维护部分的努力程度
e_{p2}	关键基础设施运营组织维护部分的努力程度
F_i	关键基础设施运营组织购买 IT 产品付出的价格
f_i	关键基础设施运营组织向供应商支付额外奖励

10.3 契约设定

10.3.1 原始契约设定

在采购部分开始之前，关键基础设施运营机构首先向供应商提供可选的合同菜单 $\{\alpha_i, F_i\}$，其中 $i=\{l, h\}$，α_i 为关键基础设施运营组织与供应商的收益分配率，F_i 为关键基础设施运营组织购买 IT 产品付出的价格，供应商根据自身的类型 i 选择（α_i，F_i）作为初始契约。采购部分完成后，关键基础设施运营机构将根据供应商选择的合同和 IT 产品的使用情况修改合同。如果无法建立网络空间供应链，双方将终止合作；如果网络空间供应链建立成功，关键基础设施运营机构将根据供应商选择的合同类型和供应商的技术水平修改原始合同。将 α_i 修改为 β_i，并承诺支付额外奖励 f_i，其中 $i=\{l, h\}$。供应商可以选择接受或拒绝修改后的合同。

假设供应商拒绝修改收入分配率，则原合同中规定了收入分配率 α_i。之后供应商将会在使用维护部分付出 e_{s2}，关键基础设施运营组织付出 e_{p2} 来维护网络系统。那么 IT 供应商的收益是（包括提供 IT 产品的收益和使用维护部分支付的沉没成本）：$F_i - e_{s1}^2/2c_i + \alpha_i(pe_{s2} + qe_{p2}) - e_{s2}^2/2c_i$，其中 $\max e_{s2} = \alpha_i pc_i$，$p$ 和 q 分别是供应商和关键基础设施运营机构在使用和维护部分对降低网络安全风险的影响系数。系数越大，贡献越大，且 $p \geqslant 0$，$q \geqslant 0$；关键基础设施运营组织的收益为：$M - F_i - e_{p1}^2/2 + (1-\alpha_i)(pe_{s2} + qe_{p2}) - e_{p2}^2/2$，其中 M 为组织使用 IT 产品所获得的收益，$\max e_{p2} = (1-\alpha_i)q$。

由此，供应商在拒绝修改收益分配率情况下的期望收益为：

$$\pi_{sr}(\alpha_i, F_i) = F_i - e_{s1}^2/2c_i + \alpha_i[p^2\alpha_i c_i/2 + (1-\alpha_i)q^2] \tag{10.1}$$

关键基础设施运营组织在拒绝修改收益分配率情况下的期望收益为：

$$\pi_{pr}(\alpha_i, F_i) = M - F_i - e_{p1}^2/2 + (1-\alpha_i)[\alpha_i p^2 c_i + (1-\alpha_i)q^2/2] \tag{10.2}$$

假设 IT 提供商同意修改收入分配率，则收益分配率由原始契约中规定的 α_i 修改为 β_i，且关键基础设施运营组织向 IT 供应商支付额外奖励 f_i。则 IT 供应商的收益为：$F_i - e_{s1}^2/2c_i + \beta_i(pe_{s2} + qe_{p2}) - e_{s2}^2/2c_i + f_i$，其中 $\max e_{s2} = \beta_i pc_i$；关键基础设施运营组织的收益为：$M - F_i - e_{p1}^2/2 + (1-\beta_i)(pe_{s2} + qe_{p2}) - f_i$，其中 $\max e_{p2} = (1-\beta_i)q$。

因此，在接受修正后的收入分配率条件下，IT 供应商的预期收入为：

$$\pi_{sa}(\beta_i, F_i, f_i) = F_i - e_{s1}^2/2c_i + \beta_i[p^2\beta_i c_i/2 + (1-\beta_i)q^2] + f_i \tag{10.3}$$

关键基础设施运营组织在修改收益分配率情况的期望收益为：

$$\pi_{pa}(\beta_i, F_i, f_i) = M - F_i - e_{p1}^2/2 + (1-\beta_i)[\beta_i p^2 c_i + (1-\beta_i)q^2/2] - f_i \tag{10.4}$$

命题 10-1：假设 IT 供应商选择（α_i，F_i）作为原始契约且在采购部分结束后关键基础设施运营组织可以成功建立网络空间供应链，则关键基础设施运营组织可将原始收益分配率 α_i 修改至：

$$\beta^* = \frac{p^2 c_i}{p^2 c_i + q^2} \tag{10.5}$$

同时关键基础设施运营组织向 IT 供应商支付额外奖励：

$$f_i^* = \alpha_i[p^2\alpha_i c_i/2 + (1-\alpha_i)q^2] - \beta_i^*[\beta_i^* p^2 c_i/2 + (1-\beta_i^*)q^2] \tag{10.6}$$

式（10.5）中，c_i 的值越大，β_i^* 的值越大，故 $c_h > c_l$，则 $\beta_h^* > \beta_l^*$，由此可知具有高产品开发能力的 IT 供应商比低产品开发能力 IT 供应商得到的收益分配率高。

证明：若关键基础设施运营组织期望 IT 供应商接受新契约，则 IT 供应商在接受修改收益分配率后的期望收益大于原始契约下的期望收益，同时关键基础设施运营组织期望自己获得的收益最大化，即：

$$\max_{0\leqslant\beta_i\leqslant 1,f_i} \pi_{pa}(\beta_i, F_i, f_i) \tag{10.7}$$

$$\text{s. t.}\quad \pi_{sr}(\alpha_i, F_i)\leqslant \pi_{sa}(\beta_i, F_i, f_i) \tag{10.8}$$

即：

$$\max_{0\leqslant\beta_i\leqslant 1,f_i}\left\{M - F_i - \frac{e_{p1}^2}{2} + (1-\beta_i)\left[\beta_i p^2 c_i + \frac{(1-\beta_i)q^2}{2}\right] - f_i\right\} \tag{10.9}$$

s. t. $\alpha_i \leqslant \beta_i$

令 $\partial\pi_{pa}(\beta_i, F_i, f_i)/\partial\beta_i = 0$，可得修改后的最优收益分配率为：

$$\beta_i^* = \frac{p^2 c_i}{p^2 c_i + q^2} \tag{10.10}$$

命题 10 - 1 得证。

对于关键基础设施运营机构而言，影响原始合同修改的最重要因素是：采购部分结束后 IT 供应商的努力成本 $e_{s1}^2/2c_i$ 已经成为沉没成本，关键基础设施运营机构此时可以观察其产品开发能力。关键基础设施运营机构需要在使用和维护部分修改原利润分配率，以获得最大收益。β_i^* 的大小与双方在使用和维护部分降低网络安全风险的效果系数有关。值越大，IT 供应商的贡献越大，可以获得更高的利润分配率 β_i^*。极个别情况下，当 $p=0$ 时，即 IT 供应商只向关键基础设施运营机构提供 IT 产品，后续维护由关键基础设施运营机构负责。$\beta_i^*=0$，此时关键基础设施运营组织会向其支付一定的额外奖励 f_i^* 并终止合作。相反，当 q 的值较大时，关键基础设施运营组织在使用维护部分做出的贡献更大，关键基础设施运营组织会降低收益分配率 β_i^*；极个别情况下，当 $q=0$ 时，即，关键基础设施运营组织仅购买 IT 产品，后续的使用及维护全由 IT 供应商负责，$\beta_i^*=1$。

采购部分结束后，如果网络空间供应链建立成功，关键基础设施运营组织支付给 IT 供应商的额外奖励 f_i^* 由四个因素产品影响：IT 供应商选择的原始契约（α_i，F_i），IT 供应商展示的产品开发能力，IT 供应商和关键基础设施运营组织在使用和维护部分所作贡献的有效性系数 p 和 q，支付额外奖励 f_i^* 的主要目的在于确保关键基础设施运营组织可以接受修改后的契约，c_i 越大，p 越大，可获得的额外奖励 f_i^* 越大，通过这种方式，鼓励关键基础设施运营组织在两个部分都做出更大的努力，以实现预期收益的最大化。

10.3.2 契约调整

关键基础设施运营组织对于向 IT 供应商提供初始可选择契约菜单 $\{\alpha_i, F_i\}$，其中 $i=\{l, h\}$，类型 i 的 IT 供应商从契约菜单中选择契约（α_i，F_i）作为初始契约以此来反映其类型 i，之后，关键基础设施运营组织将在采购部分结束后修改原始合同以进行帕累托改进。

假设类型 i 的 IT 供应商选择契约（α_i，F_i）作为原始契约以此向关键基础设施运营组织掩藏其真实类型，且 $i\neq j$，采购部分结束后，若成功建立起网络空间供应链，关键基础设施运营组织对原始契约进行修改，将 α_i 修改为 β_i^*，并承诺支付额外奖励 f_i^*，其中 $i=\{l, h\}$。IT 供应商可以选择接受或拒绝修改后的契约，若 IT 供应商拒绝修改且坚持其最初选择（α_i，F_i），则类型 i 的 IT 供应商的期望收益为：

$$\pi_{sr}(i,j) = \max_{e_{s1}\geqslant 0, e_{s2}\geqslant 0} \mu[\alpha_j(pe_{s2}+qe_{p2}) - e_{s2}^2/2c_i] + F_j - e_{s1}^2/2c_i \tag{10.11}$$

将 $e_{s1}^*=\alpha_j\mu c_i$，$e_{s2}^*=\alpha_j pc_i$，$e_{p1}^*=(1-\alpha_j)\mu$，$e_{p2}^*=(1-\alpha_j)q$ 代入式（10.11）可得：

$$\pi_{sr}(i,j) = \mu\alpha_j\left[\frac{\alpha_j c_i}{2}(p^2-\mu)+(1-\alpha_j)q^2\right]+F_j \tag{10.12}$$

若 IT 供应商接受修改后的契约，其期望收益为：

$$\pi_{sa}(i,j) = \max_{e_{s1}\geqslant 0}\{\mu[\beta_j^*(pe_{s2}+qe_{p2}) - e_{s2}^2/2c_i + f_j^*] + F_j - e_{s1}^2/2c_i\} \tag{10.13}$$

将 $e_{s1}^*=\alpha_j\mu c_i$，$e_{s2}^*=\beta_j pc_i$，$e_{p2}^*=(1-\beta_j)q$，

$f_j^*=\alpha_j[\alpha_j p^2 c_j/2+(1-\alpha_j)q^2]-\beta_j^*[\beta_j p^2 c_j/2+(1-\beta_j)q^2]$ 代入式（10.13）可得：

$$\pi_{sa}(i,j) = \mu\alpha_j\left[\frac{\alpha_j p^2 c_j}{2}-\frac{\alpha_j\mu c_i}{2}+(1-\alpha_j)q^2\right]+\frac{\beta_j^{*2}p^2\mu}{2}(c_i-c_j)+F_j \tag{10.14}$$

令 $\pi(i,i)\equiv\pi_{sa}(i,i)$，其中 $i=\{l, h\}$，表示类型 i 的 IT 供应商选择契约（α_i，F_i）作为初始契约后展现出其真实的产品开发水平并接受关键基础设施运营组织基于帕累托改进提出的修改后的契约（β_i^*，F_i，f_i），此情况下关键

基础设施运营组织的期望收益为：

$$\pi_{pa}(i,i)=M-F_i-e_{p1}^2/2+\mu\{(1-\beta_i^*)[\beta_i^* p^2 c_i+(1-\beta_i^*)q^2]-e_{p2}^2/2-f_i^*\} \tag{10.15}$$

基于委托代理框架构建以关键基础设施运营组织收益最大化为目标的函数如下：

$$\max_{\alpha_h,\alpha_l,F_h,F_l}\theta\pi_{pa}(h,h)+(1-\theta)\pi_{pa}(l,l) \tag{10.16}$$

$$\text{s.t. }\pi(h,h)\geqslant\pi_{sr}(h,l) \tag{10.17}$$

$$\pi(h,h)\geqslant\pi_{sa}(h,l) \tag{10.18}$$

$$\pi(l,l)\geqslant\pi_{sr}(l,h) \tag{10.19}$$

$$\pi(l,l)\geqslant\pi_{sa}(l,h) \tag{10.20}$$

$$\pi(h,h)\geqslant 0 \tag{10.21}$$

$$\pi(l,l)\geqslant 0 \tag{10.22}$$

其中式（10.16）为关键基础设施运营组织的目标函数，式（10.17）、式（10.18）、式（10.19）和式（10.20）具有高产品开发能力和低产品开发能力的 IT 供应商的激励相容约束，即 IT 供应商总是选择最大化其预期收益的合同类型。式（10.21）和式（10.22）代表 IT 供应商的个人理性约束，以确保在激励机制下可以获得一定的利益。

将 $\pi(l,\ l)$ 和 $\pi_a(h,\ l)$ 代入式（10.14）可得 $\pi_{sa}(h,l)\geqslant\pi(l,l)$；又因为 $\pi(h,h)\geqslant\pi_{sa}(h,l)$，$\pi(l,l)\geqslant 0$ 可推出 $\pi(h,h)\geqslant 0$，故式（10.21）为非必要约束。在式（10.22）的约束下，将 $i=j=l$ 代入式（10.14），可得：

$$F_1=-\mu\alpha_l\left[\frac{\alpha_l p^2 c_l}{2}-\frac{\alpha_l\mu c_l}{2}+(1-\alpha_l)q^2\right] \tag{10.23}$$

在式（10.17）和式（10.18）的约束下，将 $i=h$，$j=l$ 代入式（10.12）和式（10.14），可得：

$$\pi_{sa}(h,l)=\pi_{sr}(h,l)+\frac{\mu p^2}{2}(\beta_l^{*2}-\alpha_l^2)(c_h-c_l) \tag{10.24}$$

因此当 $\alpha_l>\beta_l^*$ 时，式（10.17）为紧约束，式（10.18）为非必要约束；当 $\alpha_l\leqslant\beta_l^*$，式（10.18）为紧约束，式（10.17）为非必要约束。在约束（10.17）和式（10.19）下，即 $\pi_{sa}(h,h)=\pi_{sr}(h,l)$，结合式（10.12）和式（10.14）可得：

$$F_h = -\mu\alpha_h\left[\frac{\alpha_h p^2 c_h}{2} - \frac{\alpha_h \mu c_h}{2} + (1-\alpha_h)q^2\right] + \frac{\alpha_h^2\mu}{2}(p^2-\mu)(c_h-c_l) \quad (10.25)$$

当 $\alpha_l \geqslant \beta_l^*$ 时，将式（10.23）和式（10.25）代入式（10.16），可将目标函数写为：

$$\max_{\alpha_h,\alpha_l}\left\{M + \frac{\mu(q^2-\mu)}{2} + \mu\theta[G(\mu,\mu c_h+\mu,\alpha_h) + G(p^2c_h,p^2c_h+q^2,\beta_h^*)] + (1-\theta)\mu\left[G(\mu,\mu c_l+\mu+\frac{\theta}{1-\theta}(p^2-\mu)(c_h-c_l),\alpha_l) + G(p^2c_l,p^2c_l+q^2,\beta_l^*)\right]\right\}$$

其中 $G(A,B,x) = Ax - (B/2)x^2$。

$$\text{s. t. } \alpha_h \geqslant \alpha_l$$

$$p^2\beta_h^{*2} - \mu\alpha_h^2 \geqslant (p^2-\mu)\alpha_l^2$$

$$\alpha_l \geqslant \beta_l^* \quad (10.26)$$

当 $\alpha_l \leqslant \beta_l^*$ 时，可将目标函数写为：

$$\max_{\alpha_h,\alpha_l}\left\{M + \frac{\mu(q^2-\mu)}{2} + \mu\theta[G(\mu,\mu c_h+\mu,\alpha_h) + G(p^2c_h,p^2c_h+q^2,\beta_h^*)] + (1-\theta)\mu\left[G(\mu,\mu c_l+\mu+\frac{\mu\theta}{1-\theta}(c_h-c_l),\alpha_l) + G(p^2c_l,p^2c_l+q^2+\frac{\theta}{1-\theta}(c_h-c_l)p^2,\beta_l^*)\right]\right\}$$

其中 $G(A,B,x) = Ax - (B/2)x^2$。

$$\text{s. t. } (p^2-\mu)\alpha_h^2 > p^2\beta_l^{*2} - \mu\alpha_l^2$$

$$p^2\beta_h^{*2} - \mu\alpha_h^2 \geqslant p^2\beta_l^{*2} - \mu\alpha_l^2$$

$$\alpha_l \leqslant \beta_l^* \quad (10.27)$$

在传统的逆向选择问题中，每一类 IT 供应商只有一个激励相容约束。在本章的模型中，关键基础设施运营机构不仅需要关注两类 IT 供应商是否会互相模仿，还要关注他们是否会接受修改原来的收入分配率。式（10.17）和式（10.18）共同约束保证具有高产品开发能力的 IT 供应商选择契约（α_h，F_h）来展示自己的真实类型，同理，式（10.19）和式（10.20）保证产品开发能力低的 IT 厂商说的都是实话。下面的讨论为 IT 供应商提供了最佳的原始合同菜单，包括不同情况下的利润分配率。

命题 10－2：原始契约 $\{\alpha_i, F_i\}$ 进行帕累托改进后的契约（β_i^*，F_i，f_i），$i=\{l, h\}$，当 β_l^* 不断增加时，α_h^* 和 α_l^* 的取值有以下几种情况：

（1）当 $\beta_h^* \leqslant \beta_l$ 时，$\alpha_h^* \geqslant \alpha_h$ 且 $\alpha_l^* \leqslant \alpha_{l2}$；

（2）当 $\beta_l^* \leqslant \alpha_{l2}$ 且 $\beta_h^* > \beta_h$ 时，$\alpha_h^* = \alpha_h$ 且 $\alpha_l^* = \alpha_{l2}$；

（3）当 $\alpha_{l2} < \beta_l^* \leqslant \alpha_{l1}$ 时，$\alpha_h^* = \alpha_h$ 且 $\alpha_l^* = \beta_l^*$；

（4）当 $\alpha_{l1} < \beta_l^* \leqslant \beta_1$ 时，$\alpha_h^* = \alpha_h$ 且 $\alpha_l^* = \alpha_{l1}$；

（5）当 $\beta_l^* > \beta_l$ 时，$\alpha_h^* \geqslant \alpha_h$ 且 $\alpha_l^* \leqslant \alpha_{l1}$。

其中，$\alpha_h = \dfrac{c_h}{1+c_h}, \alpha_{l1} = \dfrac{c_l}{1+c_l+\dfrac{\theta}{1-\theta}(c_h-c_l)}, \alpha_{l2} = \dfrac{c_l}{1+c_l+\dfrac{\theta}{\mu(1-\theta)}(p^2-\mu)(c_h-c_l)}$，

$\beta_h = \sqrt{\dfrac{\mu\alpha_h^2+(p^2-\mu)\alpha_{l2}^2}{p^2}}, \beta_l = \sqrt{\dfrac{(p^2-\mu)\alpha_h^2+\mu\alpha_{l1}^2}{p^2}}$。

证明：

情况（1）：由 $\beta_h^* \leqslant \beta_1$，$\beta_1 \leqslant \alpha_{l2}$ 和 $\beta_l^* \leqslant \beta_h^*$ 可得 $\beta_l^* \leqslant \alpha_{l2}$；又因为 $\alpha_{l2} \leqslant \alpha_{l1}$，可得 $\beta_l^* \leqslant \alpha_{l1}$，此情况为式（10.26）的情况，此时由于式（10.19）的约束条件不成立，为满足其约束条件，可将式（10.26）化简为：

$$\max_{\beta_l^* \leqslant \alpha_{l2}} M + \frac{\mu(q^2-\mu)}{2} + \mu\theta[G(\mu, \mu c_h+\mu, \alpha_h) + G(p^2c_h, p^2c_h+q^2, \beta_h^*)] + (1-\theta)\mu\left[G\left(\mu, \mu c_l+\mu+\frac{\theta}{1-\theta}(p^2-\mu)(c_h-c_l), \alpha_l\right) + G(p^2c_l, p^2c_l+q^2, \beta_l^*)\right]。$$

根据约束式（10.19）得到 $p^2\beta_h^* - \mu\alpha_h^2 = (p^2-\mu)\alpha_l^2$，则此时 $\alpha_h^* \geqslant \alpha_h$，$\alpha_l^* \leqslant \alpha_{l2}$。

情况（2）：当 $\beta_l^* \leqslant \alpha_{l2}$ 且 $\beta_h^* > \beta_h$ 时，$\beta_l^* \leqslant \alpha_{l2} \leqslant \alpha_{l1}$，此情况满足式（10.26）的情况，为使式（10.26）得到最大值，取值 $\alpha_h = \alpha_h$，$\alpha_l = \alpha_{l2}$，同时满足原式的三个约束条件，则此时 $\alpha_h^* = \alpha_h$，$\alpha_l^* = \alpha_{l2}$。

情况（3）：当 $\alpha_{l2} < \beta_l^* \leqslant \alpha_{l1}$ 时，同时满足式（10.26）和式（10.27），此时两个式子的最优解相同，则为 $\alpha_h^* = \alpha_h$，$\alpha_l^* = \beta_l^*$。

情况（4）：当 $\alpha_{l1} < \beta_l^* \leqslant \beta_1$ 时，此时满足式（10.27）的情况，为使得其最大值并同时满足原式的三个约束条件，则此时 $\alpha_h^* = \alpha_h$，$\alpha_l^* = \alpha_{l1}$。

情况（5）：当 $\beta_l^* > \beta_l$ 时，此情况满足式（10.27）的情况，此时由于式（10.19）的约束条件不成立，为满足其约束条件，可将式（10.27）简化为：

$$\max_{\beta_l^* \geqslant \alpha_{l1}} M + \frac{\mu(q^2-\mu)}{2} + \mu\theta[G(\mu, \mu c_h+\mu, \alpha_h) + G(p^2c_h, p^2c_h+q^2, \beta_h^*)] +$$

$(1-\theta)\mu\left[G(\mu,\mu c_l+\mu+\frac{\mu\theta}{1-\theta}(c_h-c_l),\alpha_l)+G(p^2c_l,p^2c_l+q^2+\frac{\theta}{1-\theta}(c_h-c_l)\right.$

$\left.p^2,\beta_l^*)\right]$。

根据约束式（10.19）得到 $p^2\beta_l^*-\mu\alpha_l^2=(p^2-\mu)\alpha_h^2$，则此时 $\alpha_h^*\geqslant\alpha_h$，$\alpha_l^*\leqslant\alpha_{l1}$。命题 10－2 得证。

因为 IT 供应商希望在采购部分结束后对收益分配率进行修改，所以 β_h^* 和 β_l^* 对于制定激励机制及确定最优原始收益分配率 α_h^* 和 α_l^* 至关重要。命题 10－2 中的五种情况分别是 β_h^* 和 β_l^* 在不断增加的条件下，α_h^* 和 α_l^* 的取值情况。在情况（1）中，β_h^* 的值很小，相应的 β_l^* 的值更小（$\beta_l^*\leqslant\beta_h^*$），如果高能力类型 IT 供应商模仿低能力类型 IT 供应商在原始菜单中选择（α_l^*，F_l^*），那么会因为修改后的收益分配率 β_l^* 而拒绝修改原始契约；相反，低能力类型 IT 供应商若在一开始选择（α_h^*，F_h^*）则会接受修改收益分配率，这将会导致逆向选择的发生。此时加入式（10.20）约束，通过增加 α_h^* 和 α_l^* 之间的差距来使得两种类型的 IT 供应商都说真话（即 $\alpha_h^*\geqslant\alpha_h$，$\alpha_l^*\leqslant\alpha_{l2}$）。

在情况（2）中，β_h^* 大小增加，但是 β_l^* 的值依然较小，大容量 IT 厂商仍会因修改后的利润分配率较低而拒绝修改原合同；此时由于 β_h^* 的值较大，而 β_h^* 的大小与其努力的效果系数 p 有关，所以低能力类型的 IT 供应商并不倾向于接受更高的 β_h^*，此时只有约束式（10.17）成立。

在情况（3）中，低能力 IT 供应商的收入分配比例不变，高能力 IT 供应商可选择接受或拒绝修改原合同。此时式（10.17）和式（10.18）的约束条件同时成立，则 $\alpha_h^*=\alpha_h$，$\alpha_l^*=\beta_l^*$。

情况（4）及情况（5）和情况（1）及情况（2）相似，但不一样的是此时 β_l^* 的值较大，β_h^* 的价值更大。大容量类型的 IT 供应商会选择接受修改合同以获得更高的利润分配率，则式（10.18）的约束条件成立；低能力类型的 IT 供应商并不倾向于接受更高的 β_h^*，故此时式（10.19）和式（10.20）约束条件不成立。

10.3.3 收益分配率修改

关键基础设施运营组织和 IT 供应商签订契约时，一般情况下关键基础设施运营组织会向 IT 供应商先提供收入分配率，然后根据提供的 IT 产品的使用情况和观察到的 IT 供应商的能力，提出修改原来的收入分配率。以下讨论当 p 和 q 在不同情况下如何修改原合同中的利润分配比例。

命题 10－3：

（1）若 $q \leqslant p$，关键基础设施运营机构应修改合同，提高 IT 供应商 h 类型的利润分配率。即 $\beta_h^* \geqslant \alpha_h^*$；反之则为 IT 供应商降低收益分配率，即 $\beta_h^* < \alpha_h^*$。

（2）若 $q \leqslant p\sqrt{1+\frac{\theta}{\mu(1-\theta)}(p^2-\mu)(c_h-c_l)}$，关键基础设施运营机构应修改合同，提高 IT 供应商类型 l 的利润分配率。即 $\beta_l^* \geqslant \alpha_l^*$；反之则为 IT 供应商降低收益分配率，即 $\beta_l^* < \alpha_l^*$。

证明：（1）根据式（10.26），若 $\beta_h^* \geqslant \alpha_h^*$ 则为 $\beta_h^* \geqslant \alpha_h$，即：

$$\frac{p^2 c_h}{p^2 c_h + q^2} \geqslant \frac{c_h}{c_h + 1},$$

化简后可得 $q \leqslant p$。

（2）根据式（10.27），若 $\beta_l^* \geqslant \alpha_l^*$ 则为 $\beta_l^* \geqslant \alpha_{l2}$，即：

$$\frac{p^2 c_l}{p^2 c_l + q^2} \geqslant \frac{c_l}{c_l + 1 + \theta(p^2-\mu)(c_h-c_l)/\mu(1-\theta)},$$

化简后可得：$q \leqslant p\sqrt{1+\frac{\theta}{\mu(1-\theta)}(p^2-\mu)(c_h-c_l)}$。

命题 10－3 得证。

在命题 10－3 的条件（1）中，更改 IT 供应商收入分配比例的大小是由 p，q，μ，θ 和 c_h-c_l 共同决定，使用它们来确定要增加或减少多少 IT 供应商的收入分配率。而在条件（2）中，仅由 p 和 q 来决定，即双方最终获得的收益分配率，是由双方的努力对网络空间供应链建设的影响系数决定的。特别的，当 μ 的取值较小时，情况（2）更容易实现，当成功构建网络空间供应链的概率 μ 较小时，关键基础设施运营组织创建网络空间供应链的价值不大。因此，在签订原合同时，关键基础设施运营机构并没有过多依赖 IT 厂商提供的产品或服务，导致为类型 l 的 IT 供应商提供的收益分配率 β_l 较低，较大可能在维护部分就进行更改。

当 p 的值比较大而 q 的值比较小时，在条件（1）和条件（2）中提高 IT 供应商的收入分配率更有可能实现。由于 IT 供应商提供的产品和服务获得了更高的效应系数，与关键基础设施运营机构相比，供应商是为了构建网络空间。供应链贡献更大，因此关键基础设施运营组织通过提高 IT 供应商的收入分配率来鼓励 IT 供应商。使得 IT 供应商在维护部分付出最大的努力 e_{s2}，为了增加双方的总收入，保持其他条件不变，这种情况下类型 l 和类型 h 的 IT 供应商都会得到增加收益分配率的机会。相反，当 p 的值较小而 q 的值较大时，关键基础设施运营机构此时作出的贡献更大，对 IT 供应商的依赖程度降低，这将降低 IT 供应商的收入分配率，确保自身利润最大化。

10.4 激励机制数值分析

为了验证本章命题的合理性，对结果进行了进一步的分析和总结，并根据本章的假设分配了相应的参数。假设 IT 供应商开发产品的能力水平 $c_i=2$，IT 供应商与关键基础设施运营组织努力效果系数 p，$q\in[0,\ 100]$，根据命题 10-1 得到的修改后最优收益分配率 $\beta_i^*=p^2c_i/(p^2c_i+q^2)$，使用 MATLAB 进行仿真得到以下关系图，如图 10.1 所示。图 10.1 为修改后的 IT 供应商收益分配率和 IT 供应商努力效果系数 p 以及关键基础设施运营组织努力效果系数 q 的关系图。当 IT 供应商开发产品的能力水平 c_i 给定一个值时，IT 供应商的努力效应系数 p 越大，其获得的收入分配率越高，即总收入越高；关键基础设施运营组织努力效果系数 q 越大，得到的收益也越高。

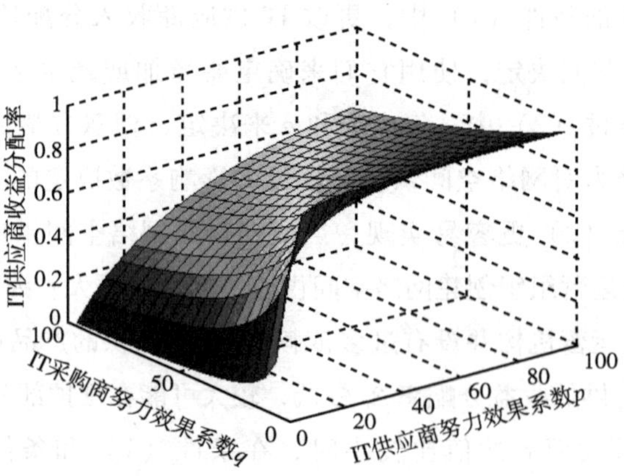

图 10.1 修改后最优收益分配率

在没有购买商品的时候，关键基础设施运营组织向 IT 供应商提供与收入分配率相关的初始合同菜单。IT 供应商根据自己的能力水平进行选择。之后，关键基础设施运营机构会修改收入分配率，使收入最大化，而 IT 供应商此时可以选择接受或拒绝修改合同。假设供应链中每个参数的值为：$M=1000$，$F_i=600$，$\mu=0.5$，$p=20$，$q=20$，通过 MATLAB 仿真后得到，当 IT 供应商拒绝修改原来的收入分配率时，关键基础设施运营组织的收益率受 α_i 大小影响如图 10.2 所示。由图 10.2 可知随着 IT 供应商收益分配率 α_i 的增加，关键基础设施运营机构的收益函数呈现先升后降的趋势。当 IT 供应商的收入分配率较低时，收入分配率的提高会刺激 IT 供应商，提高供应商的整体效率，增加关键基础设施运营机构的收入；随着 α_i 的不断增加，IT 供应商所占总收益的比例不断上升，使得关键基础设施运营组织的收益呈下降趋势。

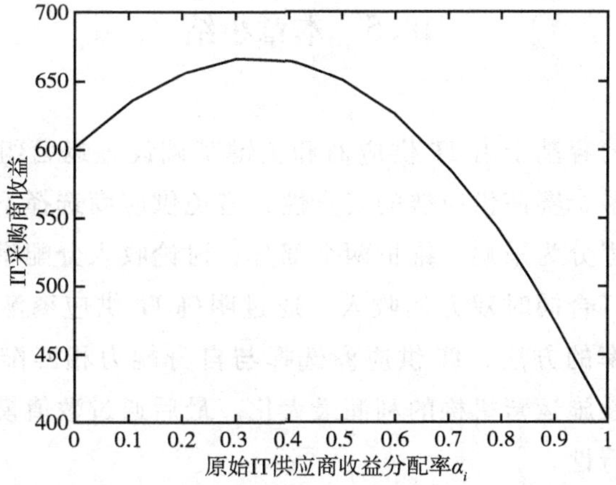

图 10.2　关键基础设施运营组织收益与原始收益分配率 α_i 关系

当 IT 供应商接受修改契约后，关键基础设施运营组织的收益由 α_i 和 β_i 共同决定，通过 MATLAB 进行仿真模拟之后得到关键基础设施运营组织的收益率受 α_i 和 β_i 大小影响如图 10.3 所示。由图 10.3 可以清楚得到当 IT 供应商和关键基础设施运营组织对构建网络空间供应链作出贡献相同的情况下，当 α_i 和 β_i 取值都较小时，关键基础设施运营组织的收益相对较高；随着 α_i 和 β_i 取值都逐渐增加，关键基础设施运营组织的收益有小幅提升；当 α_i 和 β_i 取值继续增加时，关键基础设施运营组织的收益逐渐下降。

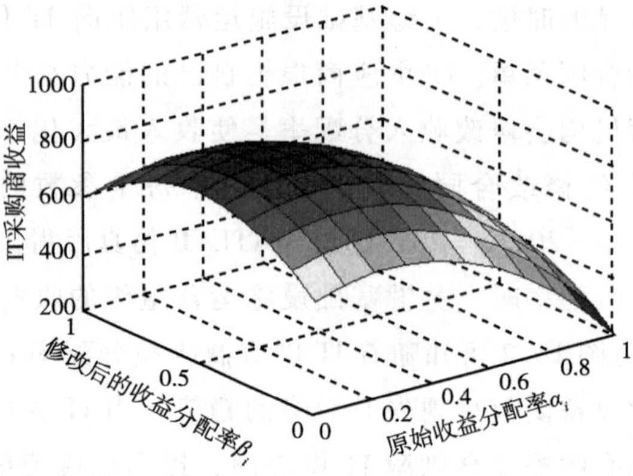

图 10.3 关键基础设施运营组织收益与 α_i 和 β_i 关系

10.5 本章小结

本章的研究内容基于由 IT 供应商和关键基础设施运营组织组成的二级供应链。为了提高整个赛博供应链的安全性，避免供应商选择不利的发生，搭建赛博供应链的过程分为采购、维护两个部分，讨论收入分配率的意义在于它会影响供需双方签订合同时双方的收入。通过明确 IT 供应商激励机制，提出修改原始收入分配率的方法，IT 供应商选择与自身能力相匹配的类型。利润分配率使关键基础设施运营机构的利润最大化。最后通过数值模拟验证了本章结论的科学性和可行性。

本章研究结果发现：首先，关键基础设施运营机构可以通过修改合同中的收入分配率的大小来激励 IT 供应商，同时通过拉大 IT 供应商原始收入分配率之间的差距来激励 IT 供应商。不同的能力水平会使 IT 供应商能够“说实话”，从而避免逆向选择。其次，IT 供应商和关键基础设施运营机构的努力效应系数共同影响利润分配率。IT 供应商的努力效应系数越高，获得的收入分配率越高。最后，修改原始收入分配率时，关键基础设施运营机构的收入与 IT 供应商和关键基础设施运营机构的努力效应系数密切相关。在本章建立的契约下，供需双方都能实现利益最大化，同时有效避免逆向选择的发生，并为提高网络空间供应链的安全性提出切实可行的建议。

第 11 章

网络空间供应链仿冒治理能力建设

11.1 问题描述

当前的网络空间供应链通常缺乏足够的透明度，并且往往缺乏可靠的方法来验证和确认所购买的 IT 产品或服务的真实价值。努力提升供应链的透明度、可追溯性和安全性可以促进市场信任和诚信经营的环境氛围，从而有助于建立更安全、更可靠的经济体系。但是由于防伪技术和防伪手段单一简单，目前产品防伪效果并不理想。防伪体系可靠度的建立需要进行大量工作，如市场中打假行为、防伪技术的选择、防伪努力程度等一系列行为都会影响防伪体系的可靠度。有鉴于此，本章以网络空间供应链防伪体系的构建为研究对象，通过防伪可靠性衡量 IT 供应商愿意为其产品建立防伪体系的努力程度的大小，建立产品供应链成员之间的 Stackelberg 博弈模型，并将详细介绍防伪技术对假冒商品市场渗透率的影响，讨论在供应链不同决策情况下，防伪投资技术的选择对供应链及其成员收入的影响，为每个成员的收入分配和成本分配寻求合理的方案。为供应链投资的防伪技术选择提供依据和管理办法。

11.2 模型及假设

考虑 IT 供应商 B 生产某种产品，下游 IT 系统集成商 R 为其代销此品牌。IT 产品流通过程中，市场中可能产生假冒产品渗透。定义正品质量为 u_r，假冒产品质量为 u_f。关键基础设施运营者购买 IT 产品的时候，不具备足够的知识来区分正品，在市场中假货渗透率 λ 为大家公认常识，意指假货在市场所流通的产品中所占的比例①。因此，当 IT 供应商没有为其产品建立防伪识别措施时，关键基础设施运营商购买的 IT 产品的预期质量是 $q_0=(1-\lambda)\cdot u_r+\lambda\cdot u_f$。

通过防伪措施的实施，可以提高关键基础设施运营商对产品是真是假的可靠性，以便在所生产的产品销售中营造相互信任和诚信友善的氛围。为了防止假货渗透到正品商品中，品牌厂商迫切地需要对其产品搭建起防伪体系，以辨别产品的真假。通过一系列的措施，关键基础设施运营商在购买时可以通过防伪措施将其与假货区分开来，从而在购买时获得足够的信心。我们定义防伪可靠度为 x，$x\in[0,1)$。给定防伪可靠度为 x 情形下，鉴于某 IT 产品具有防伪标签，其能够证明其为正品的程度为 x，此时质量为 u_r；那么在 $(1-x)$ 比例程度下是无法证实的，无法证实情况下产品期望质量为 $q_0=(1-\lambda)\cdot u_r+\lambda\cdot u_f$。综合之，得到防伪可靠度情况下 x 其 IT 产品期望质量为：

$$q_x=x\cdot u_r+(1-x)\cdot[(1-\lambda)u_r+\lambda u_f] \tag{11.1}$$

建立产品防伪系统需要对防伪技术进行投资，该成本 C 是防伪系统需要建立的防伪可靠性 X 的函数。即 $C=f(x)$。且此函数满足如下条件：①在区间 $[0,1)$ 内，始终有 $\partial C/\partial x>0$，且 $\partial C^2/\partial x^2>0$。即防伪技术的投资成本与可靠性正相关，随着投资的增加，可靠性将呈现经济非规模性。②$x=0$ 时，$C=0$。即当完全不建立任何防伪措施的时候，即 $x=0$，设定其防伪措施成本为 $C=0$。

① 这里假定假货渗透率 λ 为共有知识，在于关键基础设施运营者可以通过各种途径比如国家关键基础设施运营者协会发布的通告，国家工商总局发布的假货率调查报告等获知市场中 IT 供应 IT 产品的假货比率。

③$\lim_{x \to 1} C = \infty$。也就是说，防伪系统的可靠性随着技术的投入不断提高，建立完整的防伪可靠性所需的防伪技术的投资成本接近无限，反映了防伪系统是一个不断努力、没有终点的过程。满足上述条件时可以设定：

$$f(x) = I \cdot \left(\frac{1}{1-x} - 1\right) \tag{11.2}$$

其中，I 为防伪技术投资系数。

关键基础设施运营者以参数 θ 形成索引，$\theta \in [0, 1]$，表示其对于购买一个单位 IT 供应商产品的偏好强度。那么，对于关键基础设施运营者 θ 其购买一个单位产品得到的效用为 $U = q_x \cdot \theta - p$；对于关键基础设施运营者 θ 而言，其决定 IT 产品购买与否的问题即为 $\max\{0, q_x\theta - p\}$。以 $\bar{\theta}$ 表示某个关键基础设施运营者其购买 IT 产品与否所能获得的效用相同，进一步可以得到 $\bar{\theta} = p/q_x$。只有当消费产品的效用大于其边界值时，关键基础设施运营者才会购买产品。对于产品市场，关键基础设施运营者选择购买产品的区间为 $[\bar{\theta}, 1]$。因此，当前防伪技术投资下，产品市场需求为 $d = 1 - p/\{x \cdot u_r + (1-x) \cdot [(1-\lambda)u_r + \lambda u_f]\}$。

由此，可得到 IT 供应商及 IT 系统集成商的利润分别为：

$$\pi_b = w \cdot \left(1 - \frac{p}{x \cdot u_r + (1-x) \cdot [(1-\lambda) \cdot u_r + \lambda \cdot u_f]}\right) - I \cdot \left(\frac{1}{1-x} - 1\right) \tag{11.3}$$

$$\pi_r = (p - w) \cdot \left\{1 - \frac{p}{x \cdot u_r + (1-x) \cdot [(1-\lambda) \cdot u_r + \lambda \cdot u_f]}\right\} \tag{11.4}$$

11.3 建立产品防伪可靠度的决策机制

11.3.1 非合作情形下的决策

在不相互合作的情况下，IT 供应商和 IT 系统销售商作为不同的做决定的主体，追求自己利润的最大化。采用逆归纳法求解。给定的 IT 供应商首先确定其产品防伪技术系统的可靠性 x，在此基础上，IT 供应商进一步确定其产品

批发价格 w，IT 系统集成商确定此 IT 产品的零售价格 p。

由式（11.4）中$\partial^2\pi_r/\partial p^2 = -2/\{x \cdot u_r + (1-x) \cdot [(1-\lambda)u_r + \lambda u_f]\} < 0$，推导出 $\pi_r(p)$ 是关于 p 的严格凹函数，且 IT 系统集成商以 $p = \operatorname{argmax}\pi_r(p)$ 确定零售价格，得到：

$$p = \frac{x \cdot u_r + (1-x) \cdot [(1-\lambda)u_r + \lambda u_f] + w}{2} \tag{11.5}$$

由式（11.3）中$\partial^2\pi_b/\partial w^2 = -1/\{x \cdot u_r + (1-x) \cdot [(1-\lambda)u_r + \lambda u_f]\} < 0$，可知 $\pi_b(w)$ 是关于 w 的严格凹函数。IT 供应商以 $w = \operatorname{argmax}\pi_b(w)$ 确定批发价格，得到决策均衡情况下：

$$w = \frac{x \cdot u_r + (1-x) \cdot [(1-\lambda)u_r + \lambda u_f]}{2} \tag{11.6}$$

进一步代入 IT 供应商利润函数可得到：

$$\pi_b = \frac{x \cdot u_r + (1-x) \cdot [(1-\lambda) \cdot u_r + \lambda \cdot u_f]}{8}) - I \cdot \left(\frac{1}{1-x} - 1\right) \tag{11.7}$$

IT 供应商从利润最大化出发，选择防伪和可靠性 x 为其产品建立防伪体系。产品假货渗透率 λ、产品正品及仿冒品的质量差异 $\Delta u = u_r - u_f$，并且满足命题 11-1。

命题 11-1：非合作情况下的供应链防伪投入对假冒市场的渗透率的阈值 $\lambda_{th}^* = \Delta u/8I$ 时选择投资；$\lambda \leq \lambda_{th}^*$ 时不投资。

证明：①由 $\partial\pi_b/\partial x = \lambda \cdot (u_r - u_f)/8 - I/(1-x)^2 = (\lambda \cdot \Delta u \cdot (1-x)^2 - 8I)/8(1-x)^2$，由于 $x \in [0, 1)$，当 $\lambda \in [0, \lambda_{th}^*]$ 时，始终有 $\lambda \cdot \Delta u \cdot (1-x)^2 - 8I < 0$，也即$\partial\pi_b/\partial x < 0$，意味着 IT 供应商在为产品建立防伪体系时，利润随防伪可靠度 x 严格增加和减少。此时，对于 IT 供应商来说，以产品的最佳防伪可靠性为角度 $\lambda > \lambda_{th}^*$ 点解 $x = 0$，即不投资产品防伪是最优的。

②在 $\lambda \in (\lambda_{th}^*, 1)$ 区间内，始终有：$\partial^2\pi_b/\partial x^2 = -1/4 \cdot (u_r - u_f)^2\lambda/\{x \cdot u_r + (1-x) \cdot [(1-\lambda)u_r + \lambda u_f]\} - 2I/(1-x)^3 < 0$，可知 π_b 是关于 x 的严格凹函数。这也就意味着在此区间内，一定存在 x 的最优唯一解。

综合①与②，命题 11-1 得证。

在命题 11-1 中，市场中防伪投资的虚假渗透门槛的存在意味着 IT 供应商的防伪投资意愿取决于市场中的虚假渗透 λ 是否达到投资阈值 λ_{th}^*。假货市场渗透率不高且当 $\lambda \leqslant \lambda_{th}^*$，IT 供应商没有投资意愿。假货渗透率越高，即 λ 越大且当 $\lambda > \lambda_{th}^*$ 时，IT 供应商对防伪投资的意愿越强烈。同样，此阈值 λ_{th}^* 取决于产品正品及仿冒品的质量差异 Δu。当 Δu 越大，阈值 λ_{th}^* 越小，这意味着，重点基础设施运营商购买产品的假货预期越强，此时市场假冒产品侵蚀的风险就越严重。在这种情况下，IT 供应商在防伪和防伪方面的投入意愿会更强，在防伪方面的投入意愿也会更高。

当 $\lambda > \lambda_{th}^*$ 时，IT 供应商将对产品防伪进行投资，且选择以 $x = \arg\max \pi_b\ (x)$ 为可靠度建立产品防伪体系，得到：

$$x^* = 1 - \sqrt{\frac{8I}{\lambda \cdot \Delta u}} \tag{11.8}$$

命题 11－2：最优防伪可靠度 x^* 随着假货渗透率 λ 递增；随防伪投资系数 I 递减。

证明：$\partial x^* / \partial \lambda = 1/2 \cdot \lambda^{3/2} \cdot \sqrt{8I/\Delta u} > 0$，说明 x^* 随着 λ 的增加而增加。随着市场上假冒伪劣商品的增多，IT 厂商需要加大防伪投入，打击假冒伪劣商品，维护品牌形象和美誉度，获得关键基础设施运营商的信任，从而提高防伪可靠性，随着投资的增加，最终达到关键基础设施运营商的最佳防伪可靠性。

$\partial x^* / \partial I = -\sqrt{2/\lambda \cdot \Delta u \cdot I} < 0$，说明 x^* 随着 I 的增加而减少。投资系数的增加直接导致最优防伪可靠性的降低。在一定程度上，投资系数的增加将导致防伪投资带来的收入不足以抵消成本。因此，防伪投资系数有一个门槛。

从命题 11－1 和命题 11－2 中可以较为简单地得出，当产品市场上存在大量假冒伪劣商品时，产品的品牌价值将极大地负面影响，IT 供应商更愿意建立防伪体系。一方面，这一意愿体现在降低投资门槛上；另一方面，随着假冒商品渗透率的提高，这些人更愿意建立一个更强大的防伪系统，通过这样做提高防伪的安全可靠性。

进一步计算，可得到均衡条件下的产品价格分别为 $w^* = \frac{1}{2}(u_r - \sqrt{8I \cdot \lambda \cdot \Delta u})$；$p^* = \frac{3}{4}(u_r - \sqrt{8I \cdot \lambda \cdot \Delta u})$。防伪投资额为 $C^* = \sqrt{\frac{I \cdot \lambda \cdot \Delta u}{8}} - I$。同时双方

利润分别为 $\pi_b^* = \frac{u_r}{8} - \frac{\sqrt{2I \cdot \lambda \cdot \Delta u}}{2} + I$；$\pi_r^* = \frac{1}{16} \cdot (u_r - 2\sqrt{2I \cdot \lambda \cdot \Delta u})$。

网络空间供应链整体利润为 $\pi_{sc}^* = \frac{3u_r}{16} - \frac{5\sqrt{2I \cdot \lambda \cdot \Delta u}}{8} + I$。

11.3.2 合作情形下的决策

在未整合的供应链合作决策中，IT 供应商基于自身与 IT 系统集成商的互利最大化来确定防伪的可靠性 x。给定 IT 供应商首先确定其对产品防伪技术体系建立可靠度 x，其后 IT 供应商和系统集成商分别确定批发价格 w 与零售价格 p。IT 供应商利润为 $\pi_b = x \cdot u_r + (1-x) \cdot [(1-\lambda) \cdot u_r + \lambda \cdot u_f]/8 - I \cdot [1/(1-x) - 1]$ 及 $\pi_r = x \cdot u_r + (1-x) \cdot [(1-\lambda) \cdot u_r + \lambda \cdot u_f]/16$。此时 IT 供应商和系统集成商利润之和为 $\pi_{sc} = 3 \cdot \{x \cdot u_r + (1-x) \cdot [(1-\lambda) \cdot u_r + \lambda \cdot u_f]/16 - I \cdot [1/(1-x) - 1]\}$。

同样，在防伪投资合作的情况下，产品防伪投资决策主要基于 IT 供应商和 IT 系统集成商的共同利益，投资行为存在假冒市场渗透率阈值 $\lambda_{th}^{**} = 3\Delta u/16I$，意味着合作情形下当市场中假货渗透率达到一定程度，即 $\lambda > 3\Delta u/16I$，IT 供应商才愿意投资防伪溯源。

同时，由 $x = \text{argmax}\pi_{sc}$ 得到合作情形下最优防伪可靠度为

$$x^{**} = 1 - \sqrt{\frac{16I}{3\lambda \cdot \Delta u}} \tag{11.9}$$

进一步通过计算，可得均衡条件下产品价格分别为 $w^{**} = \frac{1}{2}\left(u_r - \sqrt{\frac{16I \cdot \lambda \cdot \Delta u}{3}}\right)$；$p^{**} = \frac{3}{4}\left(u_r - \sqrt{\frac{16I \cdot \lambda \cdot \Delta u}{3}}\right)$。供应链防伪成本为 $C^{**} = \sqrt{\frac{3I \cdot \lambda \cdot \Delta u}{16}} - I$。

利润分别为 $\pi_b^{**} = \frac{u_r}{8} - \frac{5\sqrt{3I \cdot \lambda \cdot \Delta u}}{12} + I$；$\pi_r^{**} = \frac{1}{16} \cdot \left(u_r - \sqrt{\frac{16I \cdot \lambda \cdot \Delta u}{3}}\right)$。

供应链中整体利润为 $\pi_{sc}^{**} = \frac{3u_r}{16} - \frac{\sqrt{3I \cdot \lambda \cdot \Delta u}}{2} + I$。

11.3.3　供应链完全整合情形下的决策

在给定的供应链中建立产品防伪可靠性 x，其后在供应链整合情形下以整体利润最大确定零售价格 p。由 $\partial^2\pi_{sc}/\partial p^2=-2/\{x\cdot u_r+(1-x)\cdot[(1-\lambda)u_r+\lambda u_f]\}<0$，$\pi_{sc}(p)$ 是关于 p 的严格凹函数，存在唯一均衡解。由 $p=\mathrm{argmax}\pi_{sc}$ 得到均衡价格 $p=x\cdot u_r+(1-x)\cdot[(1-\lambda)u_r+\lambda u_f)]/2$。整合情形下，供应链利润为 $\pi_{sc}=p\cdot\{1-p/[x\cdot u_r+(1-x)\cdot[(1-\lambda)\cdot u_r+\lambda\cdot u_f]]\}-I\cdot(1/(1-x)-1$。

同样，供应链整合情形下，防伪投资存在阈值 $\lambda_{th}^{***}=\Delta u/4I$。同时，由 $x=\mathrm{argmax}\pi_{sc}$ 得到合作情形下最优防伪可靠度为：

$$x^{***}=1-\sqrt{\frac{4I}{\lambda\cdot\Delta u}} \tag{11.10}$$

进一步通过回代与计算，可得均衡条件下产品价格为 $p^{***}=\frac{1}{2}(u_r-\sqrt{I\cdot\lambda\cdot\Delta u})$；防伪成本为 $C^{***}=\sqrt{\frac{I\cdot\lambda\cdot\Delta u}{4}}-I$；供应链整体利润为 $\pi_{sc}^{***}=u_r-5\sqrt{I\cdot\lambda\cdot\Delta u}+I$。

11.4　比较分析

通过比较没有合作投资、有投资合作和供应链整合条件下的防伪投资阈值、防伪可靠性和供应链均衡 Π，分析他们这些不同决策方法对供应链的各种各样的影响。

11.4.1　防伪投资阈值

三种情况下，防伪投资假冒市场渗透率阈值分别为：$\lambda_{th}^{*}=\Delta u/8I$，$\lambda_{th}^{**}=3\Delta u/16I$，$\lambda_{th}^{***}=\Delta u/4I$。比较三种情况下的防伪投资阈值，可得到：

结论（1）：$\lambda_{th}^{*} < \lambda_{th}^{**} < \lambda_{th}^{***}$

防伪投资假货渗透率阈值 $\lambda_{th}^{*} < \lambda_{th}^{**} < \lambda_{th}^{***}$，这意味着在不同的情况下，对防伪的投入意愿会有所不同。其中，在非合作决策的情况下，防伪投资区间范围为（λ_{th}^{*}，1]；合作决策情况下，防伪投资区间范围为（λ_{th}^{**}，1]；供应链整合情况下，投资区间范围为（λ_{th}^{***}，1]。投资区间的差异意味着在某些情况下防伪投资决策的不同。例如，当市场上的假货渗透率为 $\lambda \in (\lambda_{th}^{*}, \lambda_{th}^{**}]$ 时，如果是非合作决策情况下，其投资阈值为 λ_{th}^{*}，而此时市场中假货渗透率 $\lambda < \lambda_{th}^{*}$，这意味着 IT 供应商不会投资防伪系统；如果是合作决策情况，投资阈值为 λ_{th}^{**}，此时市场中假货渗透率 $\lambda > \lambda_{th}^{*}$，则其将进行防伪投资。

图 11.1 为三种决策情况下，供应链假货渗透率 λ（$0 < \lambda < 1$）和防伪投资 I 对防伪投资阈值的影响。给定 $u_r = 2$ 且 $u_f = 1$，得到投资阈值 λ_{th} 与投资系数 I 的变化情况。（以下取值相同，不再重复）。

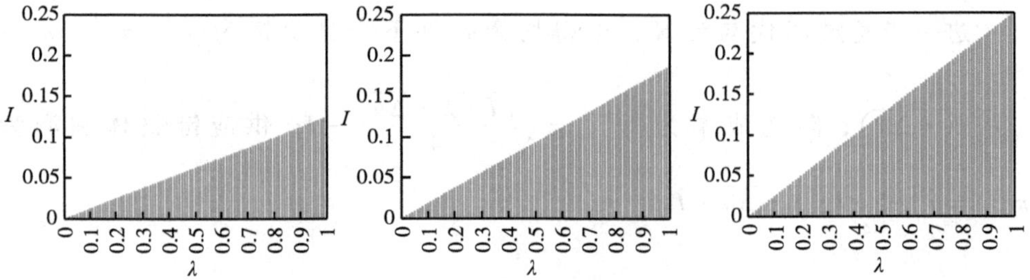

图 11.1　三种决策情形下的防伪投资阈值

图 11.1 描述了不合作情况下 IT 供应商投资门槛随成本系数的变化。如图 11.1 所示，投资系数 $I \in (0, 0.125)$，防伪投资阈值 λ_{th} 随 I 递增；当 $I \in [0.125, 1)$ 区间内，防伪投资所要求的阈值 $\lambda_{th} \geq 1$，并不成立。这也就表明非合作情况下，当投资系数过高，达到 $I \geq 0.125$ 时，IT 供应商放弃投资。同样，如图 11.1 所示，在合作情形下，当投资系数 $I \in (0, 0.175)$，防伪投资阈值 λ_{th} 随 I 递增；当投资系数过高达到 $I \geq 0.175$ 时，IT 供应商放弃防伪投资。图 11.1 中，供应链整合情况下，当投资系数 $I \in (0, 0.25)$，防伪投资阈值 λ_{th} 随 I 递增；当投资系数过高达到 $I \geq 0.25$ 时，IT 供应商放弃了防伪投资。图 11.1 进一步验证了结论（1），即不同决策方法下的防伪投资阈值范围不

同。有些案例可能会在不合作的情况下放弃投资，他们的决策将在合作和供应链整合的情况下进行投资。

11.4.2　防伪可靠度

三种情况下决策得到的防伪可靠性均衡值为：$x^* = 1 - \sqrt{8I/\lambda \cdot \Delta u}$，$x^{**} = 1 - \sqrt{16I/3\lambda \cdot \Delta u}$，$x^{***} = 1 - \sqrt{4I/\lambda \cdot \Delta u}$。比较三种情况下的均衡防伪可靠度，可得到：

结论（2）： $x^* < x^{**} < x^{***}$

均衡可靠度 $x^* < x^{**} < x^{***}$，这意味着 IT 供应商在防伪方面的投入意愿在不同的情况下会有所不同，而 IT 供应商建立防伪体系的意愿与供应链的决策方式有关。在非合作投资的情况下，由于供应链中存在双边效应，IT 供应商的防伪可靠性决策基于自身利益最大化，此防伪可靠度 x^* 对于 IT 供应商最优，但由于没有考虑 IT 系统集成商的利益，对整个供应链来说并不是最优的，存在投资不足的问题。在投资合作的情况下，IT 供应商在选择防伪投资可靠性时，会考虑自身利益和 IT 系统集成商的利益。此防伪可靠度 x^{**} 以集中决策方式确定，x^{**} 相较于 x^* 将得到改善，这意味着其在防伪方面的投资将增加。当供应链完全集成时，决策集中度较高。在整个供应链中，防伪投资的可靠性 x^{***} 以及产品定价 p^{***} 都是以集中决策方式来进行，x^{***} 相较于 x^* 与 x^{**} 也进一步提升。

在图 11.2 中，分别为三种决策情况下，防伪可靠度 x 随供应链假货渗透率 λ 和防伪投资系数 I 的变化情况。

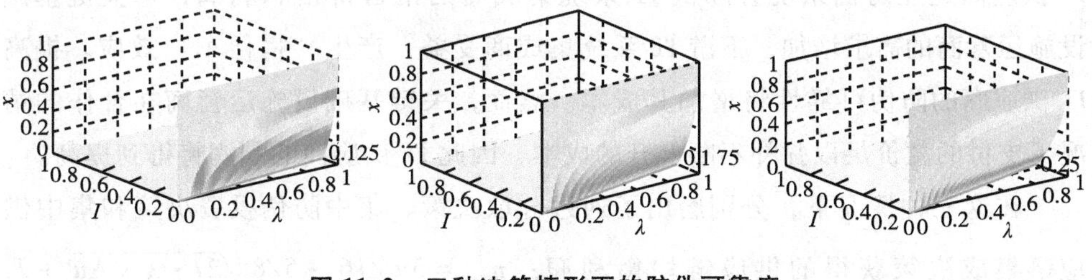

图 11.2　三种决策情形下的防伪可靠度

图 11.2.1 描绘了非合作情况下 IT 供应商的均衡防伪可靠性与假冒渗透率和防伪投入系数 I 的变化情况。如图 11.2.1 所示，防伪可靠度 x 随 λ 递增，随 I 递减。且投资阈值 λ_{th} 随 I 的增加而递增，当 I 达到一定程度的时候，图中 $I=0.125$，此时所要求的 $\lambda_{th}\geqslant 1$，超出 λ 的取值区间，也就是说，IT 厂商这个时候肯定会放弃投资。图 11.2.2 描绘了合作情况下 IT 供应商的平衡防伪可靠性 x 随假货渗透率 λ 及防伪投资系数 I 的变化情况。同样，防伪可靠度 x 随 λ 递增，随 I 递减。而 $I=0.175$ 时，此时 λ_{th} 超出 λ 的取值区间，IT 供应商放弃投资。图 11.2.3 为供应链整合情形下的防伪可靠度情况，$I=0.25$ 时，此时 λ_{th} 超出 λ 的取值区间，IT 供应商选择不投资。

11.4.3 均衡利润

一般来说，加强供应链上下游企业之间的合作可以提高防伪的可信度。因此，可以提高相应原材料的质量水平，提高关键基础设施运营商的福利。企业选择最优的合作情形是在给定的 λ 与 I 下最大化利润，下面分析供应链上下游企业，即 IT 供应商和 IT 系统集成商的利润变化，以及供应链在不同均衡状态下的整体利润变化。

结论（3）： $\pi_b^{*}<\pi_b^{**}$，$\pi_r^{*}<\pi_r^{**}$

在市场中存在假货的情况下，IT 供应商建立防伪体系进行合作经营后，双方利润将提高。

虚假渗透对 IT 供应商和 IT 系统集成商的利润有重大的负面影响。建立打击假冒伪劣商品的防伪体系将提高他们的预期利润。在不合作的情况下，虽然 IT 供应商建立防伪系统会降低 IT 系统集成商的销售价格和利润，但关键基础设施运营商的需求增加，下游 IT 系统集成商受益，产生“搭便车”效应。提高 IT 供应商的防伪可靠性将增加其成本。然而，关键基础设施运营商在合作的情况下支付的溢价足以弥补不断上升的成本，因此 IT 供应商的利润将得到提高。

在这三种情况下，分别给出了通过分散决策、集中防伪投资决策和集中供应链集成决策获得的供应链均衡利润：$\pi_{sc}^{*}=3u_r/16-5/8\sqrt{2I\cdot\lambda\cdot\Delta u}+I$，$\pi_{sc}^{**}=3u_r/16-1/2\sqrt{3I\cdot\lambda\cdot\Delta u}+I$，$\pi_{sc}^{***}=u_r/4-5/2\sqrt{I\cdot\lambda\cdot\Delta u}+I$。比较三

种情况下的供应链均衡利润，可得到：

结论（4）：$\pi_{sc}^{*} < \pi_{sc}^{**} < \pi_{sc}^{***}$

在假货渗透市场的情况下，IT 供应商建立产品防伪系统将同时增加自身和下游 IT 系统集成商的利润。通过防伪投资，重点基础设施运营商可以识别真伪，提高产品防伪的可靠性，增强重点基础设施运营商对产品的信心，从而增加产品的市场需求，使供应链上下游都受益。这进一步表明，下游 IT 系统集成商受益于 IT 供应商的防伪投资，“搭便车”效应便应运而生。然后，通过加大相互之间的投资合作，在确定防伪投资的可靠性时，可以通过双方利益最大化部分消除双重边际效应；通过供应链集成和产品定价的集中决策，可以确定防伪投资的可靠性，从而完全消除供应链中的双重边际效应。换言之，决策集中度越高，供应链系统的利润越大，决策分散度越高，供应链的效率越低。

图 11.3 描述了供应链利润随供应链假货渗透率 λ（$0<\lambda<1$）和防伪投资系数 I 的变化。在供应链集中决策下，供应链假货渗透率 λ（$0<\lambda<1$）和防伪投资 I 对防伪投资成本和供应链利润的影响。

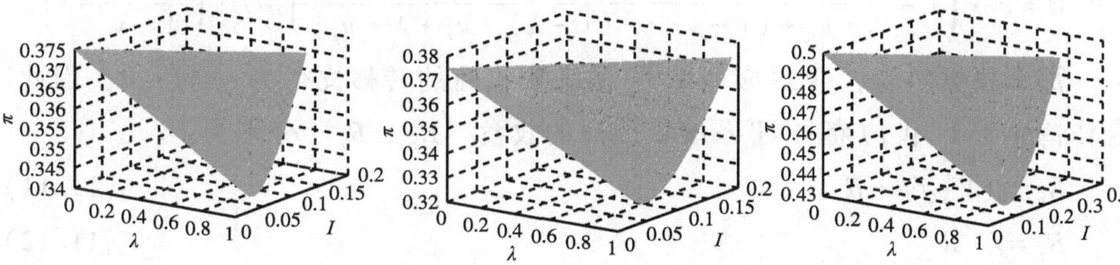

图 11.3　三种决策情形下的供应链利润

图 11.3 为三种决策情况下供应链均衡利润 π_{sc} 与假货渗透率 λ 和防伪投资系数 I 的变化情况。图中可见，在相同给定的 λ 与 I 取值下，在图 11.3.3 中，供应链利润在整合情况下最高，在图 11.3.2 中合作情况下第二，在图 11.3.1 中不合作情况下最低。

11.5　供应链防伪投资的合作契约

为在 IT 供应商和 IT 系统集成商之间达成双方可以接受的防伪投资和利润

分配协议鼓励供应链参与者在防伪体系建设中进行更有效的合作，并可执行供应链合作合同。本章设计的供应链合作契约是 HSN（Harsanyi - Selten - NASH）契约模型，即 HSN 供应链合作契约（Harsanyi - Selten，1972）。本章在随后分析中，探讨在合作情况下，以 R_m 表示供应商讨价还价后合作情况下获得的收益，R_r 为 IT 系统集成商讨价还价后合作情况下的，收益成本向量 $\{R_m, R_r\}$ 是参与者非合作博弈收益；同时探讨在非合作情况下，以 N_m 表示非合作情况下 IT 供应商收益，相应以 N_r 表示 IT 系统集成商对应非合作收益。向量 $\{N_m, N_r\}$ 为参与者非合作博弈收益。

书中设定的合作合同以可转让效用为重点，设定 IT 供应商向 IT 系统集成商进行的转移支付，定义为 γ。这不失一般性，由于对转移支付的价值没有标志限制。合作设定中以 f（$0 \leqslant f \leqslant 1$）表示 IT 供应商预先确定的收益份额，因此 IT 供应商与 IT 系统集成商通过合作获取的效用函数分别为 $R_m = (1-f) \cdot R$ 及 $R_r = f \cdot R$。为了简化讨论，此处我们给定 IT 系统集成商产品销售价格 $p = w$，即 IT 系统集成商获得收益为 0，那么按照此定价 IT 供应商获得供应链全部销售收益：

$$R = w \cdot \left(1 - \frac{w}{x \cdot u_r + (1-x) \cdot [(1-\lambda) \cdot u_r + \lambda \cdot u_f]}\right) - I \cdot \left(\frac{1}{1-x} - 1\right)。$$

那么根据协议，IT 供应商给 IT 系统集成商的转移支付为 $\gamma = f \cdot R$。因此，合作博弈下 IT 供应商与 IT 系统集成商的收益 $\{R_m, R_r\}$ 分别为：

$$R_m = (1-f) \cdot R \tag{11.11}$$

$$R_r = f \cdot R \tag{11.12}$$

它由 Myerson（1979）Generalized Nash Product Maximization（GNP）设定，受激励兼容性（IC）和个人原因（IR）限制，并包含其他可行性（FEAS）限制，共同决定讨价还价博弈的产出。合作定价的非负极限由以下函数表达式实现：$GNP^* = \max\{\log(R_m - N_m) + \log(R_r - N_r)\} = \max\{\log(f \cdot R - N_s) + \log[(1-f) \cdot R - N_r]\}$。

产品定价与防伪投资可靠度同时受到约束：

$$w = \arg\max_w R \tag{IC}$$

$$x = \arg\max_x R \tag{IC}$$

$$R_s - N_s \geqslant 0 \tag{IR}$$

$$R_r - N_r \geqslant 0 \tag{IR}$$

$0 \leqslant f \leqslant 1$ (FEAS)

由激励相容约束，IT 供应商确定批发价格以及防伪可靠度以最大化其利润，得到福利最优解 $\bar{w} = \frac{x \cdot u_r + (1-x) \cdot [(1-\lambda) \cdot u_r + \lambda \cdot u_f]}{2}$，$\bar{x} = 1 - \sqrt{\frac{4I}{\lambda \cdot \Delta u}}$，供应链收益 $R = u_r - \frac{5}{2}\sqrt{I \cdot \lambda \cdot \Delta u} + I$。同时，式中的（IR）约束不能最优收紧。对于任何参与者类型的组合，唯一的另一种可能性是参与者达到不一致的结果。同时，广义纳什乘积的 GNP 最大化利润份额为 f 取值为 $f = (R - N_r + N_s)/2R$。由于不同条件下形成的定价均衡是不同的，这意味着当双方不合作时，不同条件下的留存利润是不同的。因此，本章讨论了不同条件下供应链合作定价的利益分配问题。

根据非合作投资情况下的分析，当 IT 供应商和 IT 系统集成商不合作时，双方可以获得的留存利润分别为 π_m^* 及 π_r^*，也即此时成本向量 $\{N_m, N_r\}$ 取值为 $\{\pi_m^*, \pi_r^*\}$。那么当供应链参与方采取合作时，IT 供应商应得到的利润份额为：

$f = (R - \pi_m^* + \pi_r^*)/2R$。

由此，代入 R，π_r^* 以及 π_s^*，得到：

$$\bar{f} = \frac{\frac{15u_r}{16} - \frac{5}{8}\sqrt{2I \cdot \lambda \cdot \Delta u} - \frac{5}{2}\sqrt{I \cdot \lambda \cdot \Delta u}}{2u_r - 5\sqrt{I \cdot \lambda \cdot \Delta u} + 2I}。$$

因此，此条件下的合作定价中，IT 供应商给予 IT 系统集成商转移支付：

$$\bar{\gamma} = f^* \cdot R = \frac{15u_r - 10\sqrt{2I \cdot \lambda \cdot \Delta u} - 40\sqrt{I \cdot \lambda \cdot \Delta u}}{32}。$$

所以在此机制下，IT 供应商将以 $\bar{w}$ 确定产品批发价格，而 IT 系统集成商同时以相同零售价格即 $p = w$ 确定其销售价，并且 IT 供应商给予 IT 系统集成商转移支付 $\bar{\gamma}$，实现供应链防伪投资的协调。

11.6 本章小结

本章以 IT 供应商和 IT 系统集成商共同构建的供应链产品的防伪系统为研

究对象。本章以产品防伪可靠性为基础，综合考虑产品防伪可靠性和防伪投资成本对供应链利润的影响，建立 Stackelberg 博弈模型，并讨论合作投资的三个方面、合作投资和供应链整合。

此外，本章还研究了连锁防伪投资决策问题。该决策包括两个方面：供应商是否可以投资，体现在 IT 供应商投资防伪技术所要求的产品防伪市场的渗透门槛；投资的具体金额，体现在 IT 防伪的可靠性上。得出供应商应建立产品防伪制度的结论。通过研究我们还发现，供应链防伪系统的阈值和可靠性在以下三种情况下发生了变化：非协同决策、非集成协同决策、供应链集成集中决策。同时，不同决策方式下的供应链收入也发生了变化。最后，本章设计了 HSN 供应链协同契约模型，旨在消除供应链投资中的双边效应，为供应链防伪系统的决策提供了科学依据和管理启示。

第 12 章

网络空间供应链仿冒治理模式选择

12.1 问题描述

网络交易快速发展的同时，愈演愈烈的产品造假问题也在制约着网络零售市场的长远发展。针对假货防治，各平台商采取了不同的渠道模式销售商品，也因此产生了不同的防治效果。与第三方代理平台不同，自营平台常常标榜通过制定采购标准以及与品牌商签订采购协议等途径，可从源头杜绝假货。实际上这样仍然无法完全避免假货，但网购消费者一般认为，自营平台商品正品率会高于第三方代理平台。本章主要研究在不同网购模式下，品牌商及平台商的防伪投资意愿及决策。

虽然对假冒产品防伪问题的相关研究有很多，但是针对线上购物渠道模式下的产品防伪进行研究的却很少。本章在品牌商是否选择建立防伪体系的背景下建立供应链中品牌商和平台商的 Stackelberg 博弈模型，以渠道模式为切入点通过对转售模式和代理模式进行比较分析，最终得出用于解决平台假冒问题的策略。本章以线上销售渠道中建立防伪体系为研究对象，以防伪可信度来衡量品牌厂商愿意为其产品建立防伪体系所进行的努力程度，建立成员间的 Stackelberg 博弈模型，在此基础上引入防伪技术对市场假货渗透率的影响，分别讨论不同渠道模式下，防伪投资技术选择对渠道及其成员收益的影响，并寻求各成员收益分配、成本分摊的合理方案，为不同渠道模式下电子商务建立防伪体系提供依据和管理启示。

12.2 模型及假设

考虑由品牌商和平台商组成的网络空间供应链系统：品牌商 B 生产某种产品，并且通过在线平台 M 以两种模式进行销售：转售模式和代理模式。考虑到商品流通过程中，市场中可能产生假冒产品的渗透，并且在欺骗性假冒的情况下，消费者购买商品时不具备足够的知识来区分正品及假冒品。市场中假货渗透率 λ（$0<\lambda<1$）为共有知识，意指假货在市场所流通的产品中所占的比例。定义品牌正品的质量为 u_r，假冒产品的质量为 u_f。

假定 θ 表示消费者对购买一个单位产品的偏好强度，其中 $\theta\in[0, 1]$。那么消费一个单位产品的消费者剩余为 $CS=q\cdot\theta-p$，其中，q 代表期望产品质量，p 代表产品价格；对于消费者 θ 而言，其决定是否购买商品的问题为 $\max\{0, q\cdot\theta-p\}$。显然，只有当消费者剩余满足 $cs>0$ 时，消费者才会购买产品。以 $\bar{\theta}$ 为消费者是否消费此商品的临界值，可得 $\bar{\theta}=p/q$。对于产品市场，消费者选择购买产品的区间为 $[\bar{\theta}, 1]$。因此，产品市场需求为 $d=1-p/q$。

品牌商未建立防伪体系时，消费者购买商品期望质量为 $q_c=(1-\lambda)\cdot u_r+\lambda\cdot u_f$。由于产品造假者也可能采取措施对防伪溯源机制进行打击，因此产品采用的防伪溯源机制本身存在可信程度问题，这取决于防伪技术选择以及品牌商为此投入的努力程度。假定可信度为 x，此状态下消费者可以辨识正品与仿冒品，显然 $x\in[0, 1]$。此时消费者可以证明所购产品为正品，故此状态下消费者对购买产品的期望质量为 u_r。相对应在 $1-x$ 状况下消费者无法区分产品真伪，此时消费者对购买产品的期望质量为 $q_0=(1-\lambda)\cdot u_r+\lambda\cdot u_f$。综合两种状况消费者对购买产品的期望质量为 $q_s=x\cdot u_r+(1-x)\cdot[(1-\lambda)\cdot u_r+\lambda\cdot u_f]$。于是，防伪溯源机制下消费者对购买产品的市场需求为 $d_s=1-p/\{x\cdot u_r+(1-x)\cdot[(1-\lambda)u_r+\lambda u_f]\}$。

建立防伪溯源机制会产生成本 c，且此投资成本 c 是防伪可信度 x 的函数，即 $c=f(x)$。此函数应满足以下条件：（1）区间 $[0, 1]$，始终有 $\partial c/\partial x>0$，

$\partial^2 c/\partial x^2>0$。即防伪溯源机制投资成本与可信度呈正相关，且呈现规模不经济性；（2）当 $x=0$ 时，有 $c=0$。即不建立防伪溯源机制时可信度为 $x=0$，设定其投资成本为 $c=0$；（3）$\lim\limits_{x\to 1} c=\infty$。即防伪溯源机制的投资成本随可信度增加是不断增加的，且建立完全的可信度所需要的技术投资成本趋近于无穷，体现为现实情况下对防伪溯源机制的建立是不断完善的过程，没有终点。满足上述条件下可设定投资成本函数为：$f(x)=I\cdot\left(\dfrac{1}{1-x}-1\right)$。

其中，I 为防伪技术投资系数。成本参数反映了品牌商建立防伪可信度努力的效率，其值取决于防伪技术投入对其可信度的影响程度。当防伪投入对其可信度影响提升显著时，品牌商在付出同样努力成本的情况下，可以较大程度地提高可信度。

在假货影响下，品牌商及平台面临的决策包括是否建立防伪溯源体系以及何种渠道模式下更有利于防伪体系的建立。转售模式下，下游平台零售商 M 以商定的批发价 w 从品牌商处购买产品并以高于批发价的零售价 p 出售。代理模式下，产品的零售价格 p 由品牌商设定，并且通过零售平台进行销售，品牌商需向平台零售商支付比例为 α（$0\leqslant\alpha\leqslant 1$）的佣金费用。考虑现实情况下平台商一般不会针对某品牌商单独制定佣金比例，而是向同一类别品牌商收取相同比例佣金，因此假设参数 α 为外生变量。

因此，假货影响下，平台及品牌商存在 4 种供应链模式，分别如图 12.1 ~ 图 12.4 所示。

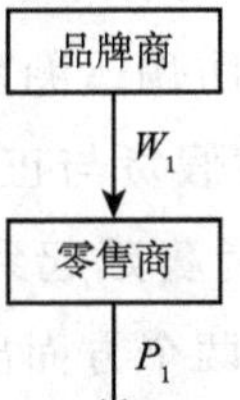

图 12.1　R－N 模式下的决策

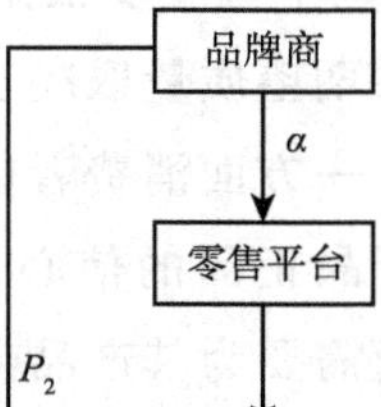

图 12.2　A－N 模式下的决策

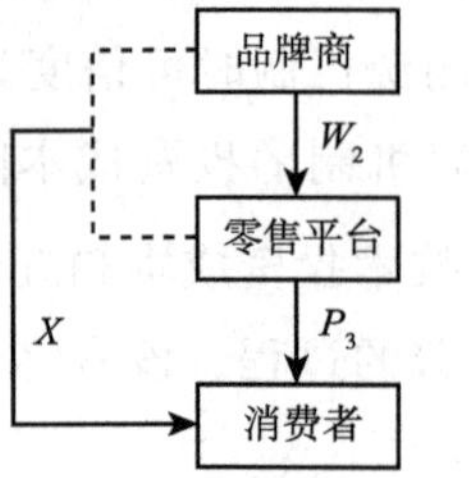

图 12.3　R－F 模式下的决策

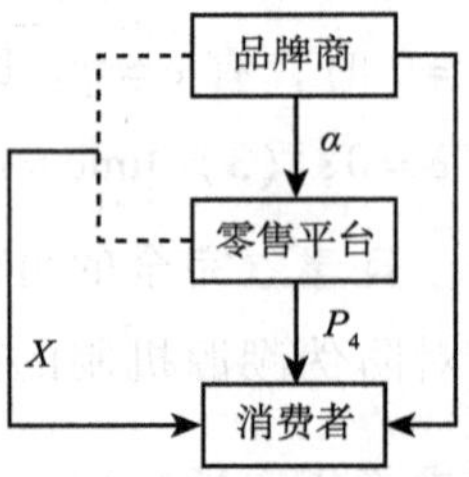

图 12.4　A－F 模式下的决策

（1）R－N 模式：平台及品牌商采取转售模式，未建立防伪溯源体系。给定市场产品销售存在假货影响，此时品牌商在转售模式下先确定其产品批发价格 w，平台零售商确定此产品零售价格 p。

（2）A－N 模式：平台及品牌商采取代理模式，未建立防伪溯源体系。给定市场产品销售存在假货影响，给定平台与品牌商议定的代理费用比例 α，代理模式下品牌商进一步根据其收入份额 $1-\alpha$ 来确定最终零售价 p。

（3）R－F 模式：平台及品牌商采取转售模式，同时建立防伪溯源体系。给定市场产品销售存在假货影响，此时品牌商首先确定其产品防伪溯源机制可信度 x，转售模式下进一步确定其产品批发价格 w，平台零售商确定此产品零售价格 p。

（4）A－F 模式：平台及品牌商采取代理模式，建立防伪溯源体系。给定平台与品牌商议定的代理费用比例 α，品牌商首先确定其产品防伪溯源机制可信度 x，代理模式下进一步根据其收入份额 $1-\alpha$ 来确定最终零售价 p。

其中，产品期望质量取决于厂商是否为产品建立防伪追溯系统。通过建立防伪溯源机制，一方面消费者能够通过此机制提高对假货与正品的辨识能力，提升消费者对产品正品的信心；另一方面可以对假货蔓延起到一定的抑制作用，因此品牌商需要为其产品建立防伪溯源机制，从两个方面出发维护品牌效益。品牌商为其产品建立防伪溯源机制，防伪投资费用由其本身承担。另外，品牌商提升产品防伪力度，加大防伪投资可增加消费者购物体验，从而为下游平台零售商带来收益，促使其实施一系列措施激励供应商加强产品防伪措施，实现供应链体系的产品防伪合作。

12.3 网络空间供应链决策均衡

12.3.1 R－N 模式下的决策

当品牌商采用转售模式进行产品销售时，品牌商是价格决策领导者，下游平台则是跟随者。即品牌商首先决定以最大限度提高自己利润的批发价格 w 将产品提供给平台零售商，然后根据品牌商的决定，平台零售商决定零售价格 p 来最大化自身利润。因此，未建立防伪体系时的转售模式下，品牌商以及平台零售商的利润分别为：

$$\pi_B = w \cdot \left[1 - \frac{p}{(1-\lambda) \cdot u_r + \lambda \cdot u_f}\right] \tag{12.1}$$

$$\pi_M = (p - w) \cdot \left[1 - \frac{p}{(1-\lambda) \cdot u_r + \lambda \cdot u_f}\right] \tag{12.2}$$

由此可得引理 12－1：

引理 12－1：R－N 模式下，可得批发及零售均衡价格为 $w^{RN} = [(1-\lambda) \cdot u_r + \lambda \cdot u_f]/2$ 及 $p^{RN} = 3 \cdot [(1-\lambda) \cdot u_r + \lambda u_f]/4$ 。双方均衡利润分别为 $\pi_B^{RN} = [(1-\lambda) \cdot u_r + \lambda \cdot u_f]/8$ 及 $\pi_M^{RN} = [(1-\lambda) \cdot u_r + \lambda \cdot u_f]/16$。

证明：由式（12.2）得到$\partial^2 \pi_P / \partial p^2 = (-2)/[(1-\lambda)u_r + \lambda u_f] < 0$。则 π_P^{RN} 是关于 p 的严格凹函数。零售商以 $p = \mathrm{argmax}\pi_P^{RN}$ 确定零售价格，得 $p(w) = [w + (1-\lambda)u_r + \lambda u_f]/2$。由式（12.1）得到$\partial^2 \pi_B / \partial w^2 = (-1)/[(1-\lambda)u_r + \lambda u_f] < 0$，显然 π_B 是 w 的严格凹函数。品牌商以 $w = \mathrm{argmax}\pi_B(w)$ 确定批发价格，得 $w^{RN} = [(1-\lambda)u_r + \lambda u_f]/2$。回代入 $p(w)$ 可得到 $p^{RN} = 3[(1-\lambda)u_r + \lambda u_f]/4$，$\pi_B^{RN} = [(1-\lambda)u_r + \lambda u_f]/8$，$\pi_P^{RN} = [(1-\lambda)u_r + \lambda u_f]/16$。综上所述，引理 12－1 得证。

引理 12－1 给出 R－N 模式下的均衡决策。得$\partial \pi_B^{RN} / \partial \lambda = \Delta u/8 < 0$ 及$\partial \pi_M^{RN} / \partial \lambda = \Delta u/16 < 0$，其中 $\Delta u = u_r - u_f$，为仿冒品与正品之间的质量差异。这表明 RN 模式下，品牌商和平台零售商的均衡利润随着假货渗透率 λ 升高而减少。

另外，从品牌商和平台均衡利润可以看出当消费者对购买产品的期望质量提高时，批发价格、零售价格以及品牌商与平台的利润也随之增加，这说明提高消费者对产品的期望质量可以提高利润。

12.3.2 A－N 模式下的决策

A－N 模式下，平台代理佣金比例为 α。此状况下品牌商以及平台商的利润分别为：

$$\pi_B = (1-\alpha)\cdot p\cdot\left[1-\frac{p}{(1-\lambda)\cdot u_r+\lambda\cdot u_f}\right] \tag{12.3}$$

$$\pi_M = \alpha\cdot p\cdot\left[1-\frac{p}{(1-\lambda)\cdot u_r+\lambda\cdot u_f}\right] \tag{12.4}$$

由此可以得到引理 12－2：

引理 12－2：A－N 模式下，产品的均衡零售价格为 $p^{AN}=[(1-\lambda)u_r+\lambda u_f]/2$。品牌商和平台商利润为 $\pi_B^{AN}=(1-\alpha)[(1-\lambda)u_r+\lambda u_f]/4$ 及 $\pi_M^{AN}=\alpha\cdot[(1-\lambda)u_r+\lambda u_f]/4$。

证明：通过逆向归纳法求解此博弈。由式（12.4）得到 $\partial^2\pi_P/\partial p^2<0$。则 π_P 是关于 p 的严格凹函数。品牌商以 $p=\text{argmax}\pi_P$ 确定零售价格，得 $p^{AN}=[(1-\lambda)u_r+\lambda u_f]/2$；回代到利润函数可得 $\pi_B^{AN}=(1-\alpha)[(1-\lambda)u_r+\lambda u_f]/4$，$\pi_P^{AN}=\alpha\cdot[(1-\lambda)u_r+\lambda u_f]/4$。综上，引理 12－2 得证。

引理 12－2 给出 A－N 模式的均衡。$\partial\pi_B^{AN}/\partial\lambda=(1-\alpha)\cdot\Delta u/8$，且 $\partial\pi_M^{AN}/\partial\lambda=\alpha\cdot\Delta u/4<0$，其中，表明假货渗透率均衡利润的影响取决于正品及仿冒品质量差异 Δu，这与引理 12－1 得出的结论一致。此外双方均衡利润与佣金比例 α 有关，α 与品牌商利润成反比，与平台商利润成正比。

12.3.3 R－F 模式下的决策

给定品牌商首先确定产品防伪溯源体系的可信度 x。转售模式下，品牌商进一步确定产品批发价格 w，平台确定此产品零售价格 p。此时品牌商与平台利润分别为：

$$\pi_B = w \cdot \left[1 - \frac{p}{x \cdot u_r + (1-x) \cdot [(1-\lambda) \cdot u_r + \lambda \cdot u_f]}\right] - I \cdot \left[\frac{1}{1-x} - 1\right] \tag{12.5}$$

$$\pi_M = (p-w) \cdot \left[1 - \frac{p}{x \cdot u_r + (1-x)[(1-\lambda) \cdot u_r + \lambda \cdot u_f]}\right] \tag{12.6}$$

由此可以得到引理 12 - 3：

引理 12 - 3：R - F 模式下，均衡防伪可信度为 $x^{RF} = 1 - \sqrt{8I/\lambda \cdot \Delta u}$；均衡的批发及零售价格为 $w^{RF} = (u_r - \sqrt{\lambda \cdot 8I \cdot \Delta u})/2$ 及 $p^{RF} = 3(u_r - \sqrt{\lambda \cdot 8I \cdot \Delta u})/4$；防伪成本为 $C^{RF} = \sqrt{I \cdot \lambda \cdot \Delta u/8} - I$；均衡利润分别为 $\pi_B^{RF} = u_r/8 - \sqrt{2I \cdot \lambda \cdot \Delta u}/2 + I$ 及 $\pi_M^{RF} = (u_r - \sqrt{8I \cdot \lambda \cdot \Delta u})/16$。

证明：品牌商建立防伪溯源机制，选择以 $x^{RF} = \arg\max \pi_B(x)$ 为可信度建立防伪体系，得到 $x^{RF} = 1 - \sqrt{8I/\lambda \cdot \Delta u}$。将 x^{RF} 回代得到均衡价格为 $w^{RF} = (u_r - \sqrt{\lambda \cdot 8I \cdot \Delta u})/2$ 及 $p^{RF} = 3 \cdot (u_r - \sqrt{\lambda \cdot 8I \cdot \Delta u})/4$；防伪投资成本为 $C^{RF} = \sqrt{I \cdot \lambda \cdot \Delta u/8} - I$；均衡利润分别为 $\pi_B^{RF} = u_r/8 - \sqrt{2I \cdot \lambda \cdot \Delta u}/2 + I$；$\pi_P^{RF} = (u_r - \sqrt{8I \cdot \lambda \cdot \Delta u})/16$。综上，引理 12 - 3 得证。

引理 12 - 3 给出 R - F 模式的最优决策。引理 12 - 3 可得 $\partial \pi_B^{RF}/\partial \lambda = -\sqrt{2I \cdot \lambda \cdot \Delta u}/4\lambda < 0$，$\partial \pi_M^{RF}/\partial \lambda = -\sqrt{2I \cdot \lambda \cdot \Delta u}/16\lambda < 0$，可见 λ 越大意味着市场中假货越多，对品牌商和平台零售商利润的消极影响就越大，这时为产品建立防伪溯源机制意愿就更强烈。另外由 $\partial x^{RF}/\partial \lambda = \sqrt{8I \cdot \lambda \cdot \Delta u}/2\lambda^2 \cdot \Delta u > 0$；$\partial x^{RF}/\partial I = -\sqrt{8I \cdot \lambda \cdot \Delta u}/2I \cdot \lambda \cdot \Delta u < 0$，可得最优防伪可信度 x^{RF} 随假货渗透率 λ 递增，随防伪投资系数 I 递减。这表明随假货渗透率 λ 升高，品牌商就越需要加大防伪投资力度，即提高防伪可信度，同时防伪投资额也随之上升，最终达到最优防伪可信度，而投资系数的增加会造成最优防伪可信度降低，当投资系数增加到一定程度防伪可信度也会降到最低，这时就会发生建立防伪的收益不足以抵消建设成本情况。

命题 12 - 1：未建立防伪体系下，不同渠道模式的利润比较满足如下条件。

（1）$\alpha \in [0, 1/4]$ 时，$\pi_B^{RN} \leq \pi_B^{AN}$ 且 $\pi_M^{RN} \geq \pi_M^{AN}$。代理模式下品牌商利润大

于转售模式下，代理模式下平台利润小于转售模式下。

（2）$\alpha \in [1/4,\ 1/2]$ 时，$\pi_B^{RN} \leqslant \pi_B^{AN}$ 且 $\pi_M^{RN} \leqslant \pi_M^{AN}$。代理模式下品牌商和平台利润都大于转售模式下。

（3）$\alpha \in [1/2,\ 1]$ 时，$\pi_B^{RN} \geqslant \pi_B^{AN}$ 且 $\pi_M^{RN} \leqslant \pi_M^{AN}$。代理模式下品牌商利润小于转售模式下，代理模式下品牌商利润大于转售模式下。

证明：未建立防伪体系下品牌商利润比较为：$\pi_B^{RN} - \pi_B^{AN} = A \cdot (1-2\alpha)/8$。当 $\alpha > 1/2$ 时，$\pi_B^{RN} > \pi_B^{AN}$；当 $\alpha < 1/2$ 时，$\pi_B^{RN} < \pi_B^{AN}$。未建立防伪体系时零售商利润的比较：$\pi_P^{AN} - \pi_P^{RN} = A \cdot (4\alpha - 1)/16$。当 $\alpha < 1/4$ 时，$\pi_P^{AN} < \pi_P^{RN}$；当 $\alpha > 1/4$ 时，$\pi_P^{AN} > \pi_P^{RN}$，其中 $A = (1-\lambda) \cdot u_r + \lambda \cdot u_f$。综上，命题 12－1 得证。

命题 12－1 表明 A－N 模式下，存在区域 $\alpha \in [1/4,\ 1/2]$，使得品牌商和平台由转售模式转变为代理模式都可获利，即 $\pi_B^{AN} \geqslant \pi_B^{RN}$，$\pi_M^{AN} \geqslant \pi_M^{RN}$。这说明 A－N 模式下，品牌商及平台议定的佣金比例有一定限制，选择适当的佣金比例可使品牌商和平台都获利。图 12.5 中，取值 $u_r = 2$，$u_f = 1$，$I = 0.5$，$\lambda = 0.2$，对 R－N 模式及 A－N 模式均衡利润进行比较。图 12.5 说明两种模式均衡利润差异，其中 $\Delta\pi_1 = \pi_B^{AN} - \pi_B^{RN}$、$\Delta\pi_2 = \pi_M^{AN} - \pi_M^{RN}$。

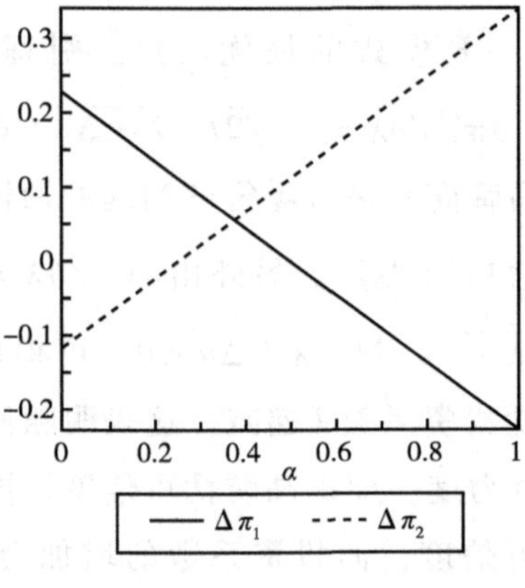

图 12.5　R－N 及 A－N 模式下的均衡利润对比

12.3.4　A－F 模式下的决策

A－F 模式下，确定零售价格为 p，于是品牌商以及平台商的利润分别为：

$$\pi_B=(1-\alpha)\cdot p\cdot\left[1-\frac{p}{x\cdot u_r+(1-x)[(1-\lambda)\cdot u_r+\lambda\cdot u_f]}\right]-I\cdot\frac{1}{(1-x)-1}\tag{12.7}$$

$$\pi_M=\alpha\cdot p\cdot\left[1-\frac{p}{x\cdot u_r+(1-x)[(1-\lambda)\cdot u_r+\lambda\cdot u_f]}\right]\tag{12.8}$$

由此可以得到引理 12－4：

引理 12－4：A－F 模式下，均衡的防伪可信度为 $x^{AF}=1-\sqrt{4I/\lambda\cdot\Delta u\cdot(1-\alpha)}$。均衡价格为 $p^{AF}=(u_r-\sqrt{4I\cdot\lambda\cdot\Delta u/1-\alpha})/2$，防伪成本 $C^{AF}=\sqrt{I\cdot\lambda\cdot\Delta u(1-\alpha)}/2-I$。均衡利润 $\pi_B^{AF}=u_r(1-\alpha)/4-\sqrt{I\cdot\lambda\cdot\Delta u(1-\alpha)}+I$ 及 $\pi_M^{AF}=\alpha\cdot(u_r-\sqrt{4I\cdot\lambda\cdot\Delta u/1-\alpha})/4$。

证明：品牌商建立防伪溯源机制，选择以 $x^{AF}=\mathrm{argmax}\pi_B$ 为可信度建立防伪体系，得到 $x^{AF}=1-\sqrt{4I/\lambda\cdot\Delta u\cdot(1-\alpha)}$；$p^{AF}=(u_r-\sqrt{4I\cdot\lambda\cdot\Delta u/1-\alpha})/2$；防伪成本为 $C^{AF}=\sqrt{I\cdot\lambda\cdot\Delta u(1-\alpha)}/2-I$；均衡利润为 $\pi_B^{AF}=u_r(1-\alpha)/4-\sqrt{I\cdot\lambda\cdot\Delta u(1-\alpha)}+I$；$\pi_B^{AF}=\alpha\cdot(u_r-\sqrt{4I\cdot\lambda\cdot\Delta u/1-\alpha})/4$。综上，引理 12－4 得证。

引理 12－4 给出 A－F 代理模式下的均衡决策。可得到 $\partial\pi_B^{AF}/\partial\lambda<0$，$\partial\pi_M^{AF}/\partial\lambda<0$，$\partial x^{AF}/\partial\lambda>0$，$\partial x^{AF}/\partial I<0$。另外由 $\partial x^{AF}/\partial\alpha=-\sqrt{I\cdot\lambda\cdot\Delta u\cdot(1-\alpha)}/\lambda\cdot\Delta u\cdot(1-\alpha)^2<0$ 可得最优防伪可信度 x^{AF} 随代理佣金比例 α 递减，这说明平台索取的代理佣金比例升高会打击建立防伪机制的动力，影响防伪投资，导致建立防伪时可信度降低。

命题 12－2：建立防伪体系下，不同渠道模式的利润比较满足如下条件。

（1）$\alpha\in[0,\alpha_1]$ 时，$\pi_B^{RF}\leqslant\pi_B^{AF}$，$\pi_M^{RF}\geqslant\pi_M^{AF}$。品牌商转售模式下的利润小于代理模式下；而平台商在转售模式下的利润大于代理模式。

（2）$\alpha\in[\alpha_1,\alpha_2]$ 时，$\pi_B^{AF}\geqslant\pi_B^{RF}$，$\pi_M^{AF}\geqslant\pi_M^{RF}$。品牌商和平台商代理模式下的利润都大于转售模式下的利润。

（3）$\alpha\in[\alpha_2,1]$ 时，$\pi_B^{RF}\geqslant\pi_B^{AF}$，$\pi_M^{RF}\leqslant\pi_M^{AF}$。品牌商转售模式下的利润大于代理模式下；而零售商转售模式下的利润小于代理模式下。

证明：建立防伪体系下品牌商利润的比较：$\Delta\pi_3=\pi_B^{AF}-\pi_B^{RF}$。建立防伪体系下零售商利润的比较：$\Delta\pi_4=\pi_M^{AF}-\pi_M^{RF}$。其中，$\Delta\pi_3=\pi_B^{AF}-\pi_B^{RF}$，$\Delta\pi_4=\pi_M^{AF}-\pi_M^{RF}$，由图 12.6 可得出它们的利润差异。综上，命题 12－2 得证。

命题 12－2 表明建立防伪体系情况下，存在区域 $\alpha\in[\alpha_1,\ \alpha_2]$ 使得代理模式中品牌商和零售商的利润都高于转售模式中的利润，即 $\pi_B^{AF}\geqslant\pi_B^{RF}$ 且 $\pi_M^{AF}\geqslant\pi_M^{RF}$，这与命题 12－1 相似。命题 12－1 与命题 12－2 共同说明在建立产品防伪体系前后都存在一个代理费用比例 α 区域使得代理模式下品牌商和零售商利润都获得提升。对防伪溯源机制下转售模式和代理模式中品牌商和平台商均衡利润进行比较，图 12.6 说明两种模式品牌商和平台均衡利润差异。

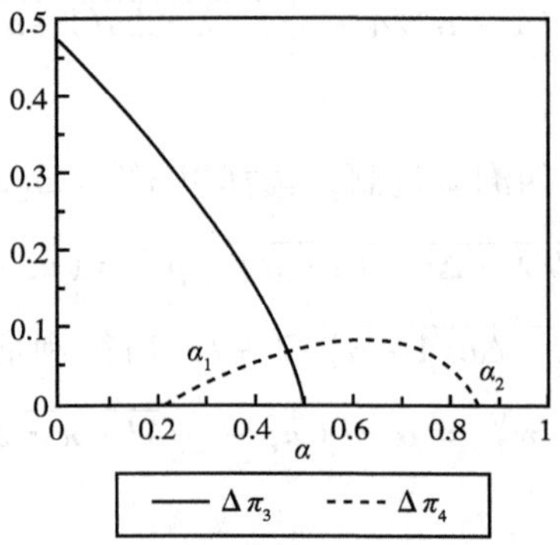

图 12.6　R－F 模式及 A－F 模式的利润差异

12.4　比较分析

12.4.1　品牌商利润比较

通过对不同模式中品牌商的利润进行比较，可得到命题 12－3。

命题 12－3：比较不同渠道模式下建立防伪体系与否的均衡利润可得到总有 $\pi_B^{RF}\geqslant\pi_B^{RN}$ 且 $\pi_B^{AF}\geqslant\pi_B^{AN}$。

证明：（1）转售模式 $\pi_B^{RF}-\pi_B^{RN}=\lambda\cdot\Delta u/8-\sqrt{2I\cdot\lambda\cdot\Delta u}/2+I$，当 $\lambda\cdot\Delta u\neq 8I$，$\pi_B^{RF}>\pi_B^{RN}$。（2）代理模式 $\pi_B^{AF}-\pi_B^{RF}=\lambda\cdot\Delta u(1-\alpha)/4-\sqrt{\lambda\cdot I\cdot\Delta u(1-\alpha)}+$

I，当 $\lambda \cdot \Delta u \neq 4I/(1-\alpha)$ 时，$\pi_B^{AF} > \pi_B^{AN}$。综上，命题 12－3 得证。

命题 12－3 表示：存在 $\lambda \cdot \Delta u = 8I$ 以及 $\lambda \cdot \Delta u = 4I/(1-\alpha)$ 使得品牌商在防伪溯源机制下的两种模式中获得的利润与未建立防伪体系时的利润相同。除此之外，无论选择哪种模式，品牌商在防伪溯源机制下的利润始终高于未建立防伪体系时的利润。

图 12.7 与图 12.8 描绘了建立防伪溯源机制前后两种模式下品牌商利润的差异（取值 $\alpha = 0.5$，以下皆同），表明了不同渠道模式中建立防伪溯源机制对品牌商利润的影响，从中可以看出命题 12－3 是成立的。这说明建立防伪溯源机制可以对产品造假现象起到一定的抑制作用，提高消费者区分正品与假货的能力，有效提高品牌商效益。

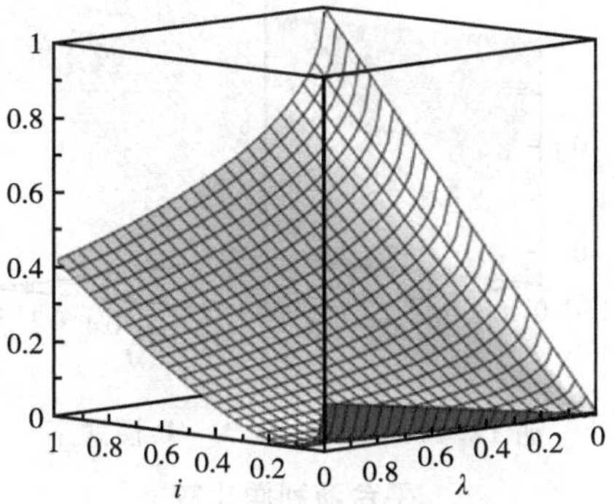

图 12.7　R－N 及 R－F 模式下品牌商利润比较

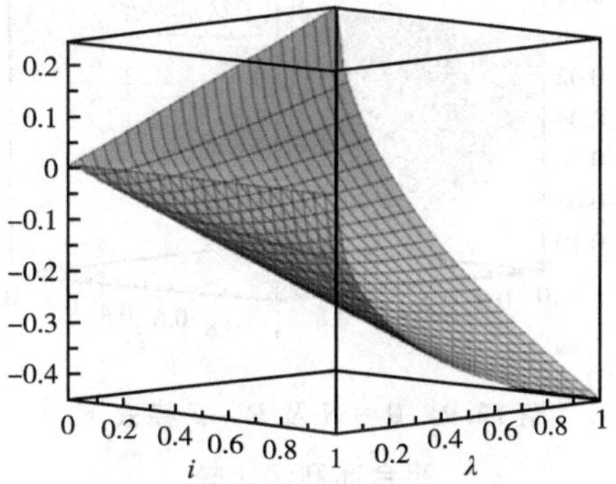

图 12.8　A－N 及 A－F 模式下品牌商利润比较

12.4.2　平台商利润比较

通过对不同模式下平台零售商利润进行比较，可得到命题 12－4 如下：

命题 12－4：比较不同渠道模式下建立防伪体系与否的均衡利润可得到：

（1）转售模式下，当 $\lambda \cdot \Delta u \geqslant 8I$ 时，$\pi_M^{RF} \geqslant \pi_M^{RN}$；

（2）代理模式下，当 $\lambda \cdot \Delta u \geqslant 4I/\alpha^2(1-\alpha)$ 时，$\pi_M^{AF} \geqslant \pi_M^{AN}$。

证明：（1）转售模式：$\pi_P^{RF} - \pi_P^{RN} = (\lambda \cdot \Delta u - \sqrt{8I \cdot \lambda \cdot \Delta u})/16$，$\lambda \cdot \Delta u > 8I$ 时，$\pi_P^{RN} < \pi_P^{RF}$。（2）代理模式下：$\pi_P^{AF} - \pi_P^{AN} = \lambda \cdot \Delta u \cdot \alpha/4 - \sqrt{\lambda \cdot I \cdot \Delta u/4(1-\alpha)}$，当

$\lambda \cdot \Delta u > 4I/\alpha^2(1-\alpha)$ 时，$\pi_P^{AN} < \pi_P^{AF}$。综上，命题 12 - 4 得证。

命题 12 - 4 表示品牌商建立防伪溯源机制后，不同渠道模式下的平台商只能在有限的范围内从防伪体系中获得更高的收益。图 12.9 表明了两种模式下是否建立防伪溯源机制对平台商利润的影响，从中可以看出命题 12 - 4 是成立的。与图 12.10 建立防伪溯源机制后品牌商在不同渠道模式中的获利区域相比，平台商的获利区域要明显小于品牌商。这表明平台商并不总是接受品牌商建立的防伪溯源，同时也为品牌商何时建立防伪溯源机制最能使零售商接受提供参考。

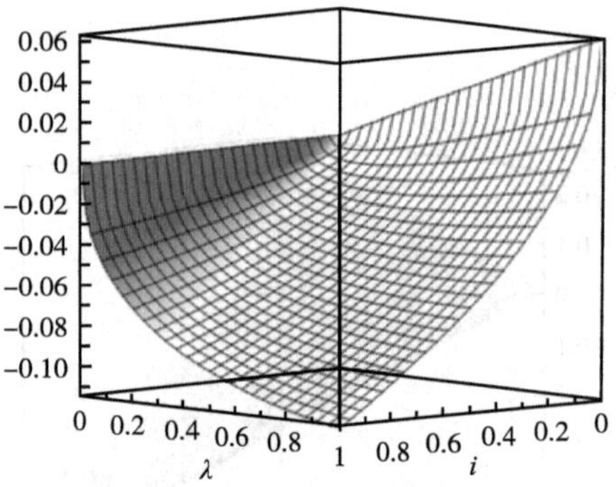

图 12.9 R - N 及 R - F 模式下平台商利润比较

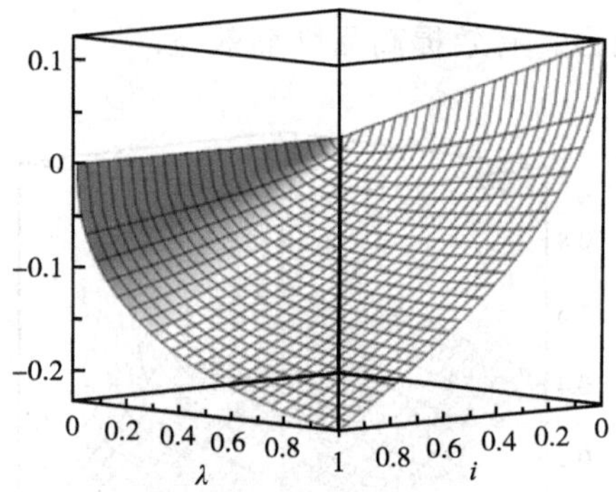

图 12.10 A - N 及 A - F 模式下平台商利润比较

12.4.3 供应链总利润比较

在转售模式和代理模式中，防伪体系建立前后的利润比较分别有：$\pi^{RN} = \pi_B^{RN} + \pi_M^{RN}$；$\pi^{AN} = \pi_B^{AN} + \pi_M^{AN}$；$\pi^{RF} = \pi_B^{RF} + \pi_M^{RF}$；$\pi^{AF} = \pi_B^{AF} + \pi_M^{AF}$。通过不同情况下对供应链总利润进行比较，得到命题 12 - 5：

命题 12 - 5：

（1）转售模式下：（1）当 $(32/9)\ I \leqslant \lambda\Delta u \leqslant 8I$ 时，建立防伪机制下总利润大于未建立防伪体系，即 $\pi^{RF} \geqslant \pi^{RN}$；（2）当 $0 \leqslant \lambda\Delta u \leqslant (32/9) \cdot I$ 或 $\lambda \cdot \Delta u \geqslant 8I$ 时，防伪机制下总利润小于未建立防伪体系，即 $\pi^{RF} \leqslant \pi^{RN}$。

（2）代理模式下：（1）当 $\lambda\Delta u \geqslant M$ 时，建立防伪机制下总利润大于未建立防伪体系，即 $\pi^{AF} \geqslant \pi^{AN}$；（2）当 $0 \leqslant \lambda\Delta u \leqslant M$ 时，防伪下总利润小于未建立防伪体系，即 $\pi^{AF} \leqslant \pi^{AN}$。其中 $M = (4-2\alpha)/(1-\alpha) - 16I^2 - 8$。

证明：（1）转售模式 $\Delta\pi_5 = 3\lambda \cdot \Delta u/16 - 5\sqrt{2I \cdot \lambda \cdot \Delta u}/8 + I$，当 $32I/9 < \lambda \cdot \Delta u < 8I$ 时，$\pi_3 < \pi_1$；当 $0 < \lambda \cdot \Delta u < 32I/9$ 或 $\lambda \cdot \Delta u < 8I$ 时，$\pi_3 > \pi_1$。（2）代理模式：$\Delta\pi_6 = \lambda \cdot \Delta u/4 - (2-\alpha)\sqrt{\lambda \cdot I \cdot \Delta u}/2\sqrt{(1-\alpha)} + I$，当 $0 < \lambda \cdot \Delta u < M$ 时，$\pi_4 < \pi_2$；当 $\lambda \cdot \Delta u > M$ 时，$\pi_4 > \pi_2$。综上，命题 12－5 得证。

命题 12－5 表明品牌制造商在选择转售模式或代理模式后，何时建立防伪溯源机制对供应链总利润更有益。命题 12－5 指出在供应链处于转售模式的情况下，供应链的利润改善与假货渗透率 λ、质量差异 Δu、防伪技术投资系数 I 有关。总存在有区域 $(32/9)I \leqslant \lambda\Delta u \leqslant 8I$，使得防伪溯源机制下供应链总利润大于未建立防伪体系下的，如图 12.11 所示。命题 12－5 还指出代理模式下，供应链的利润改善不仅与 λ、Δu、I 有关，还受代理费用比例 α 的影响。总存在有区域 $\lambda\Delta u > M$，使得建立防伪机制情况下供应链总利润大于未建立防伪体系下，如图 12.12 所示。

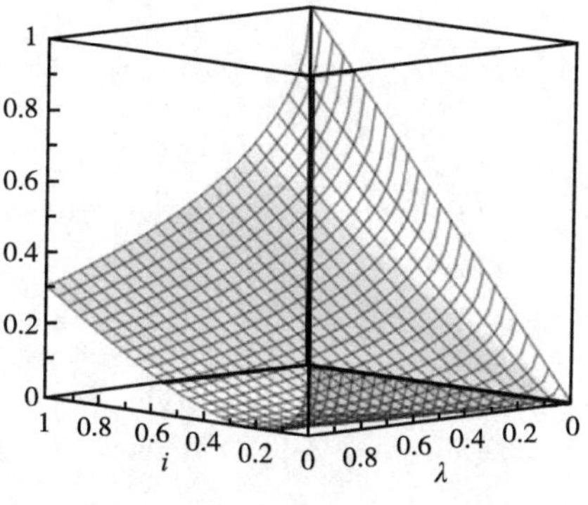

图 12.11　R－N 及 R－F 模式下总利润比较

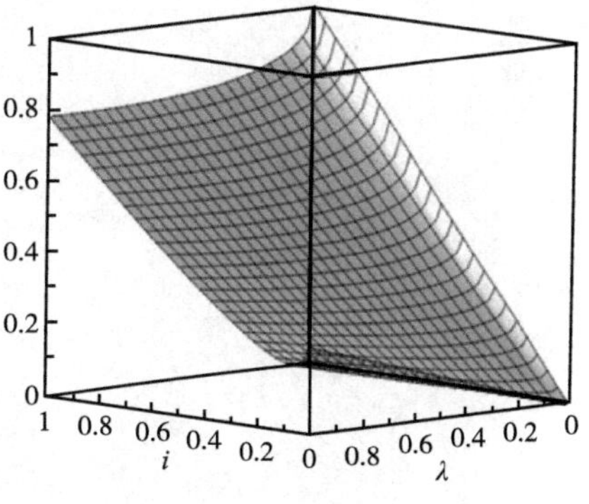

图 12.12　A－N 及 A－F 模式下总利润比较

12.5　本章小结

基于不同渠道模式，本章研究了网络空间供应链中品牌厂商及平台销售商的防伪投资决策机制。研究发现代理模式下始终存在一个区域使品牌商和平台商的利润高于转售模式中，这说明在电子商务中品牌商和平台销售商都可以通过代理模式获取更大利润，实现双赢。此外，研究还发现建立防伪溯源机制后品牌商在两种模式下的利润始终要优于未建立防伪体系下的利润，而平台商的利润在假货渗透率、质量差异的双重限制下才能高于未建立防伪体系下的。这表明平台商并不会总是接受品牌商建立防伪溯源机制，因此品牌商在做防伪溯源机制的投资决策时，要充分考虑到平台商的接受情况，选择在能够使平台商接受并愿意为之付出努力的条件下建立防伪溯源机制，从而提高供应链总利润。

第 13 章

网络空间供应链的信任传递建立

13.1 问题描述

与物理供应链的互动一样，网络空间供应链的信任目标也是努力向消费者能够信任的对象呈现。为了使自己成为一个可靠的对象，网络供应链中各个组织很有必要努力提高其本身的公司声誉、产品性能和产品界面设计。与此同时，在线消费者根据他们的产品竞争力、道德和诚信标准评估其在线贸易伙伴的信誉。信任的建立如何影响渠道产品的定价和消费者购物方式的选择？在从线下到线上的信任传递过程中，制造商在建立在线消费者信任和降低消费者感知风险方面付出了多少努力？哪些因素影响渠道之间的信任传递水平？本章在前人对网络消费者信任建立的实证研究的基础上，建立了渠道间信任传递的数学模型。考虑到制造商通过独立零售商线下销售产品，而制造商将线下产品延伸到线上直销渠道，通过制造商线下和线上渠道之间的信任传递，实现渠道定价的渠道协同，运用渠道全价理论以便讨论上述问题（张子健、曾雯，2018）。

13.2 模型及假设

厂商通过线上线下渠道销售产品，线下通过实体店零售商销售产品；同时，厂商建立线上销售渠道，直接在网上销售产品。由于电子渠道的整体真伪率较低，虽然厂商在网上销售的产品是真品，但消费者在购物时无法接触到实物，从而感受到更高的风险，即感知风险更高。令 $U(I)$ 表示消费者在当前财产为 I 时的效用函数（即做什么购买行为）。假定消费者效用函数表现为绝对风险厌恶（CARA）。令 r 表示消费者风险偏好。这一风险厌恶的 Arrow - Pratt 测量为 $r = \frac{U''(I)}{U'(I)} = -\frac{d\ln U'(I)}{dI}$。相应的指数效用函数为 $U(I) = -e^{-rI}$。

当顾客在线下实体店进行购物时，他们可以通过购买产品获得一系列好处 $B = \theta \pm \sigma$，θ 为顾客购买此产品的期望收益，σ 为收益的波动，这取决于产品质量和功能的稳定性。显然，产品质量和功能越稳定，σ 越小。由于风险厌恶，消费者购买过程中将产生感知风险 $r/2 \cdot \sigma^2$①。鉴于线上和线下销售的产品是一样的，但消费者在网上消费时，无法接触到实物，无法通过人机完成交易，因此感知风险更大。对于消费者而言感知风险为 $(r/2) \cdot (\sigma/\gamma)^2$。其中，$\gamma$ 为厂商将产品从线下渠道拓展到线上渠道时，形成的线下到线上产品信任传递系数。由于在线产品的消费者无法直接体验产品和服务，在线交易增加了消费者风险，因此这里给定 $\gamma \in (0, 1)$，这意味着消费者会认为，与线下购物相比，他们在网上购物过程中承担了更大的风险，因此信任转移系数越大，企业产品从线下到线上的信任转移建立越有效率，消费者在网上购物时的感知风险越低。

由于在线购物消费者面临更大的感知风险，只有相对风险厌恶程度较低的消费者才会通过在线渠道购买产品。如果 $r_2 > r_1$，一个具有风险偏好因子为 r_2 的消费者相较于风险偏好因子为 r_1 的消费者表现出更大的风险厌恶程度。边际消费者对于线上线下购买产品效用相等。当 $U_r = U_d$ 时，利用确定等值法，包含风险溢价时，两种方式效用相等临界点为 $\theta - \frac{r_1}{2}\sigma^2 - p_r = \theta - \frac{r_1}{2}\left(\frac{\sigma}{\gamma}\right)^2 - p_d$。其中，$p_r$ 为企业线下产品价格，p_d 为企业线上产品价格。简化上述表达式，得到 $r_1 = 2\gamma^2 \frac{p_r - p_d}{(1-\gamma^2)\sigma^2}$。其中 $r < r_1$ 时，此时一定有 $U_r < U_d$，消费者的风险厌恶程度不高，此时由于更低的线上价格，线上购物所获得效用将大于采

① 参照 Keeney and Raiffa，1976，风险贴现接近于消费者风险偏好因子与风险方差的一半。

取线下购物的效用。因此，在区间［0，r_1］内，消费者采取线上购买。

当风险厌恶程度大于 r_1，此时 $U_r > U_d$，消费者选择线下购物，而达到 r_2 的时候，此时购买产品与不购买效用相当，$U_r = U_0 = 0$，得到 $\theta - p_r - \frac{r_2}{2}\sigma^2 = 0$，因此可以得到 $r_2 = \frac{2(\theta - p_r)}{\sigma^2}$。产品需求区间总和为［0，$r_2$］，也即：

$$d = r_2 = \frac{2(\theta - p_r)}{\sigma^2} \tag{13.1}$$

式（13.1）意味着，产品的需求不但取决于其效用 θ，销售价格 p_r，同时还受到产品质量的影响：σ 越小，意味着产品质量越稳定，相应的产品需求量 d 越大，反之需求量越小。这与现实是非常吻合的。

因此，线上渠道需求量为：

$$q_d = r_1 = 2\gamma^2 \frac{p_r - p_d}{(1 - \gamma^2)\sigma^2} \tag{13.2}$$

线下渠道需求量为：

$$q_r = r_2 - r_1 = 2\,\frac{(1 - \gamma^2)\theta - p_r + \gamma^2 p_d}{(1 - \gamma^2)\sigma^2} \tag{13.3}$$

假定线下销售单位成本为 c_r，线上销售单位成本为 c_d，且 $c_r > c_d$，即线下销售面临更大的成本。产品渠道间信任传递过程中，需要进行大量的努力或投入，包括有效宣传、消费者行为方式引导，大量的广告投入等。假定厂商为线上信任建立付出的成本为 $C = I/(1 - \gamma^2)$，γ 为产品信任传递系数，其中 I 为信任传递成本系数。此信任传递成本系数越大，意味着建立线下到线上消费者信任越困难，所需要的努力越大，所付出的成本也越大。

线下渠道零售商利润为：

$$\pi_r = (p_r - w - c_r) \cdot 2\,\frac{(1 - \gamma^2)\theta - p_r + \gamma^2 p_d}{(1 - \gamma^2)\sigma^2} \tag{13.4}$$

制造商利润为：

$$\pi_m = w \cdot 2\,\frac{(1 - \gamma^2)\theta - p_r + \gamma^2 p_d}{(1 - \gamma^2)\sigma^2} + (p_d - c_d) \cdot 2\gamma^2 \frac{p_r - p_d}{(1 - \gamma^2)\sigma^2} - \frac{I}{1 - \gamma^2} \tag{13.5}$$

决策顺序如下：第一部分：制造商确定渠道间信任传递程度 γ；第二部

分：制造商与零售商进行渠道内价格博弈，确定渠道定价。渠道价格决策中，制造商首先确定线下渠道批发价格 w 以及线上渠道产品价格 p_d，零售商确定线下渠道产品零售价格 p_r。

13.3 决策分析

在渠道间信任传递程度 γ 建立的条件下，制造商与零售商进行渠道价格博弈，给定上游制造商确定产品的线下批发价格 w 与线上价格 p_d 的情形下，零售商确定产品线下零售价格为 p_r，以最大化自身利润，即 $p_r^* = \text{argmax}\pi_r(p_r)$。由式（13.4）零售商利润对定价的一阶条件，即 $d\pi_r/dp_r = 0$，得到 $d\pi_r/dp_r = 2 \cdot \frac{(1-\gamma^2)\theta - p_r + \gamma^2 p_d}{(1-\gamma^2)\sigma^2}$，下游零售商在给定 w 与 p_d 的情形下，产品的线下定价为：

$$p_r = \frac{(1-\gamma^2)\theta + \gamma^2(t_d + p_d) - t_r + w}{2} \tag{13.6}$$

将 p_r 代入式（13.5）制造商利润函数，得到：

$$\pi_m = w\frac{(1-\gamma^2)\theta - w - c_r + \gamma^2 p_d}{(1-\gamma^2)\sigma^2} + (p_d - c_d)\gamma^2\frac{(1-\gamma^2)\theta + w + c_r - (2-\gamma^2)p_d}{(1-\gamma^2)\sigma^2} \tag{13.7}$$

由式（13.7）制造商利润分别对产品线下零售定价 w 与产品线上定价 p_d 的一阶条件，也即 $d\pi_m/dw = 0$ 以及 $d\pi_m/dp_d = 0$，得到：

$$\frac{d\pi_m}{dw} = \frac{(1-\gamma^2)\theta - 2w - c_r + \gamma^2 p_d}{(1-\gamma^2)\sigma^2} + \frac{(p_d - c_d)\cdot\gamma^2}{(1-\gamma^2)\sigma^2} \tag{13.8}$$

$$\frac{d\pi_m}{dp_d} = \frac{\gamma^2 w}{(1-\gamma^2)\sigma^2} + \gamma^2\frac{(1-\gamma^2)\theta + w + c_r - (2-\gamma^2)(2p_d - c_d)}{(1-\gamma^2)\sigma^2} \tag{13.9}$$

联立式（13.8）与式（13.9），得到：$p_d^* = \frac{\theta + c_d}{2}$ 与 $w^* = \frac{\theta - c_r}{2}$，由 p_d^* 以及 w^* 得到：

$$p_r^* = \frac{(3-\gamma^2)\theta + c_r + \gamma^2 c_d}{4} \tag{13.10}$$

命题 13－1：产品线下零售价格 p_r^* 随信任传递系数 γ 的增加而减小。

证明：由式（13.10）p_r^* 对信任传递系数 γ 求导可得到 $\frac{dp_r^*}{d\gamma}=\frac{-2\gamma\theta+2\gamma c_d}{4}$，又由于其中 $\theta>c_d$，由此可以得到 $dp_r^*/d\gamma<0$，命题 13－1 得证。

命题 13－1 表明，在线上线下两种渠道产品销售过程中，如果从线下到线上的信任转移系数较大，则表明消费者对公司线上销售的感知风险较小，有利于公司线上产品销售。然后，在网上和线下的选择中，一些消费者倾向于选择网上购物。由于线下零售价格由零售商设定，他们必须降低价格以保持与在线渠道的竞争。相对而言，当消费者选择线下购物时，他们觉得风险较小。当产品的在线信任成功建立时，也可以降低消费者的感知风险，这必然会占据线下零售商的利润空间，迫使他们降低产品价格。

进一步代入，可以得到均衡情况下产品线上渠道需求量为：

$$q_d^*=\gamma^2\frac{(1-\gamma^2)\theta+c_r-(2-\gamma^2)c_d}{2(1-\gamma^2)\sigma^2} \tag{13.11}$$

线下需求为：

$$q_r^*=\frac{(1-\gamma^2)\theta-(1-r^2)c_d+c_d-t_r}{2(1-\gamma^2)\sigma^2} \tag{13.12}$$

由式（13.11）及式（13.12）可见，产品线上需求量及线下需求量与渠道间信任传递系数有关，并且得到命题如下所示：

命题 13－2：线上产品消费 q_d^* 需求随着信任传递系数 γ 递增；线下产品消费需求 q_r^* 随着信任传递系数 γ 递减。

证明：由于 $q_d^*=\gamma^2\frac{(1-\gamma^2)\theta+c_r-(2-\gamma^2)c_d}{2(1-\gamma^2)\sigma^2}=\gamma^2\frac{\theta-c_d+\frac{c_r-c_d}{1-\gamma^2}}{2\sigma^2}$，其中，$c_r-c_d>0$，且又 $\gamma\in(0,1)$，因此 q_d^* 随 γ 递增。同理，由于 $q_r^*=\frac{(1-\gamma^2)\theta-(1-\gamma^2)c_d+c_d-t_r}{2(1-\gamma^2)\sigma^2}=\frac{\theta-c_d-\frac{c_r-c_d}{1-\gamma^2}}{2\sigma^2}$，因此 q_r^* 随 γ 递减。q_d^* 随着 γ 的增加而递增，q_r^* 随着 γ 的增加而递减。命题 13－2 得证。

明显的，γ 增加意味着消费者对在线渠道的信任增加，感知购物风险降低。当产品的线上渠道信任建立成功后，消费者的线上消费倾向增加，这必然会增加线上产品的消费需求，并相应减少线下产品的需求。

进一步，可以得到给定 γ 的情况下，制造商的利润为：

$$\pi_m^* = \frac{(1-\gamma)^2(\theta-c_r)^2+\gamma^2(1-\gamma^2)(\theta-c_d)^2+\gamma^2(c_d-c_r)^2}{4(1-\gamma^2)\sigma^2} - \frac{I}{1-\gamma^2} \tag{13.13}$$

零售商的利润为：

$$\pi_r^* = \frac{[(1-\gamma^2)\theta-c_r+\gamma^2 c_d]^2}{8(1-\gamma^2)\sigma^2} \tag{13.14}$$

由式（13.13）中制造厂商的利润对信任传递系数 γ 的一阶条件，得到：

$$\frac{d\pi_m^*}{d\gamma} = \frac{2\gamma(\theta-c_d)^2}{4\sigma^2} + \frac{2\gamma(c_d-c_r)^2}{4(1-\gamma^2)\sigma^2} - 2I\gamma = 0 \tag{13.15}$$

求解式（13.15），得到均衡情况下，制造商为产品建立线上渠道时，确定的最优信任传递系数为：

$$\gamma^* = \sqrt{1-\sqrt{\frac{4\sigma^2 I-(c_r-c_d)^2}{(\theta-c_d)^2}}} \tag{13.16}$$

其中，γ^* 为制造商拓展线上渠道时选择的渠道间信任传递系数。

13.4 结果讨论

在讨论结果时，本章将 γ^* 的取值进行讨论，确定供应链线上线下信任转移系数、风险度、投资成本系数、渠道成本与制造商和零售商利润之间的关系。

（1）当 $[(\theta-c_d)^2+(c_r-c_d)^2]/4\sigma^2 > I > (c_r-c_d)^2/4\sigma^2$ 时，可以确保 γ^* 为其取值区间 $\gamma\in(0,1)$ 内的内点解，此时 γ^* 即为均衡条件下的渠道间信任传递系数；当 γ^* 有内点解时，由 γ^* 表达式可见：

①$d\gamma^*/d\sigma<0$，γ^* 随 σ 的增加而减小。这意味着制造厂商建立线下渠道到线上渠道的信任传递时，努力与动机将受到其产品本身质量的影响。如果制造厂商产品质量高，其将具有更大的努力与动机投入线上消费者的信任中；反之其投入的动机将会下降。事实上，在建立线下到线上的成功厂商中，比如三

星、海尔等，其线下到线上渠道拓展获得成功是源于其产品本身具有较稳定的质量。σ 越小，意味着消费者对产品线下质量程度信任越强，因此，γ^* 随 σ 的增加而减小也验证，线下渠道信任的建立对线上渠道信任确有正向作用。

②$d\gamma^*/dI<0$，γ^* 随 I 的增加而减小。在建立在线网站的消费者信任时，制造商的努力可以包括引导消费者信任的转移、建立在线渠道、保持原有的客户忠诚度、提高在线消费者在每笔交易中的满意度等。当达到相同的信任建立系数时，成本系数越大，成本越高。显然，高昂的成本将影响制造商建立在线信任的努力和动机。

③$d\gamma^*/d(c_r-c_d)>0$，γ^* 随（c_r-c_d）的增加而增大。结果表明，实体渠道成本越大，在线渠道成本节约越成功，制造商建立更高消费者信任转移系数的动机越强。这是由于 $c_r>c_d$，当（c_r-c_d）越大，意味着线上渠道相较于线下渠道成本优势越明显，对于厂商而言，越有动机通过提升线上渠道消费者信任，让消费者选择线上购物。

（2）当 $I>[(\theta-c_d)^2+(c_r-c_d)^2]/4\sigma^2$ 时，由式（13.17）可见，在 $\gamma\in(0,1)$ 区间内始终满足 $d\pi_m^*/d\gamma<0$，意味着利润随 γ 的增加而减少。在这种情况下，在线渠道信任建立成本太大，制造商确定的信任转移系数越小越好。制造商将放弃建立在线消费者信任的努力。

（3）当 $I<(c_r-c_d)^2/4\sigma^2$ 时，由式（13.17）可见，$\gamma\in(0,1)$ 区间始终满足 $d\pi_m^*/d\gamma>0$，意味着利润随 γ 的增加而增加。此情况下，线上渠道信任建立成本不大，制造商确定的信任传递系数越大越好，让消费者线上购物的信心与在线下购物时尽量趋同，以降低消费者线上感知风险。

此外，在数值模拟中使用了这些参数（包括 p_r^*，q_d^*，q_r^*，π_m^*，π_r^*）对产品从线下渠道拓展到线上渠道形成的信任传递系数 γ 进行关联性分析。取值 $\theta=1$；$C_r=1$；$C_d=0.5$；$\sigma=0.5$，得到各参数表，见表 13.1。

表 13.1　　各参数随信任传递系数的变化

变量	函数值							
p_r^*	1.00	1.79	2.55	3.27	3.94	4.55	5.08	5.51
q_d^*	-1.00	-0.42	0.15	0.77	1.44	2.10	2.60	2.67
q_r^*	-0.01	1.08	1.56	1.76	1.79	1.72	1.55	1.20

续表

变量	函数值							
π_m^*	0.01	0.51	1.57	2.94	4.54	6.39	8.52	11.03
π_r^*	0.00	0.20	0.54	0.83	0.97	0.95	0.74	0.38
r	0.1	0.2	0.3	0.4	0.5	0.6	0.7	0.8
θ	1	2	3	4	5	6	7	8
C_r	1	1.2	1.4	1.6	1.8	2	2.2	2.4
C_d	0.5	0.6	0.7	0.8	0.9	1	1.1	1.2
σ	0.5	0.6	0.7	0.8	0.9	1	1.1	1.2

结合表 13.1 中所给出的参数随信任传递系数变化情况，在图 13.1 中描绘了各参数在 $\gamma \in [0, 1]$ 区间内的变化情况，表述了各参数与信任传递系数的关系。

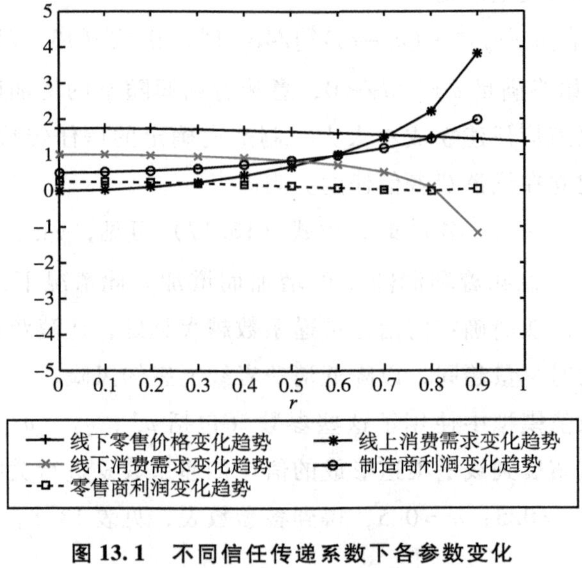

图 13.1　不同信任传递系数下各参数变化

结合表 13.1 和图 13.1 可见，随着信任传递系数 γ 的增加，消费者风险感知减小，产品线下零售价格 p_r^* 逐步减小，以此吸引消费者，验证了书中命题 13－1 的结论；同时，线上产品消费需求 q_d^* 与信任传递系数 γ 呈正相关变化关系，线下产品消费需求 q_r^* 与 γ 呈负相关变化关系，当 γ 增加时，消费者流向线上进行消费，验证了文中命题 13－2；制造商利润 π_m^* 随线下到线上信任传递系数 γ 的增加而增加，零售商利润 π_r^* 随信任传递系数 γ 的增加而减少，验证了书中命题 13－2 的结果。

13.5　本章小结

产品网上信任的建立已成为其网上销售成功的关键因素。本章构造了感知风险和在线信任影响下的消费者效用函数，讨论了不同线上和线下购物方式下消费者不同的感知风险对渠道定价的影响，以及信任建立对渠道产品定价的影响。在此基础上，进一步分析了线上线下信任转移系数、风险水平、投资成本系数、渠道成本与制造商和零售商利润的关系。不同的渠道模型可以得出以下结论，但本章可以为渠道信任传递理论模型的研究提供可能性和探索思路。同时，本章未来的研究可能包括：比较不同渠道模式下感知风险和消费者信任影响下渠道成员的利润变化，探讨在这种影响下如何选择渠道模式；除了感知风险和信任，进一步了解消费者体验或购物过程，在购物所需时间、等待所需时间、感知风险的能力和产品价格的大小的平衡下，讨论消费者不同的行为、渠道不同成员的价格决策和渠道模式的选择。

第 14 章

结论、建议与展望

14.1 主要结论

本书以关键信息基础设施的网络空间供应链安全（CSCS）为研究对象，基于供应链视角对风险因素进行结构化解析，并在此基础上，系统性提出关键信息基础设施实施供应链安全风险评估的方法，分析风险影响机理，并建立安全风险应对策略。主要得到如下主要结论：

（1）针对网络空间供应链安全（CSCS）风险的识别与评估。站在供应链管理视角下，建立了一套较全面、能够综合反映网络空间供应链风险的指标体系，同时建立了一种能够较全面、较综合性地评估网络空间供应链风险的定量工具。首先，识别网络空间供应链风险，确定网络空间供应链的主要风险要素（Risk Factors，RFs）。风险要素识别中，从内部安全能力、组织间关系、外部环境支持等多维度、系统地建立网络空间供应链安全（CSCS）风险评价指标体系，对供应链安全进行评估诊断。其次，在识别风险要素之后，采用了一定评估方法来衡量这些风险要素，包括风险后果和风险可能性权重。基于这些风险要素权重，建立一个具有连续尺度的修订风险矩阵来评估网络空间供应链风险类别。设计一个具有评分量表的 AHP 问卷，以分别测量受试者对每个风险因素的感知可能性和结果。最后，基于风险因素层次结构，创建了包含网络空间供应链组织内部、供应链系统内以及供应链外部网络环境 3 个类别和 15 个子类的层次分析。

（2）针对网络空间供应链安全（CSCS）风险的影响机理分析。主要从网络空间供应链安全（CSCS）风险源内在影响机理以及网络空间供应链安全（CSCS）脆弱性内在影响机理分别进行分析，以分析网络空间供应链的风险影响机理。主要结论如下：

①网络空间供应链中组织的安全不仅取决于其内部网络安全，还受到供应链合作伙伴和外部网络环境的各种风险源的影响，从而影响组织的安全。由此，需要从关键基础设施运营组织内部网络风险源、供应链系统内网络风险源、供应链外部网络风险源，多维度、多层次、结构化分析网络空间供应链的安全风险因素，探索风险的内在影响机理。同时，分析供应链组织内部产生的组织内部风险源和供应链组织之间产生的系统网络风险源，以及外部环境网络风险源对供应链安全的影响机理。

②以供应链中的网络空间安全弹性投资问题为目标，分析了非合作博弈和合作博弈中供应链成员的网络空间安全弹性投资战略选择，比较不同条件下的均衡结果，分析并发现出现差异的原因。基于此进一步分析了网络空间供应链安全（CSCS）的网络脆弱性影响。

（3）针对网络空间供应链安全（CSCS）风险的应对机制。从事前防范、事中控制到事后追溯三个方面，构建了一套网络空间供应链安全风险应对机制，主要包括：

①IT 产品采购环节供需双方策略选择博弈问题。研究中，建立信息不对称下的 IT 供应商和关键基础设施运营机构网络空间供应链产品采购博弈收益矩阵，通过对关键基础设施运营组织使用低质量产品的损失和 IT 供应商提供低质量产品后的安全风险信誉损失两个阈值的影响因素进行讨论，获取不同环境下两方博弈的演变趋势。为了避免逆向选择，使双方利益最大化，最终演化博弈均衡是 IT 供应商“提供无网络安全风险的优质 IT 产品”的选择。关键基础设施运营组织选择“不审核检测采购的产品”。对于 IT 供应商来说，要加强诚信意识，同时提高自身安全专业水平，为网络空间供应链提供安全高效的 IT 产品；对于重点基础设施运营机构，要加强 IT 供应商审核流程规范，提供优质供应品。与供应商建立长期合作关系，不仅能保证网络安全，还能增加收益。

②建立安全成员准入机制。利用演化博弈有限理性的基本假设构建博弈模型，分析四种不同环境下软件采购环节关键基础设施部门和 IT 供应商群体的

战略选择和博弈演化状态，找出影响选择网络空间提供者的因素，研究结果表明：安全事件中政府部门遭受的损失和供应商的声誉损失是影响双方战略选择的主要因素。

③网络空间供应链风险检测及风险抵御构建策略。研究中，在供应链成员准入控制研究基础上，从供应链网络信息安全水平提升角度探寻供应链信息安全中建立入侵检测系统以及防御系统投资协调机制。研究结果表明，当 $0 \leqslant p \leqslant p_0$，$0 \leqslant z < z_0$ 或 $z > z_0$，此时，IT 系统集成商处于被动监管状态，MSSP 被动网络安全审计处于无为状态。对于供应商来说，这是选择进入的绝佳时机，但对于 IT 系统集成商来说，他们应该增加对供应商网络系统的安全审计。慎重与进入的供应商展开合作。当攻击者的攻击率大于阈值 p_0 时，IT 系统集成商对 MSSP 进行的惩罚较低。两者最终博弈的结果演变为 MSSP 对进入供应商的主动网络安全审计，IT 系统集成商有 MSSP 选择主动监管。

④研究网络空间供应链安全（CSCS）风险追溯能力建立。IT 供应商与关键基础设施运营组织（IT 采购者）对 IT 供应商信息产品开发能力水平非对称的情况下，关键基础设施运营组织如何以两部分动态激励机制管理其 IT 供应商。以 IT 供应商为代理人，关键基础设施运营组织为委托人，分析不同情况下双方在合同签订和修改时的努力效应系数和收入分配率对总收入的影响，以避免逆向选择，提高网络空间供应链的整体效率。研究发现，IT 供应商在接受修改合同时，建立了一个以关键基础设施运营机构利润最大化为目标的函数，在 IT 供应商和供应商的共同努力下，可以获得修改后的最优利润分配率。关键基础设施运营机构效应系数相关，其中 IT 供应商在构建网络空间供应链方面付出的努力越大，努力的效果系数越高，利润分配率越高，回报也越高。由于修正后的收入分配率是由双方的努力效果系数决定的，因此讨论了关键基础设施运营机构将针对不同类型的 IT 供应商，调整不同努力效果系数水平的收入分配率。

14.2 主要建议

分析可见，关键基础设施运营组织没有为目前的威胁形式做好准备，更不要说具备面对未来网络安全挑战或实现网络空间供应链安全（CSCS）的最佳做法。为了实现网络空间安全，关键基础设施运营组织必须解决现有的脆弱性，同时建立一个更全面的网络空间安全模型。对于关键基础设施运营组织、IT产业界以及政府层面应当努力做到：

（1）关键基础设施运营组织的网络空间供应链安全（CSCS）管理做到与实时风险管理相一致。对于组织而言，其风险来源除了内部组织外，还包括来自供应链系统的风险以及外部网络环境风险。由此，对于关键基础设施运营组织而言，显然不能仅仅关注自身网络安全合规性，而忽略了监测和处理实时网络安全风险。本书中详细分析了组织建立网络检测与防御系统的投资策略，可对关键基础设施运营组织起到一定指导作用。

（2）加强关键基础设施运营组织在网络空间供应链安全（CSCS）形式的知识与交流。当前我国部分关键基础设施运营组织存在许多领域的网络安全知识差距，组织不理解网络空间供应链安全（CSCS），或较少追踪本领域的网络空间供应链安全（CSCS）最佳实践方法，如IT供应商审核、软件保障或是外部网络安全。为了弥补这一差距，针对关键基础设施运营组织，进行持续的网络安全教育是一个关键要求，组织就要了解新出现的关于网络安全控制的最佳实践方法。

（3）围绕网络检测体系和网络防御体系，保证组织作出即时和长期的改变。目前，大部分关键基础设施运营组织都有实施应用防火墙，这是保护易受攻击的网络应用程序免受攻击的第一步，但它并没有解决目前各种应用程序仍然存在大量编写得不好以及不安全软件的态势，软件开发安全长期被普遍忽视。为了解决这个问题，网络空间供应链中所有的软件开发供应商都应该被要求审查公开可用的软件保证资源。此外，应该鼓励IT供应商参加更正式的安全软件开发培训。加强网络安全防御能力建设，重点研究网络威胁发现、态势感知预警和重大网络安全事件应急响应，建设网络空间供应链检测防御体系，提高关键信息基础设施的应变能力。

（4）使外部网络空间安全正式化。在未来几年，移动IP设备、5G通信，“智能星球”应用程序（如智能电网、智能设备、IP连接汽车等）、Web应用程序和云计算等新技术将模糊内部和外部网络系统和最终用户之间的界限。然而，问题是，这些趋势导致的安全漏洞大大加剧了关键基础设施被网络攻击的风险。关键基础设施运营者在享受智能化智慧化带来好处的同时，如何最大限度地减少外部风险。对于 CSCS，关键基础设施运营组织应该尽可能巩固其外部网络安全。这意味着无论外部组织或是 IT 供应商，抑或是终端消费者，都要为所有外部信息服务制定标准合同、治理框架、安全控制和合作监督。

（5）增加 IT 采购安全。许多关键基础设施运营组织仅基于 IT 供应商安全期望或历史数据来做出购买决策。IT 供应商安全审查应该做到：严格审查所有的 IT 供应商；所有的供应商都要遵循审查标准；IT 供应商安全审查结果应该影响或决定关键基础设施组织的购买决策。

（6）如何为我国关键基础设施建立安全的网络空间供应链，政策面努力可以包括：在行业内建立公开的劣质 IT 产品供应商“黑名单”；为行业组织创造更好的安全信息共享的方法；政府制定更加严格的网络安全法律，实施追溯究责制度，要求 IT 产品供应商有义务为其产品在整个生命周期内的安全负责；出台相关政策，严格限制关键基础设施运营部门必须向表现出安全级别极高的产品和系统供应商购买 IT 产品；对于关键基础设施运营部门，定期提供网络空间供应链安全（CSCS）专业性训练和教育。政府还应加快推进网络空间供应链中核心安全技术的自主研发能力，支持产业整合现有资产渠道，支持核心技术和产品的研发，支持业界整合自主网络安全产业链的相关力量。

14.3 研究展望

本书严格按照研究计划执行，从供应链风险识别—风险评估—风险影响机理—风险应对机制展开。本书也存在一些不足之处，未来可以在以下几方面进一步研究。

（1）在风险识别与评估中，本书建立了风险评估方法，并选取了组织部门进行评估，开展了定性分析以及理论探索，但仍然缺乏有实际数据支撑和现实应用价值的定量工作。受限于数据样本，研究未能扩大覆盖面，对我国关键基础设施网络空间供应链安全（CSCS）整体形式进行评估，未能明确提出我国网络空间供应链安全（CSCS）当前脆弱点。研究计划进一步收集数据资料和寻觅合适研究工具，在未来工作中去逐步补充并完善这些研究内容。

（2）网络空间安全的外部威胁一直在改变。一些新颖的技术和模式的不断涌现不断挑战组织保护战略。尤其是大数据分析对网络空间安全的视野进行了大规模的扩展，让威胁与防护更加智能化。正是因为如此，后续研究中的组织在选择安全策略时可以考虑将时间动态变化加入其中，从而使研究更贴近现实。

（3）从政府管理的角度，由于网络空间供应链具有外部安全环境，政府可以对网络供应链产生影响，采取设置安全等级，给予一定处罚，进行一部分奖励等方法，更进一步研究这些政策措施对网络供应链的影响机制。

参考文献

[1] 蔡传晰，梅姝娥，仲伟俊．入侵检测系统和蜜罐的联动策略分析 [J]．系统管理学报，2018，27 (2)：264－273.

[2] 蔡传晰，梅姝娥，仲伟俊．拟态式蜜罐诱骗机制最优配置策略的博弈分析 [J]．管理工程学报，2018，32 (4)：110－117.

[3] 蔡政英，肖人彬．中断环境下供应链弹性运作分析与优化 [J]．系统工程理论与实践，2014，34 (6)：1443－1452.

[4] 曹裕，胡韩莉，万光羽．供应商掺假行为的博弈分析与机制选择 [J]．运筹与管理，2017，26 (7)：54－63.

[5] 常诗雨，宋礼鹏．基于演化博弈论的网络安全投资策略分析 [J]．计算机工程与设计，2017，38 (3)：611－615.

[6] 陈长彬，张一纯，刘霞辉．供应链合作关系的演化博弈分析 [J]．桂林航天工业学院学报，2019，24 (2)：215－225.

[7] 陈晓桦，严绍文．ICT 供应链安全管理政策研究与建议 [J]．信息安全与通信保密，2019 (11)：36－45.

[8] 董坤祥，谢宗晓．ICT 供应链风险管理标准 NIST SP800－161 探析 [J]．中国标准导报，2015 (11)：34－37.

[9] 段利均．互联网安全威胁下供应链的网络弹性建设研究 [D]．重庆：重庆交通大学，硕士论文，2018.

[10] 范红，冯登国．信息安全测评与风险评估 [M]．北京：电子工业出版社，2009.

[11] 范科峰，赵鸿雁，王惠莅．ICT 供应链风险管理标准研究 [J]．信息技术与标准化，2014 (6)：20－23.

[12] 方晗炜．供应链弹性运作研究及其网络设计 [D]．武汉：华中科技

大学，2012.

［13］方玲，仲伟俊，梅姝娥．基于风险偏好的信息系统安全技术策略研究［J］．科研管理，2017，38（12）：165－172.

［14］方玲，仲伟俊，梅姝娥．组织信息系统安全技术策略选择：自主防御还是外包［J］．管理工程学报，2018，12（5）：1－9.

［15］冯耕中，卢继周，吴勇．IT供应链安全管理与对策建议［J］．中国信息安全，2013（6）：74－77.

［16］巩国权，王军，强爽．双寡头垄断市场的信息安全投资模型研究［C］．中国管理科学学术年会，2007.

［17］顾建强，梅姝娥，仲伟俊．风险相互依赖下的信息系统安全投资协调优化模型［J］．Journal of Southeast University（English Edition），2015，31（2）：288－293.

［18］顾建强，梅姝娥，仲伟俊．基于网络安全保险的信息系统安全投资激励机制［J］．系统工程理论与实践，2015，35（4）：1057－1062.

［19］顾建强，梅姝娥，仲伟俊．考虑相互依赖性的信息系统安全投资及协调机制［J］．运筹与管理，2015，24（6）：136－142.

［20］顾建强，梅姝娥，仲伟俊．信息安全外包激励契约设计［J］．系统工程理论与实践，2016，36（2）：392－399.

［21］何昊坤，李璐．ICT供应链安全管理风险识别研究［J］．网络空间安全，2019，10（4）：37－42.

［22］何清．供应链产品防伪投资决策分析及其协调机制研究［D］．重庆：重庆交通大学，硕士论文，2019.

［23］华为．全球网络安全挑战—解决供应链风险，正当其时［R］．华为：网络安全白皮书，2016.

［24］黄志雄，陈徽．网络空间供应链国际规范研究——构建供应链生态系统总体安全观［J］．法学论坛，2021，36（1）：57－71.

［25］贾梦娜．网络空间供应链构建中的供应商选择及管理机制研究［D］．重庆：重庆交通大学，硕士论文，2020.

［26］郎艳怀．非对称信息和弹性需求下的供应链激励机制研究［J］．中国管理科学，2012，20（5）：106－111.

[27] 李傲. 网络空间供应链安全弹性建设的投资决策及协调机制研究[D]. 重庆：重庆交通大学，硕士论文，2018.

[28] 李璐，汪坤. ICT供应链安全风险管理研究与实践[J]. 保密科学技术，2020 (5)：44-47.

[29] 李璐. 浅析ICT供应链安全管理[J]. 保密科学技术，2018 (4)：10-15.

[30] 李璐. 浅析重要网络产品供应链安全风险监管[J]. 网络空间安全，2018，9 (3)：85-89.

[31] 李倩，张淑华，陈波，等. 竞合供应链成员组织知识安全共享博弈模型及策略[J]. 经济与管理，2018，32 (4)：68-75.

[32] 李小莉，辛玉红. 基于供应链金融的中小组织信贷市场演化分析[J]. 运筹与管理，2017，26 (10)：101-105.

[33] 李永红，赵林度. 基于弹性模型的供应链风险响应分析[J]. 系统管理学报，2010，19 (5)：563-570.

[34] 林润辉，谢宗晓，等. 制度压力、信息安全合法化与组织绩效——基于中国组织的实证研究[J]. 管理世界，2016 (2)：112-127.

[35] 刘璠. 组织创新性、创新程度、中断严重度和供应链弹性的关系研究[J]. 宏观经济研究，2015 (4)：114-122.

[36] 刘浩华. 打造弹性供应链[J]. 中央财经大学学报，2007 (5)：63-68.

[37] 刘慧，杨乃定，张延禄. 竞合视角下研发网络关系风险相继传播模型构建与仿真[J]. 系统工程理论与实践，2017，37 (5)：1313-1321.

[38] 刘家国，施高伟，卢斌，等. 供应链弹性三因素模型研究[J]. 中国管理科学，2012，20 (S2)：528-535.

[39] 刘伟，夏立秋，王一雷. 动态惩罚机制下互联网金融平台行为及监管策略的演化博弈分析[J]. 系统工程理论与实践，2017，37 (5)：1113-1122.

[40] 刘文臣，朱建明. 组织信息安全投资的博弈分析[J]. 湖北大学学报（哲学社会科学版），2012 (3)：138-140.

[41] 刘希龙. 供应网络弹性研究[D]. 上海：上海交通大学，2007.

［42］刘艳秋，蔡超．考虑双边可靠性的物流服务供应链协调契约研究［J］．工业工程与管理，2018，23（2）：59－67.

［43］楼高翔，张洁琼，范体军．非对称信息下供应链减排投资策略及激励机制［J］．管理科学学报，2016，19（2）：42－52.

［44］吕俊杰，邱菀华，王元卓．基于相互依赖性的信息安全投资博弈［J］．中国管理科学，2006，14（3）：7－12.

［45］罗军舟，杨明，凌振，等．网络空间安全体系与关键技术［J］．中国科学：信息科学，2016，46（8）：939－968.

［46］马民虎，马宁．IT 供应链安全：国家安全审查的范围和中国应对［J］．苏州大学学报（哲学社会科学版），2014（1）：90－96.

［47］倪光南，陈晓桦，尚燕敏，等．国外 ICT 供应链安全管理研究及建议［J］．中国工程科学，2016，18（6）：104－109.

［48］潘崇霞，仲伟俊，梅姝娥．考虑黑客攻击下的信息系统安全投资策略分析［J］．Journal of Southeast University（English Edition），2017，33（3）：377－381.

［49］潘崇霞，仲伟俊，梅姝娥．一定预算约束下面对系统不同脆弱性的组织网络安全投资策略研究［J］．电子科技大学学报（社科版），2018，20（4）：27－34.

［50］浦徐进，蒋力，吴亚．产品供应链成员实施可追溯系统的行为研究［J］．工业工程，2013，20（6）：84－88.

［51］施高伟，卢斌，赵金楼．供应链弹性三因素模型［J］．中国管理科学，2012，20（S2）：528－535.

［52］孙胜楠，张艳，王新平．考虑关键基础设施运营者支付意愿的食品供应链溯源采购策略分析［J］．系统工程理论与实践，2017，37（5）：1265－1273.

［53］孙薇，孔祥维，何德全．组织信息安全投资博弈的均衡分析［J］．运筹与管理，2008，17（5）：85－90.

［54］陶小木．网络空间供应链信息安全风险识别及投资应对策略研究［D］．重庆：重庆交通大学，硕士论文，2019.

［55］田宇，郑雁玲．基于物流投资补偿的双渠道供应链激励机制研究

[J]. 中山大学学报（社会科学版），2012，52（6）：197－202.

[56] 汪丽. ICT供应链安全标准化体系及实践应用 [J]. 信息安全与通信保密，2020（4）：5－13.

[57] 王博，吴舟婷，吴倩，等. 关键信息基础设施ICT供应链安全风险评估指标体系研究 [J]. 信息安全与通信保密，2020（12）：103－111.

[58] 王利，胡琼. 供应链激励机制构建的影响因素及其动态差异 [J]. 工业工程，2014（4）：70－77.

[59] 王鲁平，陈羿. 管理舞弊的形成机理及治理对策研究 [J]. 管理工程学报，2018，32（1）：107－116.

[60] 王新平，赵林度. 基于价格调整策略的多产品供应链弹性研究 [J]. 系统工程学报，2013，28（5）：641－650.

[61] 吴世忠，江常青，等. 信息通信技术供应链安全 [M]. 北京：清华大学出版社，2014.

[62] 吴亚非，李新友，禄凯. 信息安全风险评估 [M]. 北京：清华大学出版社，2007.

[63] 谢识予. 假冒伪劣现象的经济学分析 [J]. 经济研究，1997（8）：71－78.

[64] 谢宗晓，董坤祥. ICT供应链信息安全标准ISO/IEC 27036－3及体系分析 [J]. 中国标准导报，2016（3）：16－21.

[65] 谢宗晓，林润辉，王兴起. 用户参与对信息安全管理有效性的影响——多重中介方法 [J]. 管理科学，2013，26（3）：65－76.

[66] 熊强，仲伟俊，李治文. 网络信息系统中信息安全防御资源分配策略分析——基于约束理论视角 [J]. 运筹与管理，2014，23（3）：163－169.

[67] 熊强，仲伟俊，梅姝娥. 基于Stackelberg博弈的供应链组织间信息安全决策分析 [J]. 情报杂志，2012，31（2）：178－182.

[68] 熊强. 供应链组织间安全信息共享的演化博弈分析 [J]. 科技管理研究，2011（15）：181－183.

[69] 许民利，王俏，欧阳林寒. 食品供应链中质量投入的演化博弈分析 [J]. 中国管理科学，2012，20（5）：131－141.

[70] 杨月明. 需求依赖销售努力情境下IT系统集成商融资策略研究

[D]. 天津：南开大学，2016.

[71] 苑春荟，王晨，李晓龙．基于经济博弈模型的酒类防伪问题研究[J]. 北京邮电大学学报（社会科学版），2016，18（3）：58－64.

[72] 张剑，龚晓峰．网络空间供应链安全：概念、性质、现状和趋势[R]. 信息化蓝皮书：中国信息化形势分析与预测（2015－2016），周宏仁主编，北京：社会科学文献出版社，2015.

[73] 张子健，胡琨．基于供应链可追溯体系的产品质量控制两阶段契约研究[J]. 商业研究，2019（7）：61－66.

[74] 张子健，陶小木，熊雪霞．网络空间供应链入侵检测及防御子系统的投资合作机制研究[J]. 工业工程，2019，22（5）：1－9.

[75] 张子健，许茂增．消费者异质性下基础产品及其附加品的供应链定价策略研究[J]. 运筹与管理，2019，28（11）：106－111.

[76] 张子健，张泠泠．消费者异质性下供应链互补产品销售策略选择及其定价研究[J]. 中国管理科学，2021，29（7）：160－170.

[77] 张子健，李傲．网络脆弱性及网络空间供应链安全弹性投资协调机制[J]. 管理工程学报，2020，34（5）：130－136.

[78] 张子健，李傲．网络空间供应链安全（CSCS）研究进展及趋势[J]. 管理现代化，2018，38（3）：120－122.

[79] 张子健．不确定条件下的制造商－供应商研发合作[D]. 重庆：重庆大学，博士论文，2008.

[80] 赵林度．基于价格调整策略的多产品供应链弹性研究[J]. 系统工程学报，2013，28（5）：41－50.

[81] 赵柳榕，梅姝娥，仲伟俊．基于博弈的蜜罐和入侵检测系统最优配置策略[J]. 系统管理学报，2018，27（3）：512－519.

[82] 赵柳榕，梅姝娥，仲伟俊．基于风险偏好的两种信息安全技术配置策略[J]. 系统工程学报，2014，29（3）：324－333.

[83] 甄学平．运营中断风险下制造商风险转移和供应链风险分担策略研究[D]. 天津：南开大学，2015.

[84] 郑兴艳，刘迎．IT供应链安全风险管理标准研究[J]. 信息技术与标准化，2012（6）：16－19.

[85] 周诚，李伟伟，莫璇，等．一种网络安全脆弱性评估方法 [J]. 江苏大学学报（自然科学版），2017，38（1）：68-77.

[86] 朱新球，程国平．弹性供应链研究述评 [J]. 中国流通经济，2011，25（3）：43-47.

[87] 左晓栋．美国政府IT供应链安全政策和措施分析 [J]. 信息网络空间安全，2010（5）：23-26.

[88] Abdel-Basset M, Manogaran G, Mohamed M. Internet of Things (IoT) and its Impact on supply chain: A framework for building smart, secure and efficient systems [J]. Future Generation Computer Systems, 2018 (86): 614-628.

[89] Acero R, Saenz M, Luzzini D. Synchro-modality and its role in supply chain visibility enhancement [J]. Transportation Research Part E: Logistics and Transportation Review, 2021 (148): 102-113.

[90] Agrell P J, Bogetoft P. Decentralization Policies for Supply Chain Investments Under Asymmetric Information [J]. Managerial and Decision Economics, 2017, 38 (3): 394-408.

[91] Aiello G, Enea M, Muriana C. The expected value of the traceability information [J]. European Journal of Operational Research, 2015, 244 (1): 176-186.

[92] Akerlof G. The market for "lemons": Qualitative uncertainty and the market mechanism [J]. Quarterly Journal of Economics, 1970 (84): 488-500.

[93] Akinrolabu O, New S, Martin A. Cyber supply chain risks in cloud computing-bridging the risk assessment gap [J]. Open Journal of Cloud Computing, 2018, 5 (1): 1-5.

[94] Akinrolabu O, Nurse J, et al. Cyber risk assessment in cloud provider environments: Current models and future needs [J]. Computers & Security, 2019, 87 (8): 1-18.

[95] Alpcan T, Bambos N. Modeling dependencies in security risk management [R]. The Fourth International Conference on Risks and Security of Internet and Systems, 2009: 113-116.

[96] Alpcan T, Basar T. Network Security: A Decision and Game – Theoretic Approach [M]. Cambridge University Press, 2010.

[97] Amin S, Schwartz G A, Sastry S S. Security of interdependent and identical networked control systems [J]. Automatica, 2013, 49 (1): 186 – 192.

[98] Asunur C, Huseyin C, Srinivasan R. Outsourcing Information Security: Contracting Issues and Security Implications [J]. Management Science, 2013, 60 (3): 638 – 657.

[99] Babu S, Mohan U. An integrated approach to evaluating sustainability in supply chains using evolutionary game theory [J]. Computers & operations research, 2018 (89): 269 – 283.

[100] Bailey D, Slade J. Factors influencing support for a national animal identification system for cattle in the United States [D]. Utah State University: Department of Economics, 2004.

[101] Bakshi N Kleindorfer P. Co – opetition and Investment for Supply – Chain Resilience [J]. Production & Operations Management, 2009, 18 (6): 583 – 603.

[102] Bamossy G, Scammon D L. Product counterfeiting: Consumers and manufacturers beware [J]. Advance in Consumer Research, 1985, 12 (1): 334 – 340.

[103] Bandyopadhyay T, Jacob V, Raghunathan S. Information security in networked supply chains: impact of network vulnerability and supply chain integration on incentives to invest [J]. Information Technology and Management, 2010, 11 (1): 7 – 23.

[104] Barari S, Agarwal G, Zhang W J C, et al. A decision framework for the analysis of green supply chain contracts: An evolutionary game approach [J]. Expert systems with applications, 2012, 39 (3): 2965 – 2976.

[105] Bartol N. Cyber supply chain security practices DNA: filling in the puzzle using a diverse set of disciplines [J]. Technovation, 2014, 34 (7): 354 – 361.

[106] Blackhurst J, Dunn K S, Craighead C W. An Empirically Derived Framework of Global Supply Resiliency [J]. Journal of Business Logistics, 2011, 32 (4): 374 – 391.

[107] Bojanc R. Quantitative model for information security risk [J]. Engineering Management Journal, 2013, 25 (2): 267 -275.

[108] Bommannavar P, Alpcan T, Bambos N. Security risk management via dynamic games withlearning [R]. the 2011 IEEE International Conference on Communications (ICC), 2011: 1 -6.

[109] Borg S. Securing the Supply Chain for Electronic Equipment: A Strategy and Framework. Internet Security Alliance [R]. Whitehouse, 2010.

[110] Boyens J, et al. NIST special publication 800 - 161: Supply chain risk management practices for federal information systems and organizations [J]. Gaithersburg: National Institute of Standards and Technology, 2015.

[111] Boyens J, Paulsen C, et al. Supply chain risk management practices for federal information systems and organizations [R]. National Institute of Standards and Technology, 2014.

[112] Boyes H. Cybersecurity and Cyber - Resilient Supply Chains [J]. Technology Innovation Management Review, 2015, 5 (4): 28 -34.

[113] Boyson S, Rossman H. Developing a cyber - supply chain assurance reference model [R]. Maryland: Supply Chain Management Center (SCMC), Robert H. Smith School of Business University of Maryland, 2009.

[114] Boyson S. Cyber supply chain risk management: Revolutionizing the strategic control of critical IT systems [J]. Technovation, 2014, 34 (7): 342 - 353.

[115] Cai S, Li Y, et al. Achieving high security and efficiency in RFID - tagged supply chains [J]. International Journal of Applied Ceramic Technology, 2010, 2 (1): 3 -12.

[116] Carter C R, Rogers D S, Choi T Y. Toward the theory of the supply chain [J]. Journal of Supply Chain Management, 2015, 51 (2): 89 -97.

[117] Cavusoglu H, Raghunathan S. Configuration of and interaction between information security technologies: The case of firewalls and intrusion detection systems [J]. Information Systems Research, 2009, 20 (2): 198 -217.

[118] Cavusoglu H, Srinivasan R, Wei T Y. Decision - theoretic and game -

theoretic approaches to IT security investment [J]. Management Information Systems, 2008, 25 (2): 281 - 304.

[119] Cezar A, Cavusoglu H, Raghunathan S. Outsourcing information security: Contracting issues and security implications [J]. Management Science, 2014, 60 (3): 638 - 657.

[120] Chan S, Larsen G N. A framework for supplier - supply chain risk management: Tradespace factors to achieve risk reduction—return on investment [C] //2010 IEEE International Conference on Technologies for Homeland Security (HST). IEEE, 2010: 29 - 34.

[121] Charlier C, Valceschini E. Coordination for traceability in the food chain. A critical appraisal of European regulation [J]. European Journal of Law & Economics, 2008, 25 (1): 1 - 15

[122] Charney S, Werner E T, Computing T. Cyber supply chain risk management: Toward a global vision of transparency and trust [J]. Microsoft Corporation paper, 2011: 6 - 8.

[123] Chen Z, Li J, Liu Z, et al. Incentive contracts for capacity restoration under risk of supply disruption [J]. IEEE Transactions on Engineering Management, 2018, 66 (4): 746 - 762.

[124] Chereau C, Schellhorn C. Supply chain management and investment risk [J]. International Journal of Business and Social Science, 2014, 5 (13): 45 - 52.

[125] Chmitt A J, Singh M. A quantitative analysis of disruption risk in a multi - echelon supply chain [J]. International Journal of Production Economics, 2012, 139 (1): 22 - 32.

[126] Cho S H, Fang X, Tayur S. Combating strategic counterfeiters in licit and illicit supply chains [J]. Manufacturing & Service Operations Management, 2015, 17 (3): 273 - 289.

[127] Choi T M, Wallace S W, Wang Y. Risk management and coordination in service supply chains: information, logistics and outsourcing [J]. Journal of the Operational Research Society, 2016, 67 (2): 159 - 164.

[128] Christopher M, Peck H. Building the Resilient Supply Chain [J]. The International Journal of Logistics Management, 2004, 15 (2): 1 -14.

[129] Christopher M, Towill D. An Integrated Model for the Design of Agile Supply Chains [J]. International Journal of Physical Distribution & Logistics Management, 2001, 31 (4): 235 -246.

[130] Colicchia C, Creazza A, et al. Information sharing in supply chains: a review of risks and opportunities using the systematic literature network analysis [J]. Supply Chain Management: An International Journal, 2019, 24 (1): 5 -21.

[131] Colicchia C, Creazza A. Managing Cyber and information risks in supply chains: insights from an exploratory analysis [J]. Supply Chain Management: An International Journal, 2019, 24 (2): 215 -240.

[132] Collier Z A, Linkov I, Lambert J H. Four domains of cyber security: A risk based systems approach to cyber decisions [J]. Environment Systems and Decisions, 2013, 33 (4): 469 -470.

[133] Cranfield University. Supply chain vulnerability: Executive report [R]. Schools of Business, Cranfield University, 2002.

[134] Dai H, Ge L, Zhou W. A design method for supply chain traceability systems with aligned interests [J]. International Journal of Production Economics, 2015, 170 (1): 14 -24.

[135] De Giovanni P. Closed - loop supply chain coordination through incentives with asymmetric information [J]. Annals of Operations Research, 2017 (253): 133 -167.

[136] Deane J K, Rees C L, Baker W H. Assessing the information technology security risk in medical supply chains [J]. International Journal of Electronic Marketing and Retailing, 2010, 3 (2): 145 -155.

[137] Demchak C. Resilience and Cyberspace: Recognizing the Challenges of a Global Socio Cyber Infrastructure (GSCI) [J]. Journal of Comparative Policy Analysis: Research and Practice, 2012, 14 (3): 254 -269.

[138] Dickson D, Bailey D. Experimental evidence on willingness to pay for red meat traceability in United States, Canada, the United Kingdom and Japan [J].

Journal of Agriculture and Applied Economies, 2005, 37 (3): 537 -548.

[139] Drissi S, Benhadou S, Medromi H. Evaluation of risk assessment methods regarding cloud computing [C]. In: The 5th Conference on Multidisciplinary Design Optimization and Applicaton, 2016.

[140] Drori I, Honig B. A Process Model of Internal and External Legitimacy [J]. Organization Studies, 2013, 34 (3): 345 -376.

[141] Drucker P F. The economy's dark continent [M]. The Roots of Logistics. Springer, Berlin, Heidelberg, 2012: 97 -105.

[142] Dubey R, Bryde D J, Dwivedi Y K, et al. Dynamic digital capabilities and supply chain resilience: the role of government effectiveness [J]. International Journal of Production Economics, 2023, 258: 108790.

[143] Dupuy C, Genoulaz B V, Guinet A. Batch dispersion model to optimize traceability in food industry [J]. Journal of Food Engineering, 2005, 70 (3): 333 -339.

[144] Eling M, Wirfs J. What are the actual costs of cyber risk events? [J]. European Journal of Operational Research, 2019, 272 (3): 1109 -1119.

[145] Ellison R, et al. Evaluating and Mitigating Software Supply Chain Security Risks [R]. Carnegie Mellon University: Software Engineering Institute, 2010.

[146] Eser Z, Kurtulmusoglu B. Counterfeit Supply Chains [J]. Procedia Economics and Finance, 2015 (23): 412-421.

[147] Estay D A S, Khan O. Control structures in supply chains as a way to manage unpredictable cyber -risks [C]. 5th World Production and Operations Management Conference, 2016.

[148] Estay D A S, Khan O. Extending supply chain risk and resilience frameworks to manage cyber risk [C]. EurOMA Conference: Operations Management for Sustainable Competitiveness, 2015.

[149] Ezhei M, Tork Ladani B. Interdependency analysis in security investment against strategic attacks [J]. Information Systems Frontiers, 2018, 22 (1): 187 -201.

[150] Falasca M, Zobel C W, Cook D. A decision support framework to as-

sess supply chain resilience [C]. Proceedings of the 5th International ISCRAM Conference, 2008: 596 - 605.

[151] Fan H, Cheng T, et al. The Effectiveness of Supply Chain Risk Information Processing Capability: An Information Processing Perspective [J]. IEEE Transactions On Engineering Management, 2016, 63 (4): 414 - 425.

[152] Forrester J W. Industrial Dynamics: A Breakthrough for Decision Makers [J]. Harvard Business Review, 1958 (4): 37 - 66.

[153] Friday D, Mughal M, et al. Integrating cyber risk management into supply chain resilience frameworks [J]. Supply Chain Management: An International Journal, 2024, 29 (3): 112 - 134.

[154] Gandino F, Montrucchio B, et al. On Improving Automation by Integrating RFID in the Traceability Management of the Agri - Food Sector [J]. IEEE Transactions on Industrial Electronics, 2009, 56 (7): 2357 - 2365.

[155] Gao X, Zhong W, Mei S. Security investment and information sharing under an alternative security breach probability function [J]. Information Systems Frontiers, 2015, 17 (2): 423 - 438.

[156] Gao Y T. On the Use of Overt Anti - Counterfeiting Technologies [J]. marketing science, 2018, 37 (3): 403 - 424.

[157] Gattorna J, Jones T. Strategic Supply Chain Alignment: best Practice in Supply Chain Management [M]. Gower Publishing Ltd, 1998.

[158] Gaudenzi B, Baldi B. Cyber resilience in organizations and supply chains: from perceptions to actions [J]. The International Journal of Logistics Management, 2023, 35 (7): 99 - 122.

[159] Gaudenzi B, Siciliano G. Managing IT and cyber risks to protect the value creation [J]. Journal of Promotion Management, 2017, 23 (3): 1 - 14.

[160] Golan E, Krisspll B, Kuchler F. Traceability in the U. S. food supply: economic theory and industry studies [R]. 2004.

[161] Gordon L A, Loeb M P. The economics of information security investment [J]. Acm Transactions on Information & System Security, 2002, 5 (4): 438 - 457.

[162] Green R T, Smith T. Executive insights: countering brand counterfeiters [J]. Journal of International Marketing, 2002, 10 (4): 89 - 106.

[163] Grossman G M, Shapiro C. Foreign counterfeiting of status goods [J]. The Quarterly Journal of Economics, 1988, 103 (1): 79 - 100.

[164] Gu J, Mei S, Zhong W. Analyzing information security investment in networked supply chains [C]. 2015 International Conference on Logistics, Informatics and Service Sciences (LISS). IEEE, 2016.

[165] Guarino A. Information Security Standards in Critical Infrastructure Protection [C]. ISSE 2015, Springer.

[166] Gupta A, Zhdanov D. Growth and sustainability of managed security services networks: an economic perspective [J]. MIS Quarterly, 2012, 36 (4): 1109 - 1130.

[167] Haime Y Y, Kaplan S, Lambert J H. Risk Filtering, Ranking, and Management Framework using Hierarchical Holographic Modeling [J]. Risk Analysis, 2002, 22 (2): 383 - 397.

[168] Harsanyi J C, Selten R A. Generalized Nash Solution for Two - Person Bargaining Games with Incomplete Information [J]. Management Science, 1972, 18 (5): 80 - 106.

[169] Harvey M G, Ronkainen I A. International counterfeiters: Marketing success without the cost and the risk [J]. Columbia Journal of World Business, 1985, 20 (3): 37 - 45.

[170] Herburger M, Wieland A, Hochstrasser C. Building supply chain resilience to cyber risks: A dynamic capabilities perspective [J]. Supply Chain Management: An International Journal, 2024, 29 (7): 28 - 50.

[171] Ho W, Zheng T, et al. Supply chain risk management: a literature review [J]. International Journal of Production Research, 2015, 53 (16): 39 - 48.

[172] Hobbs J E. Information asymmetry and the role of traceability systems [J]. Agribusiness, 2004, 20 (4): 397 - 415.

[173] Hsu C J, et al. Institutional Influences on Information Systems Security Innovations [J]. Information Systems Research, 2012, 23 (2): 918 - 939.

[174] Hu X, Gurnani H, Wang L. Managing Risk of Supply Disruptions: Incentives for Capacity Restoration [J]. Production & Operations Management, 2013, 22 (1): 137 - 150.

[175] Huang C D, Behaxa R S. Economics of information security investment in the case of concurrent heterogeneous attacks with budget constraints [J]. International Journal of Production Economics, 2013, 141 (1): 255 - 268.

[176] Inserra D, Bucci S P. Cyber supply chain security: A crucial step toward U. S. security, prosperity, and freedom in cyberspace [J]. Backgrounder, 2014 (3): 1 - 8.

[177] Islam S, Fenz S. A risk management framework for cloud migration decision support [J]. Journal of Risk & Financial Management, 2017, 10 (2): 10 - 16.

[178] Ji P, Ma X, Li G. Developing green purchasing relationships for the manufacturing industry: An evolutionary game theory perspective [J]. International Journal of Production Economics, 2015 (166): 155 - 162.

[179] Jon O, John M, Jennifer G. Assessing Cyber Supply Chain Security Vulnerabilities Within the U. S. Critical Infrastructure [R]. Enterprise Strategy Group, Inc. 2010.

[180] Jones R A, Horowitz B. A System - Aware Cyber Security architecture [J]. Systems Engineering, 2012, 15 (2): 225 - 240.

[181] Keegan C, Christopher M. Cyber security in the supply chain: A perspective from the insurance industry [J]. Technovation, 2014, 34 (7): 380 - 381.

[182] Khan M, Jaber M Y, Ahmad A R. An integrated supply chain model with errors in quality inspection and learning in production [J]. Omega, 2014, 42 (1): 16 - 24.

[183] Kiekintveld C, Lisy V, Pίbil R. Game - theoretic foundations for the strategic use of honeypots in network security [J]. Cyber Warfare: Building the Scientific Foundation, 2015: 81 - 101.

[184] Kim K C, Im I. Issues of cyber supply chain security in Korea [J]. Technovation, 2014, 34 (7): 387 - 388.

[185] Kong G, Rajagopalan S, Zhang H. Revenue sharing and information leakage in a supply chain [J]. Management Science, 2013, 59 (3): 556 - 572.

[186] Kunreuther H, Heal G. Interdependent security [J]. Journal of risk and uncertainty, 2003, 26 (2 - 3): 231 - 249.

[187] Kuypers M A, Heon G, et al. Cyber security: the Risk of Supply Chain Vulnerabilities in an Enterprise Firewall [M]. Proceedings of the probabilistic safety assessment and management, PSAM, 2014.

[188] Lambert D M, Cooper M C. Issues in supply chain management. Industrial Marketing Management, 2000, 29 (1): 65 - 83.

[189] Lambert J H, Keisler J M, et al. Multiscale approach to the security of hardware supply chains for energy systems [J]. Environment Systems & Decisions, 2013, 33 (3): 326 - 334.

[190] Latha K F M, Uthayakumar R. A two - echelon supply chain coordination with quantity discount incentive for fixed lifetime product in a fuzzy environment [J]. International Journal of System Assurance Engineering and Management, 2017 (8): 1194 - 1208.

[191] Lee C H, Geng X, Raghunathan S. Contracting information security in the presence of double moral hazard [J]. Information Systems Research, 2013, 24 (2): 295 - 311.

[192] Lee K, Choi J, Park T. Collaborative cybersecurity risk management in supply chains. Journal of Information Security, 2024, 45 (3): 147 - 164.

[193] Li L, Su Q, Chen X. Ensuring supply chain quality performance through applying the SCOR model [J]. International Journal of Production Research, 2011, 49 (1): 33 - 57.

[194] Li M, Suresh P S, Zhang J. Competing with bandit supply chains [J]. Annals of Operations Research, 2016, 240 (2): 617 - 640.

[195] Li Y, Wang H, Yang Z. AHP and fuzzy set theory for cyber security risk assessment in global supply chains [J]. Operations Research Letters, 2023, 51 (5): 72 - 85.

[196] Li Y, Xu L. Cybersecurity investments in a two echelon supply chain with third－party risk propagation [J]. International Journal of Production Research, 2020, 59 (4): 42－56.

[197] Linkov I, Eisenberg D A, Bates M E, et al. Measurable Resilience for Actionable Policy [J]. Environmental Science and Technology, 2013, 47 (18): 108－110.

[198] Linton J D, Boyson S, Aje J. The challenge of cyber supply chain security to research and practice－An introduction. Technovation, 2014, 34 (7): 339－341.

[199] Liu D, Ji Y, Mookerjee V. Knowledge sharing and investment decisions in information security [J]. Decision Support Systems, 2012, 52 (1): 95－107.

[200] Lyles M A, Flynn B B, Frohlich M T. All supply chains don't flow through: Understanding supply chain issues in product recalls [J]. Management and Organization Review, 2008, 4 (2): 167－182.

[201] Mahmoudi R, Barzoki R M. Sustainable supply chains under government intervention with a real－world case study: An evolutionary game theoretic approach [J]. Computers & Industrial Engineering, 2018 (116): 130－143.

[202] Market Research: United States Information Technology Report [N]. 2013－4－24.

[203] Mayounga A T. Cyber－Supply Chain Visibility: A Grounded Theory of Cybersecurity with Supply Chain Management [D]. Northcentral University, 2017.

[204] Melnyk S A, Closs D J, et al. Emerging cyber risks and supply chain resilience [J]. Journal of Supply Chain Management, 2022, 58 (1): 67－84.

[205] Mena C, Humphries A, Choi TY. Toward a theory of multi－tier supply chain management. Journal of Supply Chain Management, 2013, 49 (2), 58－77.

[206] Mubarik S, Chand P, Nisar Q. Supply chain mapping as a precursor to resilience: Empirical insights [J]. Journal of Business Logistics, 2021, 42 (1): 47－61.

[207] Muckstadt J A, Murray D H, Rappold J A, et al. Guidelines for Collaborative Supply Chain System Design and Operation [J]. Information Systems Frontiers, 2001 (3): 427 -453.

[208] Myerson R B. Incentive Compatibility and the Bargaining Problem [J]. Econometrica, 1979, 47 (1): 61 -73.

[209] Nagurney A, Daniele P, Shukla S. A supply chain network game theory model of cyber security investments with nonlinear budget constraints [J]. Annals of Operations Research, 2017, 248 (1 -2): 405 -427.

[210] Nagurney A, Nagurney L S, Shukla S. A Supply Chain Game Theory Framework for Cybersecurity Investments Under Network Vulnerability [M]. Computation, Cryptography, and Network Security. Springer International Publishing, 2015.

[211] Nishantha G D, Wanniarachchige M K, Jehan S N. A pragmatic approach to traceability in food supply chains [C]. International Conference on Advanced Communication Technology. IEEE, 2010.

[212] NIST, Discussion Draft of the Preliminary Cybersecurity Framework [R]. 2013, National Institute of Standards and Technology.

[213] Nitin B, Paul K. Co - opetition and Investment for Supply - Chain Resilience [J]. Production and operations management, 2009 (18): 583 -603.

[214] Ogbanufe O, Kim D J, Samson W D. Understanding the role of cyber insurance in mitigating organizational cyber risks [J]. Risk Management, 2021, 25 (4): 341 -358.

[215] Oliver R K, Webber M D. Supply Chain Management: Logistics catches up with strategy [M]. London: Chapman and Hall, 1982.

[216] Pandey S, Singh R K, et al. Cyber security risks in globalized supply chains: conceptual framework [J]. Journal of Global Operations and Strategic Sourcing, 2020, 13 (1): 103 -128.

[217] Peck H. Reconciling supply chain vulnerability, risk and supply chain management [J]. International Journal of Logistics Research & Applications, 2006, 9 (2): 127 -142.

[218] Pettit T J, Fiksel J, Croxton K L. Ensuring Supply Chain Resilience: Development of a Conceptual Framework. Journal of Business Logistics, 2010, 31 (1): 1 -21.

[219] Porter M E. Competitive Advantage [D]. The Free Press, New York, 1985.

[220] Pun H, DeYong G D. Competing with copycats when customers are strategic [J]. Manufacturing & Service Operations Management, 2017, 19 (3): 403 -418.

[221] Pérez M, Sánchez L, López F. Cybersecurity risks in supply chains: A digital transformation perspective [J]. Journal of Supply Chain Management, 2023, 59 (2): 105 -122.

[222] Qian Y. Impacts of entry by counterfeiters [J]. Quarterly Journal of Economics, 2008, 123 (4): 1577 -1609.

[223] Radanliev P, De Roure D, et al. Cyber risk at the edge: current and future trends on cyber risk analytic and artificial intelligence in the industrial internet of things and industry 4.0 supply chains [J]. Cyber security, 2020, 3 (1): 1 -21.

[224] Rahman A, Singhry H B, et al. Influence of perceived benefits and traceability system on the readiness for halal assurance system implementation among food manufacturers [J]. Food Control, 2016, 73: 1318 -1326.

[225] Rangel D A, Oliveira T K, Leite M S. Supply chain risk classification: discussion and proposal [J]. International Journal of Production Research, 2015, 53 (22): 6868 -6887.

[226] Reeves C A, Bednar D A. Defining quality: Alternatives and implications [J]. Academy of Management Review, 1994, 19 (3): 419 -445.

[227] Rice J B, Sheffi Y. A supply chain view of the resilient enterprise [J]. MIT Sloan management review, 2005, 47 (1): 41 -48.

[228] Rong A, Akkerman R, Grunow M. An optimization approach for managing fresh food quality throughout the supply chain [J]. International Journal of Production Economics, 2011, 131 (1): 421 -429.

[229] Rongping M, Yonggang F. Security in the cyber supply chain: A Chinese perspective [J]. Technovation, 2014, 7 (34): 385 - 386.

[230] Saberi S, Cruz J M, et al. A competitive multi - period supply chain network model with freight carriers and green technology investment option [J]. European Journal of Operational Research, 2018, 266 (3): 934 - 949.

[231] Sadeghi K R, Azadegan A, Ojha D. A path to build supply chain cyber - resilience through absorptive capacity and visibility: Two empirical studies [J]. Industrial Marketing Management, 2023 (111): 202 - 215.

[232] Schaarschmidt S, Spradau F, et al. Reporting of traceability and food safety data in the culinary herb and spice chains [J]. Food Control, 2016, 83 (1): 18 - 27.

[233] Schmidle N. Inside the knockoff - tennis - shoe factory [N]. New York Times, 2010/8/19.

[234] Scott Charney, Eric T. Werner. Cyber Supply Chain Risk Management: Toward a Global Vision of Transparency and Trust [R]. Microsoft Corporation , 2011.

[235] Sheffi Y, Rice J B. A Supply Chain View of the Resilient Enterprise [J]. MIT Sloan Management Review, 2005, 47 (1): 41 - 48.

[236] Sheffi Y. Building a resilient supply chain [J]. Harvard Business Review, 2005, 1 (8): 1 - 4.

[237] Shetty N, Schwartz G, Walrand J. Can competitive insurers improve network security? [C]. International Conference on Trust and Trustworthy Computing. Springer Berlin Heidelberg, 2010: 308 - 322.

[238] Shoemaker D, Wilson C. The weakest link - The ICT supply chain and information warfare [J]. Journal of Information Warfare, 2013, 12 (2): 208 - 214.

[239] Simpson S, Baldini D, et al. Software Integrity Controls - An Assurance Based Approach to Minimizing Risks in the Software Supply Chain [R]. SAFE Code, 2010.

[240] Smeraldi F, Malacaria P. How to Spend it: Optimal Investment for Cy-

ber Security [R]. the 1st International Workshop on Agents and Cyber Security, 2014.

[241] Sokolov A, Mesropyan V, Chulok A. Supply chain cyber security: a Russian outlook [J]. Technovation, 2014, 34 (7): 389 - 391.

[242] Souza Monteiro D M. Theoretical and empirical analysis of the economics of traceability adoption in food supply chains [D]. America: Doctor's Thesis at the University of Massachusetts Amherst, 2007.

[243] Staake T, Fleisch E. Countering Counterfeit Trade [D]. Springer - Verlag, Berlin, Germany, 2008.

[244] Staake T, Thiesse F, Fleisch E. The emergence of counterfeit trade: A literature review [J]. European Journal of Marketing, 2009, 43 (3): 320 - 349.

[245] Stecke K E, Kumar S. Sources of supply chain disruptions, factors that breed vulnerability, and mitigating strategies [J]. Journal of Marketing Channels, 2009, 16 (3): 193 - 226.

[246] Stevens G C. Integrating the supply chain [J]. International Journal of Physical Distribution & Materials Management, 1989, 19 (8): 3 - 8.

[247] Stevenson M, Busby J. An exploratory analysis of counterfeiting strategies [J]. International Journal of Operations & Production Management, 2015, 35 (1): 110 - 144.

[248] Stojanovic J. Cyber Risk Management for Supply Chain Networks and Critical Systems [J]. Innovative Engineering Sciences Journal, 2024, 10 (1): 1 - 25.

[249] Storch T. Toward a Trusted Supply Chain: A Risk - Based Approach to Managing Software Integrity [R]. Microsoft Corp, 2011.

[250] Sun H, Wan Y, Zhang L, et al. Evolutionary game of the green investment in a two - echelon supply chain under a government subsidy mechanism [J]. Journal of Cleaner Production, 2019 (235): 1315 - 1326.

[251] Tang C, Tomlin B. The power of flexibility for mitigating supply chain risks [M]. Developments in Logistics and Supply Chain Management. Palgrave Macmillan U K, 2016.

[252] Thaw D B. Characterizing, Classifying, and Understanding Information Security Laws and Regulations: Considerations for Policymakers and Organizations Protecting Sensitive Information Assets [D]. U C Berkeley, 2011.

[253] Varian H. System Reliability and Free Riding [J]. Economics of Information Security Kluwer, 2004, 12 (2): 1 - 15.

[254] Vohradsky D. Cloud risk - 10 principles and a framework for assessment [J]. ISACA Journal, 2012 (5): 31 - 41.

[255] Wang C, Zhao X. Defining cyber risks in the supply chain ecosystem: A stakeholder - oriented approach [J]. Journal of Cybersecurity Studies, 2024, 15 (3): 110 - 125.

[256] Wang L, Liu Y, Zhang H. Artificial intelligence for cybersecurity risk prediction in supply chains [J]. Journal of Artificial Intelligence and Cybersecurity, 2024, 7 (2): 90 - 106.

[257] Wang X, Zhao L. Improving supply chain resilience by using biological cellular resilience theory [J]. ICIC Express Letters, 2012, 6 (1): 79 - 84.

[258] Wei J, Govindan K, Li Y, et al. Pricing and collecting decisions in a closed - loop supply chain with symmetric and asymmetric information [J]. Computers & Operations Research, 2015 (54): 257 - 265.

[259] Wilcock A E, Boys K A. Reduce product counterfeiting: an integrated approach [J]. Business Horizons, 2014, 57 (2): 279 - 288.

[260] Williams C. Security in the cyber supply chain: Is it achievable in a complex, interconnected world? [J]. Technovation, 2014, 34 (7): 382 - 384.

[261] Windelberg M. Objectives for managing cyber supply chain risk [J]. International Journal of Critical Infrastructure Protection, 2016 (12): 4 - 11.

[262] Wu M, Zhang X. Exploring the cybersecurity risk of supply chains in the digital age [J]. Journal of Technology and Security Studies, 2024, 13 (1): 21 - 35.

[263] Xu T, Nassar S. Supply Chain Information Security: Emerging Challenges in the Telecommunications Industry [M]. Springer International Publishing, 2016.

[264] Xue L, Zhang C, et al. Risk mitigation in supply chain digitization: System molecularity and information technology governance [J]. Journal of Management Information Systems, 2013, 30 (1): 325 -352.

[265] Yang J, Xie Y, Liu W. Enhancing supply chain risk management capability through visibility: A pathway to resilience [J]. Supply Chain Management: An International Journal, 2021, 26 (3): 362 -376.

[266] Ye S, Dai J, Wang X. Digital technology assets as enablers of supply chain visibility and performance improvement [J]. International Journal of Production Research, 2021, 59 (5): 1458 -1475.

[267] Yeboah O A, Islam S. Cyber Security Threat Modeling for Supply Chain Organizational Environments [J]. Future Internet, 2019, 11 (3): 63 -64.

[268] Yu J J, Tang C S, Shen Z J M. Improving Consumer Welfare and Manufacturer Profit via Government Subsidy Programs: Subsidizing Consumers or Manufacturers? [J]. Manufacturing & Service Operations Management, 2018, 20 (4): 752 -766.

[269] Zeng W, Wang H, et al. Incentive Mechanisms for Supplier Development in Mega Construction Projects [J]. IEEE Transactions on Engineering Management, 2018 (99): 1 -14.

[270] Zhang J, Hong L J, Zhang R Q. Fighting strategies in a market with counterfeits [J]. Annals of Operations Research, 2012, 192 (1): 49 -66.

[271] Zhang J, Liu X. Game theory - based cyber security risk assessment in supply chains [J]. International Journal of Risk Management, 2024, 20 (1): 45 -63.

[272] Zhao H, Wu L, Zhang Y. Defining cyber security risk in the context of supply chains: A comprehensive framework [J]. Cybersecurity Review, 2023, 12 (4): 256 -273.

[273] Zhao K, Kumar A, Harrison T P, et al. Analyzing the Resilience of Complex Supply Network Topologies Against Random and Targeted Disruptions [J]. IEEE Systems Journal, 2011, 5 (1): 28 -39.

[274] Zheng Z, Zhao S. Impact of cybersecurity risk on supply chain perform-

ance [J]. Journal of Supply Chain Research, 2024, 11 (2): 233 -249.

[275] Zhou Z, Li S. Multi - Layer Security Framework for Supply Chain Risk Management [J]. Journal of Network and Computer Applications, 2023, 159 (2): 102 -123.

[276] Zhuang J. Impacts of Subsidized Security on Stability and Total Social Costs of Equilibrium Solutions in an N - Player Game with Errors [J]. Engineering Economist, 2010, 55 (2): 131 -149.